RQ

Risk Quotient

위험 인지능력

딜런 에번스 지음
이은진 옮김

불 확 실 한 세 계,
어 떻 게 살 것 인 가?

Risk Intelligence

Copyright ⓒ 2012 by Dylan Evans

All Rights reserved including the rights of reproduction in whole or in part in any form.
Korean Translation Copyright ⓒ 2013 by MUNHAKDONGNE PUBLISHING CORP
Korean edition in published by arrangement with Dylan Evans c/o Janklow&Nesbit Limited through Imprima
Korea Agency

이 책의 한국어 출판권은 Imprima Korea Agency를 통해
Dylan Evans c/o Janklow & Nesbit Limited와의 독점 계약으로 문학동네에 있습니다.
저작권법에 의해 한국 내에서 보호를 받는 저작물이므로 무단전재와 무단복제를 금합니다.

이 도서의 국립중앙도서관 출판시도서목록(CIP)은 e-CIP 홈페이지(http://www.nl.go.kr/ecip)와
국가자료공동목록 시스템(http://www.nl.go.kr/kolisnet)에서 이용하실 수 있습니다.
(CIP제어번호: CIP2013021618)

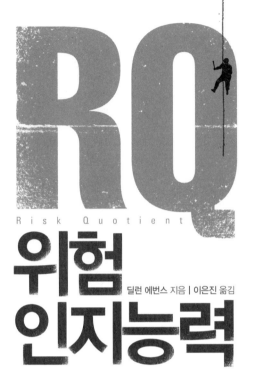

RQ
Risk Quotient
위험
인지능력

딜런 에번스 지음 | 이은진 옮김

불 확 실 한 세 계,
어 떻 게 살 것 인 가?

문학동네

위험을 무릅쓰고 나와 결혼해준 루이스에게 이 책을 바친다.

차례

1장

왜 위험지능이 중요한가

세상에서 가장 현명한 사람은
자기가 아는 것이 얼마나 적은지 잘 아는 이다.
_토머스 제퍼슨

캐서린 형사는 거짓말 탐지능력이 뛰어나다. 동료 형사들이 하나같이 입을 모을 때에도 그는 신중한 태도를 취한다. 그는 용의자를 심문할 때 섣불리 결론을 내리지 않는다. 용의자가 몸짓과 말투 등으로 내보이는 신호를 끈기 있게 주시해 확실한 단서를 포착한다. 그뒤에도 거짓말을 잡아냈다고 100퍼센트 자신하지 않는다. 진실과 거짓 중 어느 쪽으로 저울추가 기우는지 묻고 또 묻는다.

투자은행에서 근무하는 제이미는 회사에서 괴짜로 통한다. 다른 동료들이 주가가 더 오를 거라고 확신할 때 제이미는 회의적인 견해를 밝히곤 한다. 반대로 모두가 하락세를 예측할 때에는 상당히 낙관적으로 전망한다. 제이미와 동료들의 의견이 항상 엇갈리는 것은 아니지만, 의견이 갈릴 때에는 대개 제이미의 예측이 맞다.

다이앤은 새 남자친구 때문에 한껏 들떠 있다. 친한 친구 에벌린에게 전화로 남자친구 이야기를 한참 늘어놓는다. 다이앤이 좀더 신중하길 바라는 에벌린은 그의 말을 끊고 이렇게 묻는다. "1년 뒤에도 그 남자랑 만날 확률이 얼마나 될 거 같아?" 대답은 예상대로였다. "음, 아마도 90, 아니 95퍼센트!" 매번 그랬듯 다이앤은 이번에도 확신에 차 있다. "대니는 내 운명의 남자가 확실해!" 두 달 뒤 다이앤은 남자친구와 또 헤어졌다.

제프는 얼마 전 육군 대위로 진급했다. 새로운 임무를 맡은 터라 결정을 내리고도 종종 불안해 대령의 의견은 어떤지 묻곤 한다. 대령은 제프가 자꾸 성가시게 하자 점점 피곤해지기 시작했고 장난기가 발동했다. 대령은 제프에게 "자네는 얼마나 확신하나?" 하고 되물었다. 그때마다 제프는 늘 40~50퍼센트 밖에 확신하지 않는다고 대답했다. 그러나 열에 아홉, 대령은 제프의 의견에 동의했다.

이 네 사람은 위험지능 지수가 각기 다르다. 캐서린과 제이미는 위험지능이 상당히 높은 편이고, 다이앤과 제프는 위험지능이 상당히 낮은 편이다. 위험지능이란 정확히 뭘까? 아주 간단히 말하면, 위험지능은 확률을 정확히 예측하는 능력이다. 예를 들면, 살면서 자동차 사고 같은 다양한 사건을 겪을 확률이나 주식 공개 매입에 관한 소문처럼 우연히 얻은 어떤 정보가 사실일 가능성을 정확히 예측하는 능력을 일컫는다. 이외에도 살인 사건 공판에서 피고인이 유죄인지 아닌지를 판단해야 하거나 감시 대상국 명단에 오른 나라를 여행하는 것이 안전한지 아닌지를 예측해야 할 때가 있다. 우리는 이렇게 알고 있는 지식을 근거로 예측해야 할 때가 많다. 그런데 50여 년에 걸쳐 의사결정과정을 조사한 심리학 연구[1]에 따르면, 대부분의 사람들이 예측을 잘 못하는 것으로 드러났다. 일례로 많은 사람들이 복권 당첨 확률은 실제보다 높게 잡는 반면 이혼 확률은 낮춰 잡는 경향이 있다.

위험지능의 중심에는 자기 지식의 한계를 파악하는 능력이 자리잡고 있다. 즉 아는 것이 적을 때는 신중을 기하고, 반대로 아는 것이 많을 때는 자신감을 갖는다. 위험지능이 높은 사람들은 이런 능력이 뛰어나다. 예를 들어 캐서린과 제이미는 위험지능이 비교적 높은 편이다. 자기가 얼마만큼 아는지 잘 이해하고, 그 지식을 바탕으로 내린 판단에 적절한 자신감을 갖기 때문이다. 반대로 다이앤과 제프는 유형은 다르지만 위험지능이 상당히 낮은 편이다. 다이앤은 자신감이 과한 반면,[2] 제프는 자신감이 부족하다.

이 책에서는 우리가 왜 그렇게 확률을 제대로 예측하지 못하는지 밝히고, 어떻게 하면 예측을 더 잘할 수 있는지 알아보려 한다. 이런 능력은 반드시 개발해야 할 필수 기술이다. 성공하기 위해서는 불확실한 상황에 대처하는 능력이 무엇보다 중요하기 때문이다. 그런데도 우리는 그동안 이 능력을 너무나 간과해왔다. 사람이 살면서 얼마나 자주 이 능력을 발휘해야 하는지, 이 능력이 한 개인의 인생은 물론이고 사회 전체에 얼마나 큰 영향을 끼치는지에 대해 우리는 잘 모른다. 비교적 일상적인 사례부터 생명에 위협이 되는 사례까지 몇 가지 상황을 통해 위험지능이 얼마나 중요한지 살펴보자.

• 당신은 지금 42인치 신형 HD 텔레비전을 사러 왔다. 판매원이 보증기간을 추가로 연장하겠느냐고 묻는다. 유료로 보증기간을 연장하면 3년 이내에 텔레비전에 문제가 발생할 경우 이유를 불문하고 신제품으로 교환해준다고 한다. 보증기간을 연장할지 말지 결정할 때 당신은 텔레비전 가격과 보증기간 연장에 드는 비용, 그리고 3년 이내에 텔레비전에 문제가 생길 확률을 따져봐야 한다. 정말 텔레비전에 문제가 생길까? 바로 지금이 위험지능을 발휘해야 할 때다.

• 은행원이 당신에게 큰돈을 벌 수 있는 다양한 투자 상품에 대해 설명 중이다. 위험이 클수록 수익률도 높지만, 그만큼 손해볼 확률도 높다. 자, 그러면 위험도가 높은 상품과 낮은 상품에 돈을 얼마만큼 투자해야 할까? 어느 정도 위험을 감수하려는지도 중요한 변수지만, 무엇보다 고위험 펀드가 실제로 얼마나 더 위험한지 알아야 한다. 2퍼센트 더 위험한가, 아니면 10퍼센트 더 위험한가? 다시 말해서 당신은 확률을 따져봐야 한다.

• 의사가 당신 가슴에서 종양을 발견했다. 다행히 악성 종양은 아니다. 다른 부위로 전이도 되지 않는다. 유방을 절제할 필요가 없다. 하지만 이후에 악성이 될 가능성이 있고 그러면 금세 전이될 것이다. 의사는 이런 가능성을 예방하고자 유방을 절제하는 쪽을 고려해보자고 한다. 엄청난 딜레마다. 당연히 암이 재발하지 않길 바라지만, 건강한 가슴을 도려내는 건 억울한 일이다. 당신이 유방을 절제하기 전에 암

이 재발할 가능성은 얼마나 될까?

사람들은 불확실한 상황에서 판단을 내려야 할 때 확률을 제대로 예측하지 못할 뿐더러 심지어는 이를 무시했다가 절망적인 결과와 맞닥뜨리곤 한다. 개인적으로든 사회적으로든 우리가 결정을 내려야 하는 상황은 점점 더 어려워진다. 다음에 소개하는 사례들은 위험지능 개발이 얼마나 중요한지 좀더 생생히 보여준다.

〈CSI〉 효과

〈CSI〉는 엄청나게 인기 있는 미국 텔레비전 드라마다. 2002년 미국에서 가장 시청률이 높은 텔레비전 프로그램이었고, 2009년에는 전세계 7300만 명 이상의 사람들이 이 드라마를 시청했다. 그러나 경찰과 검사 들은 이 드라마를 별로 좋아하지 않는다. 그들은 〈CSI〉 시리즈가 일반인에게 범죄 해결에 관한 잘못된 인상을 심어준다고 비판한다. 범죄학자 모니카 로버스도 이런 우려에 공감한다. 모니카 로버스는 법의학 증거에 대한 배심원들의 기대치가 비현실적으로 높아졌다고 말한다.[3] 영국 최고의 병리학자인 버나드 나이트도 같은 의견이다.[4] 그는 요즘 배심원들이 과학수사를 통해 수집된 일반적인 증거보다 더 확정적인 증거를 기대한다면서 이런 경향이 범죄수사물에 영향을 받은 탓이라고 말한다.

과학이 무언가를 결정적으로 입증하는 경우는 거의 없다. 그보다는 어떤 가설이 참일 가능성을 높이거나 낮추는 증거를 모으는 역할을 한다. 그러나 〈CSI〉를 비롯한 범죄수사물에서는 과학수사대의 증거를 매우 결정적인 것으로 묘사하곤 한다. 이런 드라마를 시청한 사람이 배심원이 되면 실제 법정에서 제시되는 증거에 실망하게 마련이다. 확실해 보이는 DNA 증거가 있을 때조차 이를 법정에 제출하는 전문가들은 DNA 증거는 가능성 차원에서 받아들여야 한다고 배심원들에게 강조한다. 그렇기 때문에 범죄 현장에서 발견한 DNA와 용의자의 DNA가 일치할 때 용의자를 범인으로 확정하는 장면을 드라마로 접한 배심원들은 과거에 비해 유죄 판결을 내리길 꺼려한다.

이런 현상을 'CSI 효과'라고 부른다. 2010년 『국제 과학수사Forensic Science International』에 실린 논문에 따르면, 요즘 검사들은 조사관들이 범죄 현장에서 증거를 못 찾았더라도 이것이 곧 피고인의 결백을 의미하는 것은 아니라고 따로 시간을 할애해 배심원들에게 설명하곤 한다.[5] 심지어 이를 명확히 하고자 이른바 '소극적 증거 증인'이라는 새로운 종류의 증인까지 도입했다.

물론 법의학적 증거에 대해 비현실적으로 기대치가 높아진 것은 〈CSI〉 때문만은 아니다. 지문도 이 문제에 상당 부분 일조했다. 법정에서는 100여 년 동안 지문을 결정적 증거로 채택해왔다. 1892년, 찰스 다윈의 사촌 프랜시스 골턴은 두 사람의 지문이 같을 확률이 약 640억분의 1이라고 추산했다. 그후로 지문은 거의 확실한 증거로 받아들여졌다. 곧 지문 하나로 한 사람을 감옥에 보낼 수 있다는 뜻이다. 그러나 DNA 증거와 마찬가지로 아무리 상태가 좋은 지문이라도 완벽할 수는 없다. 범죄 현장에서 지문이 발견되면 이를 경찰이 보관하고 있는 범죄자들의 지문 표본이나 용의자의 지문과 대조해야 한다. 하지만 완벽한 복제는 없는 법이다. 표본을 만들기 위해 손가락에 잉크를 바르거나 컴퓨터로 스캔할 때 자잘한 변형이 생기기 때문이다.

무엇보다 지문 분석 과정에는 본질적으로 주관이 개입된다. 검사관은 왜곡된 지문을 확인할 때 어떤 특징에 중점을 둘지 선택해야 한다. 아무리 잘 훈련된 전문가라도 이때 외부 정보에 휘둘릴 수 있다. 그러나 법정에서는 지문 분석 과정에 주관이 개입된다는 사실을 강조하지 않고, 대부분의 배심원은 이런 사실을 모른다. 스위스 로잔 대학교의 법의학 교수 크리스토퍼 챔포드는 법정에서 단정적으로 말하는 조사관들의 어조가 증거 분석에 주관적 판단이 개입된다는 사실을 가린다고 말한다.[6] 챔포드 교수는 지문 증거를 가능성 차원에서 제출해야 하고, 조사관들이 여러 가지 가능성에 대해 이야기해야 한다고 말한다. 예를 들어 형사 사건에서 조사관은 범죄 현장에서 발견된 지문이 피고인의 지문이라면 두 지문이 일치할 가능성이 95퍼센트이고, 다른 누군가의 지문이라면 두 지문이 일치할 가능성이 10억분의 1이라고 증언할 수 있어야 한다. 챔포드 교수는 "확실성을 수량화하면 명확해진다"라고 말한다. 확실성을 어떻게 수량화할 수 있느냐고 반문할 수도 있지만, 사실 수치 확률은 그런 목적으로 만들어졌다. 가능성을 숫자로 표현함으로써, 이를테면 범죄 현장에서 발견된 지문이 용의자의 것일 가능성이 95퍼센트라고 말하면 증거의 설득력을 이해하기가 훨씬 쉽고 명확해진다. 용의자의 지문일 가능성이 95퍼센트라고 해도, 다른 누군가의 지문일 가능성도 여전히 20분의 1이라는 사실이 분명해지기 때문이다.

너무 쉽게 지문을 결정적 증거로 채택하는 경향은 비극을 불러올 수 있다. 범죄 현장을 훼손하고 거짓 진술을 했다고 의심받은 스코틀랜드 여경 셜리 매키의 사례가 대표적이다.[7] 1997년, 매키는 스코틀랜드 킬마너크에서 발생한 매리언 로스 살인 사건 수사팀의 일원이었다. 피해자의 집에서 발견된 선물용 꼬리표에서 현지 건축업자의 엄지손가락 지문이 나오자 검찰은 곧 그를 살인 혐의로 기소했다. 매키는 건축업자의 침실을 수색하다가 지폐가 들어 있는 쿠키통에서 피해자의 지문을 발견했다. 이때까지만 해도 간단히 해결될 사건처럼 보였다. 그즈음 지문은 가장 강력한 법의학 증거였다. 지문 하나만으로 유죄가 확정되기도 했다. 런던 경찰국이 처음으로 지문을 통해 살인자의 유죄를 입증한 이래 92년 동안 스코틀랜드 법정에서는 한 번도 지문의 진실성을 의심하지 않았다.

그런데 과학수사팀이 다른 무언가를 찾아냈다. 과학수사팀은 피해자의 집 침실 문틀에서 나온 엄지손가락 지문이 셜리 매키의 것이라고 밝혔다. 매키는 당시 출입이 봉쇄된 피해자의 집에 드나들 권한이 없었으므로 사실이라면 심각한 문제였다. 만일 그녀가 경찰 통제선을 무시하고 중요한 법의학 증거를 훼손했다면 징계 처분도 불가피했다. 그러나 매키는 사건 현장에 발을 들인 적이 없다고 주장했다. 그녀의 말대로라면 침실 문틀에서 나온 지문과 매키의 지문이 일치한 것은 감식 전문가의 실수일 가능성이 컸다. 지문 감식 전문가가 실수할 수도 있을까?

스코틀랜드 범죄기록소SCRO는 그 가능성을 일축했다. 만일 이를 인정한다면 매리언 로스 살해범으로 지목된 건축업자의 유죄에 대한 논거가 약해질 뿐 아니라 스코틀랜드 관할 구역인 헤이그에서 진행중이던 로커비 공판까지 망칠 수 있었다. 로커비 사건은 1988년 12월, 런던발 뉴욕행 보잉 747 폭파 사건의 주범으로 리비아인 2명을 기소한 일이다. 리비아인 용의자 1명의 유죄를 입증할 증거는 여행 서류에서 발견된 지문이었다. 로커비 사건을 맡은 몇몇 고위 관계자는 매리언 로스 살인 사건에도 참여하고 있었다. 지문 감식 전문가의 일처리에 심각한 결함이 있다고 드러나면, 두 사건 모두 수포로 돌아갈 상황이었다. 로커비 사건을 수사하던 고위 관계자는, 매키의 지문 감식 결과로 인해 두 리비아인의 유죄를 입증할 논거가 약해질까봐 노심초사한 FBI가 매키에게 불리한 증거를 모으라고 스코틀랜드 경찰국에 압박을 가했다고 증언했다.

매키는 살인 사건 공판에서 피해자의 집에 들어간 적이 없다고 진술해 위증죄로 기소되었다. 매키는 이른 아침 체포되어 아버지가 서장으로 있는 관할 경찰서로 연행되었다. 동료와 친구 들이 지켜보는 가운데 연행돼 몸수색을 받고 유치장에 갇혔다. 다행히 미국에서 2명의 지문 감식 전문가가 매키를 구하기 위해 날아왔다. 팻 베르트하임과 데이비드 그리브는 몇 시간에 걸쳐 문틀에서 나온 지문과 매키의 왼쪽 엄지손가락 지문을 비교한 다음, 두 지문이 불일치한다고 결론을 내렸다. 나아가 그들은 두 지문을 오인한 것이 단순한 실수가 아니라고 지적했다. 베르트하임은 보고서에 이렇게 적었다. "문틀에서 나온 지문과 차이가 나는 걸 감추려고 셜리의 엄지손가락 지문을 일부러 흐리게 만든 흔적이 있다." 사건은 그렇게 매듭지어졌다. 1999년 5월, 배심원은 위증죄로 기소된 매키에게 무죄를 선고했다. 자칫하면 징역 8년형을 선고받을 수도 있는 상황이었다. 훗날 매키는 자신은 결백했기 때문에 교도소에 갇히는 상황을 받아들일 수 없었노라고 말했다. 사실상 베르트하임과 그리브가 매키의 목숨을 구한 것이나 다름없다.

매키는 법정을 나서면서 당국이 정식으로 사과할 것이고 자신이 사랑하는 직장으로 복직할 것이라고 생각했다. 그러나 경찰국은 건강상 문제가 있어서 직무 수행이 불가능하다는 이유로 그녀를 복직시키지 않았다. 매키는 경찰국과 오랜 법정 싸움을 해야 했다. 결국 75만 파운드를 배상금으로 받아냈지만, 스코틀랜드 범죄기록소는 잘못을 시인하지 않았고 그 누구도 매키에게 사과하지 않았다.

국토 안보

2001년 9·11 테러 이후 여러 가지 보안 조치가 새롭게 도입되었다. 그중에서 사람들이 가장 짜증스러워하는 조치가 공항에서 시행되고 있다.

테러 발생 이틀 뒤 미국 연방항공국FAA은 공항과 기내에 어떤 종류의 칼도 반입을 금지하는 새로운 규정을 발표했다. 이전까지 하이재커들은 문구용 커터칼을 소지하고 보안 검색을 통과할 수 있었다. 당시에는 국내선의 경우 칼날 길이가 4인치를 넘지 않으면 기내 반입이 가능했기 때문이다. 2001년 11월, 미국은 민간 기업에서 하던 공항 검색 업무를 새로 설립된 교통안전부TSA로 모두 이관했다. 그 이후 테러리스트들은 테러 계획을 짤 때 승객들이 반드시 통과해야 하는 과정을 몇 가지 더 챙겨야 했다.

'신발 폭약 테러범' 리처드 리드가 민간 항공기를 폭파하려다 실패한 뒤부터 미국 내 공항에서 탑승하는 모든 승객은 신발을 벗어서 검색대에 올려놓고 양말만 신거나 맨발로 보안 검색대를 통과하게 됐다. 2006년 영국 경찰이 기내에서 액체 폭탄을 터트리려는 테러범들의 계획을 무산시킨 뒤부터 영국 내 공항 이용객들은 기내에 액체수하물과 노트북을 반입할 수 없게 되었다. 수 주에 걸쳐 규제는 점차 완화되었지만, 민간 여객기에 액체수하물 반입은 여전히 제한적이다. 2009년 크리스마스에는 노스웨스트 항공 253기에서 한 승객이 자신의 속옷에 숨긴 플라스틱 폭발물로 비행기를 폭파하려 했다. 이를 계기로 미국 정부는 전신 검색기와 폭발물 탐지기 같은 보안 기술 도입에 약 10억 달러를 지출하겠다고 발표했다.

많은 승객이 공항에서 길게 줄을 서서 기다리고 신발을 벗는 등의 보안 절차를 필요악이라 여긴다. 253기 폭파 시도가 실패한 직후 라스무센 리포트가 실시한 여론조사에 따르면, 미국인의 63퍼센트가 9·11 이후 시행된 보안 조치가 "심하게 귀찮지는 않다"라고 답했다.[8] 하지만 반대 의견도 적지 않다. 2010년 10월, 공항 운영자 모임에서 새로 도입된 보안 절차가 "아무 쓸모없다"고 지적하면서 "불시착"이라고 표현한 영국항공의 마틴 브라우튼 회장이 대표적인 예다.[9] 안보 전문가 브루스 슈나이어는 보안 조치에 대해 당국에서 무언가 하고 있다는 걸 보여줄 뿐 실제로 테러 위험을 줄이는 효과는 없는 '안보 연극'이라고 불렀다.[10] 실제로 수많은 항공기 폭파 시도는 공항 검문이 아니라 제보 때문에 수포로 돌아갔다.

슈나이어의 말처럼 새로 도입된 공항 보안 절차들은 연극에 불과할지도 모른다. 그러나 이것이 왜 괜찮은 연극인지는 한번쯤 생각해봐야 한다. 안전하다는 느낌과 실제로 안전한 상태의 간극을 지적하는 것만으로는 부족하다. 위험지능의 맹점을 이해하려면, 신발을 벗고 전신 검색기를 통과하는 식의 객관적으로 신뢰할 수 없는 일이 왜 안전감을 심어주는 데 효과적인지 알아야 한다. 아마 이것은 가시성可視性과 관련되는 듯하다. 테러 예방에는 첩보원들의 정보 수집이 더 효과적일 수 있지만 이는 활동의 성격상 일반 대중의 눈에는 보이지 않는다. 통제력 착각도 하나의 요인일 수 있다.[11] 우리는 신발을 벗는 동작처럼 적극적인 행동을 할 때 상황을 통제하고 있다고 느낀다. 반대로 편히 앉아 있고 다른 사람이 모든 일을 처리할 때(이를테면 첩보원들의 정보 수집처럼)는 자신이 수동적이고 무력하다고 느낀다. "뭔가 해야 해. 이게 바로 그거야. 그래, 우린 이걸 해야 해"라는 농담처럼 여기에는 의식적인 측면도 개입된다.[12] 우리는 '뭔가'가 좋다고 가정하면 뭔가를 할 때 기분이 좋아진다. 오래전부터 심리학자들은 위험 지각을 연구할 때 이런 통제력 착각을 핵심 요소로 다루었다. 이런 이유에서 실제로는 운전이 더 위험한데도 사람들은 비행기 여행보다 자동차 여행이 더 안전하다고 느낀다.

이 같은 안보 연극에서 명백히 이득을 보는 것은 정치인들이다. 그들은 눈에 보이는 조치를 취해 그 공로를 인정받는다. 그러나 모든 사람의 폭탄 반입 가능성이 같은 것은 아니다. 그래서 항공운송산업 무역기구인 국제항공운송협회IATA에서는 좀더 선별적인 접근방식이 필요하다고 주장한다. 이를테면 공항에 나타나기 전에 미리 접근을 차단하고, 의심이 가는 사람일수록 몸수색을 철저히 하는 방식으로 말이다. 공항 보안 감독관들을 더 강도 높게 훈련시켜서 의심스러운 사람을 잘 가려내게 할 수도 있다.

비용 측면에서도 한번 생각해보자. 미국에서 비행기 탑승객을 대상으로 한 보안 검색에 드는 원가를 계산하려면 교통안전청의 운영 예산만 검토해서는 안 된다. 승객들이 길게 줄을 서고 신발을 벗는 등 추가로 허비하는 시간도 계산에 넣어야 한다. 미국 회계감사원GAO 산하 전미항공연구자문단NASAP 위원인 로버트 풀은[13] 9·11 이후 승객들이 공항에서 대기하는 동안 추가로 허비하는 시간을 돈으로 환산하면 연간 약 80억 달러 정도라고 했다.[14] 안보 예산을 이렇게 허비하는 것은 현명하지 못하다. 어떤 보안 조치에 예산을 쓰면 다른 보안 조치는 포기해야 하기 때문이다.

새로운 보안 절차에 드는 비용은 이게 끝이 아니다. 공항 대기 시간이 길어지면서 비행기 대신 자동차를 이용하는 사람이 많아졌다. 자동차 여행이 비행기 여행보다 훨씬 위험하기 때문에 사람들의 목숨에 대한 비용이 발생한다. 경제학자 개릭 블랙록은 공항 보안 조치가 강화된 이래 2001년 9월부터 2003년 10월까지 도로에서 사망한 사람이 2300명 이상 늘었다고 추산했다.[15] 이 수치는 알카에다가 이겼다는 걸 보여준다.

테러의 주목표 중 하나는 테러 대상이 과잉 반응을 하게 만들어서 테러 공격보다 더 큰 손해를 입히는 것이다. 알면서도 신중하지 않은 탓에 뻔하게 반응하게 된다. 새로운 테러 공격이 있을 때마다 국민들이 두려움에 휩싸여 과잉 반응하는 한, 정부에서는 겁에 질린 국민을 달래기 위해 안보 연극을 계속 할 가능성이 크다. 실제로 이것은 테러리스트들이 즐겨 공격하는 민주주의의 아킬레스건이다. 테러와의 전쟁을 돕기 위해 우리가 할 수 있는 일은 위험지능을 개발해서 이 아킬레스건을 보호하는 것이다.

지구 온난화와 기후 변화

높은 수준의 위험지능은 국제 테러 위협 대처에만 필요한 것이 아니다. 21세기 들어 인류가 직면한 중대한 문제에 대처할 때도 위험지능은 필요하다. 기후 변화가 그 좋은 예다. 대기 중 온실가스 농도가 계속 증가하면 세계 각 지역의 기후가 어떻게 영향을 받을지 정확히 아는 사람은 아무도 없다. 기후 변화에 관한 정부 간 패널IPCC도 명확하게 예측을 못한다. 가능한 시나리오를 다양하게 제시하고, 각 시나리오가 상정한 불확실한 상황과 여러 가능성을 덧붙일 뿐이다.

탄소배출권거래제부터 대체 에너지원 개발, 국제적 차원의 지구공학에 이르는 다양한 해결책에 자원을 현명하게 할당하려면, 정보를 제대로 이해하는 법을 알아야 한다. 이때 미래 사건의 불확실성과 위험을 제대로 고려하지 않으면, 어떻게 현명한 결정을 내릴 수 있을까?

문제는, 기후 변화에 관해 서로 의견이 다른 전문가들이 종종 근거가 확실치 않은 내용을 실제보다 더 과장한다는 것이다. 기후 변화에 대해 부정적으로 전망하는 것에 대해 비판적인 사람들은 IPCC의 제안을 일축하는 반면, 이를 믿는 사람들은 생태계의 재앙을 생생히 묘사한다. 양측이 이런 식으로 과장된 논리를 펴면 토론은 제대로 이뤄질 수 없다. 게다가 후자는 아이들에게 공포감을 심어주기까지 한다.[16] 여섯 살에서 열한 살 사이의 미국 아동 500명을 대상으로 실시한 조사에 따르면, 3명 중 1명은 지구 온난화와 환경 오염으로 성인이 되기 전에 지구가 멸망하지 않을까 두려워한다. 영국에서 실시한 또다른 조사에서는 일곱 살에서 열한 살 사이의 아동 절반이 지구 온난화를 걱정하고, 이 때문에 종종 잠을 설친다고 한다. 기후 변화의 불확실성을 제대로 이해하지 못하면 아무것도 모른 채 행복해하든지 공포에 떨며 과잉 반응할 수밖에 없다.

일부 환경운동가들은 복잡한 이론으로 그럴듯한 차선책을 내세우기도 한다. 이들은 이른바 사전예방의 원칙을 들어 환경이나 건강에 해를 끼칠 가능성이 있으면 새로운 정책이나 기술 도입을 엄격히 규제하거나 아예 금지해야 한다고 말한다. 얼핏 현명해 보이는 이야기지만, 수박 겉핥기식으로 사람들에게 잘못된 인식만 심어줄 수도 있다. 물론 사전예방의 원칙을 지지하는 진영에도 다양한 견해가 존재하고 그중에는 다른 것들에 비해 괜찮은 대안도 더러 있다. 그럼에도 사전예방의 원칙 하의 모든 대안은 지나치게 하방 리스크만 강조하고 신기술의 유익('상방 리스크')은 아예 무시한다는 공통점이 있다.

환경 및 건강과 관련된 행동을 하거나 신기술 개발 문제를 결정할 때 사전예방의 원칙은 자주 적용된다. 이 원칙에 강경한 사람들은 위험한 정책과 기술은 규제하거나 아예 금지해야 한다고 주장한다. 해당 정책과 기술이 위험하다는 근거가 희박하고 규제에 드는 경제적 비용이 높을 때도 마찬가지다. 1982년 UN에서 채택한 세계자연헌장은 사전예방의 원칙을 앞세운 강경한 대안을 국제적으로 처음 인정한 사례다. 세계자연헌장에는 "잠재적인 악영향이 충분히 확인되지 않은 경우 해당 활동은 진행되서는 안 된다"라는 조항이 들어 있다.

지나치게 엄격한 기준이다. 우리는 신기술이 어떤 부정적인 영향을 끼칠지 확실히 모른다. 신기술이 앞으로 어떤 유익을 안겨줄지 신기술 규제에 얼마나 비용이 들지도 모르기는 매한가지다. 사전예방의 원칙 옹호자들은 "알 수 없다"고 하며 자기들이 주장하는 위험이 어느 정도인지 추산하려고 하지 않는다. 이는 곧 그들이 '가능성'에 대해 완전히 오해하고 있다는 뜻이다. 가능성은 우리의 무지를 드러낸다. 불확실성을 수량화함으로써 우리는 관련 사항을 100퍼센트 알 수는 없다는 사실과 경험을 바탕으로 예측해야 한다는 사실을 인정해야 한다. 이런 예측을 토대로 한 추론은 가능성을 아예 무시하는 것보다 훨씬 낫다.

언뜻 보면 기후 변화에 대처하자는 움직임은 사전예방의 원칙과 무관해 보인다. 지구가 점점 따뜻해지고 있다는 점과 지구 온난화의 주원인이 화석 연료라는 점에는 대부분 동의하니 말이다. 지구의 기후 변화는 거의 확실하다. 극지방의 빙원이 녹을 테고, 해수면이 높아져 지금 우리가 살고 있는 땅 중 많은 곳이 바다가 될 것이다. 그러나 얼마나 위험한 상황인지에 대해서는 논란이 많다. 사전예방의 원칙 옹호자들은 얼마나 위험한지 불확실하기 때문에 더더욱 적극적으로 나서야 한다고 말한다. 그들은 지구가 위험하니 즉시 과감한 조치를 취하는 것이 현명하다고 주장한다. 나중에 후회하느니 미리 조심하는 게 낫지 않겠는가 하고 반문한다.

그러나 2009년 정보규제관리국OIRA 국장으로 임명된 법학자 캐스 선스타인은 그렇지만은 않다고 이야기한다.[17] 선스타인은 어느 쪽을 선택하든 위험은 늘 있게 마련이라고 지적한다. 대처를 하지 않은 탓에 위험해질 수도 있고, 대처를 해서 위험해질 수도 있다. 예방 조치가 오히려 위험을 초래할 수 있다. 위험하지 않은 선택은 없다.

예를 들어 높은 탄소배출세는 서민들에게 부담을 안겨주고 실업 및 빈곤 문제를 악화시킬 수 있다. 현명한 기후 변화 정책을 세우려면 탄소 배출 억제에 대한 비용과 편익을 함께 고려해야 한다. 예방 조치에 비용이 많이 드는 정책은 편익이 규제에 드는 비용보다 클 때만 도입해야 한다.

하지만 〈투모로우〉와 〈불편한 진실〉 같은 영화 속의 드라마틱한 기후 변화를 보고 감정적인 반응이 앞서면, 합리적 분석은 뒤로 밀려나기 일쑤다. 선스타인은 "무시무시한 위험에 직면한 사람들은 위험 요소를 줄이거나 개선하는 안이 왜 유익한지 과장하곤 한다"고 주장한다.[18] 위험 요소가 감정을 자극하면 사람들은 개연성을 고려하지 않고 극히 희박한 위험을 피하기 위해 무슨 일이든 하려 한다. 심리학자들은 이런 현상을 '확률 무시'라고 부르며 그동안 다양한 실험을 통해 이를 연구해왔다.

국제 테러 위협과 마찬가지로, 기후 변화로 인한 문제 대처에는 높은 위험지능이 필요하다. 기후 변화를 둘러싼 논쟁을 긍정적으로 이끌어 가려면 확률을 잘 따져보는 방법을 배우고, 다양한 가상 시나리오의 가능성을 꼼꼼히 따진 뒤 정책을 세워야 한다.

전문가와 컴퓨터는 우리를 구원할 수 없다

우리는 대부분 무언가를 꼼꼼히 따져야 할 때 전문가의 의견에 따르거나 어려운 판단은 컴퓨터에 맡기는 것이 최선이라고 믿는다. 2007년 금융 위기가 찾아오기 전까지 10년 동안 서브프라임 모기지의 위험성을 평가할 때 많은 은행도 이런 흐름을 따랐다. 그러나 위험지능의 책임은 누군가에게 떠넘길 수 없다. 실제로 조사한 결과, 위험지능이 아주 낮은 전문가들이 많았다. 또한 금융 위기를 계기로 컴퓨터에 지나치게 의존하는 것이 얼마나 위험한지도 깨달았다.

먼저 전문가들에 대해 살펴보자. 심리학자 필립 테트록은 "정치 및 경제 동향에 대한 조언이나 논평"으로 먹고사는 전문가 284명에게 각자의 전문 분야와 비전문 분야에서 일련의 사건이 일어날 가능성을 예측하게 했다.[19] 테트록은 20여 년에 걸쳐 총 82361개의 사건에 대해 질문했다. '남아프리카의 인종 차별 정책이 평화적으로 막을 내릴까?' '쿠데타로 인해 미하일 고르바초프가 축출될까?' '미국이 걸프전에 참전할까?' 등의 질문이었다.

테트록은 전문가들에게 현상을 유지할 가능성, 진보(정치적 자유, 경제 성장)할 가능성, 퇴보(정치 탄압, 경기 침체)할 가능성의 '세 가지 형태로 미래의 가능성'을 예측하게 했다. 결과는 당혹스러웠다. 전문가들의 예측은 세 가지 가능성을 똑같이 열어두는 게 나을 정도였다. 원숭이가 다트를 던져도 그보다는 나을 듯했다.

비전문 분야보다 전문 분야에 속한 사건을 더 잘 예측하는 것도 아니었다. 테트록은 배경 지식이 어느 정도 예측에 도움이 되지만, 배경 지식이 많을 때는 오히려 믿을 수 없다고 했다. "우리는 당혹스러울 정도로 빠르게 지식의 한계 예측 체감점에 도달한다. 이른바 초^超전문화 시대에 일류 학술지에 기고하는 유명 정치학자, 지역 연구 전문가, 경제학자 등이 기자나 뉴욕타임스를 꼼꼼히 '읽는' 독자보다 예측을 잘 한다고 볼 근거가 없다." 유명할수록 위험지능은 오히려 낮은 듯했다. 테트록에 따르면, "사회적으로 주목받는 전문가일수록 그렇지 못한 전문가보다 자신감 과잉이 심했다".

우리는 위험을 예측하기 위해 컴퓨터 프로그램에 의존했지만, 2007년 금융 위기를 통해 인간의 위험지능이 얼마나 중요한지가 드러났다.

1990년대 들어 신세대 위험 평가자risk assessors들이 월가로 유입됐다. 코네티컷에 위치한 자산운용사 AQR 캐피털 매니지먼트의 에런 브라운에 따르면, 그전까지 월가에는 말 그대로 도박꾼이 차고 넘쳤다.[20] 1970년대에 실제로 주식 트레이딩 관련 사업을 하는 이들 중 상당수가 포커와 브리지, 백개먼을 자주 했다. 엄밀히는 진짜 도박꾼이 아니지만, 어쨌거나 그들은 온갖 위험을 감수하며 사는 것을 좋아했다. 그러나 1990년대가 되자 위험을 즐기던 이들이 서서히 무대 밖으로 밀려나고 위험을 회피하는 신세대들이 그 자리를 차지했다. 간단히 말해서 은행은 도박을 그만두고 싶어했다. 하지만 다들 알다시피 그것은 실수였다.

가급적 위험을 피하고 싶어하는, 일명 '퀀츠quants'라고 불리는 금융 분석가들은 자주 거래되지 않는 금융 상품에 가격을 매기게 하는 블랙 숄스Black-Scholes 방정식을 신봉했다. 거래는 가치 결정에 있어서 효과적이므로 금융 상품이 자주 거래되지 않으면, 그 상품에는 가격을 매기기 어렵다. 피셔 블랙과 마이런 숄스가 만든 이 방정식은 거래가 자주 이뤄지는 비슷한 상품과 견주어 거래가 거의 이뤄지지 않는 상품의 가격을 매긴 가격 결정 모형이다. 제이피 모건의 금융 분석팀은 여기서 한걸음 더 나아가 전체 금융 자산의 위험을 '밸류 앳 리스크Value at Risk, VaR'라는 숫자 하나로 요약해냈다. VaR의 장점은 투자 증권의 시장 위험을 형성하는 다양한 변수를 하나의 달러 가치로 통합하고 재무위험 관리사들이 고위 간부들에게 이를 보고 가능하게 만들어준다는 데 있다.

금융 분석가가 아닌 사람들, 이를테면 수학보다는 경험에서 우러나온 짐작과 예감으로 월가를 지배해온 트레이더와 경영자 들은 처음에는 이 새로운 방식에 반신반의했다. 그러다 방정식이 계속 맞아떨어지자 경영자들은 새 방식을 받아들였고 1990년대 후반까지 VaR은 투자 은행의 관행과 규제 양쪽에서 확고히 자리잡았다.

그 결과 역설적이게도 20세기의 마지막 10년 동안 월가는 위험지능을 상실했다. 직관적으로 위험을 감지하던 사람들은 새로운 일자리를 찾아 은행을 떠났다. 그 자리를 등식과 공식에 익숙한 사람들이 속속 채웠다. 에런 브라운은 중요하지만 많은 이들이 간과한, 2007년 금융 위기의 원인이 바로 여기에 있다고 본다.

컴퓨터에 과도하게 의지하다보니 컴퓨터가 일을 제대로 처리하는지 점검할 능력을 잃어버려 컴퓨터의 명백한 오류도 알아채지 못하고 넘어가버린 것이다. 1970년대 처음 출시된 휴대용 계산기가 계산자를 대체한 것이 좋은 예다. 계산자로 곱셈과 나눗셈을 할 때 사람들은 계산 과정에서 그 결과가 기초 지식이나 상식에 맞는지 중간중간 확인했다. 걷잡을 수 없는 실수를 하지 않으려고 각 단계마다 숫자를 따로 적어두었다. 그런데 전자계산기를 사용하면서부터 모든 과정을 계산기가 전담했고 그 결과 중간중간 계산 결과를 점검하던 습관도 점차 사라져 요즘에는 많은 사람들이 엉뚱한 곳에 소수점이 찍혀 있어도 알아채지 못한다.

세계적인 컨설팅 기업인 엑센처Accenture에서 컨설턴트로 일한 스티븐 오설리번은, IT 시스템에 대한 의존이 "위험을 단순하게 처리"하게 한다고 말한다.[21] 대형 은행의 환위험 관리 부서에서 일하는 친구가 비판적인 사고 없이 전산 기술에 무조건 의존하면 얼마나 위험해질 수 있는지 이야기해줬다. 어느 날 아침, 그는 두 통화 간의 거래 환율을 보고 깜짝 놀랐다. 둘 다 G7 국가의 통화였는데 말도 안 되는 수치로 환율이 고정되어 있었다. 한 은행의 자동 트레이딩 시스템이 문제를 일으켜서 한쪽 통화가 실제 시세보다 훨씬 낮은 '공짜나 다름없는' 값으로 매겨져 있었다. 외환 거래를 하는 전 세계 수많은 은행이 시세보다 싼 환율로 거래하기 위해 순식간에 몰려들었다. 대부분 자체적인 자동 트레이딩 시스템을 운영하는 은행들이었다. 자동 트레이딩 시스템 하나가 오류를 일으키자 그 실수를 틈타 다들 쏜살같이 몰려드는 바람에 한동안 해당 통화는 형편없이 낮은 값에 거래되었다. 은행 직원이 자동 트레이딩 시스템의 전원을 뽑자 그제야 터무니없는 외환 거래가 중단되었다. 국제 환율은 몇 분 만에 제자리를 찾았고, 잠시간의 혼란은 그렇게 수습되었다.

대부분 트레이딩 시스템이 자동화되어 발생하는 이 같은 오류는 투자자들에게 막대한 손해를 끼친다. 이런 오류는 사람이 직접 개입해서 맛이 간 기계의 전원을 꺼야만 해결된다. 그나마도 기계가 하는 작업을 수시로 점검할 수 있는 기준을 머릿속에 담은 사람이 아직 남아 있기 때문에 가능한 일이다.

캄캄해진 방

불행히도 대부분의 사람들이 불확실한 상황에서 판단을 내리는 데 미숙하거나 그런 상황을 불편해한다. 대개 우리가 얼마만큼 아는지 제대로 판단하지 못하기 때문이다. 캄캄한 방에 불을 켜듯이 당신 머릿속에 빛을 비춘다고 상상해보자. 환한 조명 근처의 사물들은 그 세부나 특징이 아주 잘 보인다. 이것은 친구들의 이름, 오늘 아침식사 메뉴, 삼각형의 변은 몇 개인지 등 당신이 아주 잘 아는 사실과 같다. 반대로 방 한쪽에 있는 사물은 여전히 어둠에 싸여 있다. 이것은 파이π의 오천번째 자릿수, 암흑 물질의 구성 요소, 네부카드네자르 왕이 가장 좋아하는 색깔처럼 당신이 전혀 모르는 사실들이다. 그러나 이 빛과 어둠의 중간

쯤에 점차적으로 음영이 드리운 회색 지대가 있다.

회색 지대에 위치한 사물들은 환한 조명 아래 선명하게 드러나지도 캄캄한 어둠에 싸여 있지도 않다. 알기는 하지만 단편적이고 불완전한 지식이 여기에 속한다. 이를테면 법률(당신이 법률가가 아니라는 전제하에), 기후 변화의 증거(당신이 기후학자가 아니라는 전제하에), 신용경색의 원인(여기에 대해서는 경제학자들도 의견이 분분하다) 등등. 당신은 이런 것들에 대해 얼마나 알고 있는가? 중간 지대에 있는 다양한 문제에 대해 자신이 얼마만큼 아는지 제대로 판단할 수 있는가?

영국의 철학자 존 로크는 1690년에 "우리가 관심을 갖는 것의 대부분 그리고 신이 우리에게 허용한 지식은 모두 중간 지대에 속해 있다. 우리는 그저 어렴풋이 알 뿐이다"라고 말했다.[22] 우리는 여전히 이 중간 지대를 제대로 다루지 못한다. 조심성이 많은 경우에는 아주 잘 아는 문제에 대해서도 잘 모른다고 생각하고, 짐작 가는 게 있어도 과감하게 의견을 말하지 못한다. 반대로 자신감이 과한 경우 중간 지대의 것들에 대해서도 지나칠 정도로 자신 있게 의견을 피력한다. 물론 양극단 사이에서 균형을 잡고, 신중하면서도 과감한 예측을 하기란 쉽지 않다. 이 책은 중간 지대 여행자들을 위한 안내서이자 시인 존 키츠가 말한 '소극적 수용력' 즉 "인간이 불확실한 것, 불가사의한 것 그리고 온갖 의문 속에서 사실과 이성을 취하려고 안달하지 않고 마음을 비울 때"[23] 가능한 소극적 수용력에 대한 성명서다.

터널 끝에 있는 빛

우리의 상황이 암울한 것만은 아니다. 터널 끝에는 빛이 있다. 우리는 대개 위험지능이 그리 높지 않기 때문에 다섯 가지 색으로 구분하는 테러 경보 체계나 정교한 재무 위험 평가 모형 등의 시스템을 만들었지만 이런 시스템이 우리의 기대를 저버릴 때가 있다. 그렇다고 인간이 반복해서 실수하는 존재라고 자책하지 않아도 된다. 앞서 거론한 캐서린과 제이미처럼 특정 분야에서만큼은 위험지능이 높은 사람들이 있다. 나는 이런 사람들을 연구하면서 이들이 위험을 예측할 때 일반적으로 나타나는 패턴을 찾아냈고, 위험지능을 향상시킬 방법을 찾는 것도 얼마든지 가능하다는 걸 알게 되었다.

앞서 소개했듯이 필립 테트록은 오랜 연구를 통해 전문가들의 한계를 지적했다. 전문가를 자처하는 많은 사람이 세상사 예측에서 원숭이보다 나을 게 없었다. 그러나 테트록은 수백 명의 연구 참가자 중에 더러 확률 예측능력이 뛰어난 사람이 있음을 알아냈다. 물론 표본이 많으면 운 좋게 적중률이 높게 나오는 이들도 더러 있지만 테트록이 찾은 현명한 예측가들은 요행으로 예측능력이 높게 나온 것이 아니었다. 심리학자들도 실험을 통해 위험지능이 뛰어난 사람들을 찾아냈다. 심리학자들은 환경만 잘 갖춰지면 위험지능이 높아질 수도 있다고 말한다. 사실 나도 어떤 집단에 대한 한 흥미로운 연구를 접하고서 위험지능이라는 주제를 처음 떠올렸다. 문제의 집단은 경마광들이다.

1984년 어느 화창한 오후, 델라웨어 주 노스윌밍턴에 위치한 브랜디와인 경마장에서 있었던 일이다. 젊은 심리학자가 예순두 살의 남자와 이야기를 나누고 있다. 심리학자가 노인에게 묻는다. "다음 경기에서 몇 번 말이 우승할 것 같으세요?"[24]

"4번 말이 쉽게 이길 거요. 출발 신호가 나자마자 치고 나갈 거야. 안 그러면 뭔가 문제가 생긴 거지." 지난 8년간 일주일에 몇 번씩 경마장을 찾은 노인이 대답했다.

"4번 말이 승산이 크다고 생각하는 특별한 이유가 있나요?"

"간단해. 4번 말이 가장 빠르거든!"

심리학자는 어리둥절해했다. "제가 보기에는 다른 말이 더 빠른 것 같은데요." 브랜디와인 경마장에서 나눠주는 공식 안내 책자 속 한 페이지를 가리키며 심리학자가 말했다. "예를 들면, 2번 말과 6번 말의 기록이 4번 말보다 훨씬 좋잖아요."

"맞아." 노인이 빙그레 웃었다. "하지만 그것만으로 판단해서는 안 되지. 2번 말은 지난번 경기에서 우승을 못했어. 형편없었지."

"형편없었다고요?"

"우승마를 맞추려면 행간을 읽어야 해. 2번 말은 그냥 달리기만 했지 전혀 싸우지 않았어. 다른 말들은 앞서가는 말을 따라잡으려고 트랙 안쪽으로 파고드는데, 2번 말은 쭉 같은 레인만 따라 달렸지."

"2번 말이 뒤처진 이유가 있나요? 이해가 잘 안 되네요."

"잘 들어보게. 자네는 2번 말이 전력을 다해 달렸다면, 다른 경주마보다 빨랐을 거라고 생각하지? 이걸 보면 이해가 쉬울 걸세. 6월 6일 경기 기록 좀 보게." 그가 경마 안내 책자를 가리키며 물었다. "2번 말이 전력 질주했는데도 3초나 늦었어. 간단하네. 2번 말과 4번 말은 비교가 안 돼. 4번 말이 훨씬 나아!"

"바깥쪽 레인으로 달렸기 때문에 달릴 거리가 늘어난다는 거로군요?" 겨우 이해한 심리학자가 물었다. "그러니까 경주 거리가 가장 짧은 트랙 안쪽으로 파고드는 말이 유리하겠네요. 바깥쪽은 그만큼 긴 거리를 달려야 할 테니까요."

"바로 그거야." 노인이 대답했다. "하지만 이번 경기에서 자네가 눈여겨봐야 할 말이 하나 더 있네. 8번 말이야. 8번 말은 일찌감치 안쪽 트랙에 자리잡았으니 트랙 바깥쪽은 신경도 안 쓸 거야. 제기랄, 6월 20일 경기에서 괴물 같았구만! 이번에도 그러면 누구도 못 막을 텐데 걱정이네."

"4번 말보다 8번 말을 더 좋아하시는 거예요?"

"배당률이 문제지. 8번 말은 확률이 반반인 이븐머니라 배당률이 없어. 8번 말이 속력을 내면 막을 자가 없지만, 속력이 빠르다고 돈을 걸 수는 없어. 비율이 삼 대 일만 됐어도 장기적으로 이익이니 당장 돈을 걸었을 걸세. 하지만 이븐머니라면 이야기가 다르지."

그날 경마장을 찾은 심리학자는 스티븐 세시다. 대학원을 졸업하고 얼마 지나지 않아 1982년, 세시는 동료인 제프리 라이커와 함께 브랜디와인 경마장 주인을 찾아가 경마장 고객들에 대한 연구를 허가받았다. 세시와 라이커는 경마장을 즐겨 찾는 중노년 30명을 추려내 4년 넘게 이들을 연구했다. 본업이 도박은 아니지만 다들 성인이 된 후로는 경마장에 출근하다시피 하는 경마광들이었다.

세시와 라이커는 연구의 일환으로 30명 전원에게 10번의 실제 경마와 50번의 가상 경마에서 우승마를 예측해보라고 했다. 공교롭게도 실험 참가자들은 두 부류로 나뉘었다. 한 집단이 다른 집단보다 예측을 훨씬 잘했다. 게다가 그들은 무의식적으로 아주 정교한 심성心性 모형을 사용하는 듯했다. 예를 들어, 마지막 4분의 1마일을 남겨뒀을 때 한 경주마의 속도를 예측해보라고 하자 그들은 그 경주마가 최근 경기에서 기록한 속도, 기수의 자질, 경주로의 상태를 비롯해 일곱 가지 변수를 고려해 판단을 내렸다. 게다가 각각의 변수를 개별적으로 평가한 것이 아니라 종합적으로 평가했다. 이를테면, 실력이 고만고만한 경주마끼리 참가한 경기에서 1위를 한 것보다 실력이 출중한 경주마가 참가한 경기에서 3위한 것을 더 높이 샀다.

세시와 라이커는 피실험자들의 지능지수도 조사했다. 20년 뒤 내가 이들의 논문을 읽고 놀랐던 것처럼 세시와 라이커도 그 결과에 깜짝 놀랐다. 우승마 예측능력과 지능지수는 전혀 상관관계가 없었다. 지능지수는 여러 인지능력과 관련돼 심리학자들이 사람들의 지능을 평가할 때 맨 처음 참고하는 수치다. '일반 지능'이라는 개념을 뒷받침하는 것이 바로 지능지수와 인지능력 간의 상관관계다. 그러므로 우승마를 잘 예측하는 것과 지능지수가 관계없다는 말은 경주마가 경기에서 우승할 확률을 예측하는 특정 인지능력이 일반 지능에 속하지 않음을 의미한다. 바꿔 말하면, 인지과정에 지능이 관여하기는 하지만 지능지수는 확률을 예측하는 인지능력과 관계가 없다.

모두가 일반 지능이라는 개념을 좋아하는 건 아니다. 심리학자 하워드 가드너는 인간의 지능을 일원화된 기준으로 재단할 수 없으며 인간은 다양한 유형의 지능을 가지고 있다고 주장한다.[25] 가드너는 인간의 지능이 신체 운동, 대인관계, 언어, 논리 수학, 자연 탐구, 자기 이해, 공간, 음악이라는 독립된 8개의 개념으로 구성된다고 설명한다. 이 여덟 가지 지능 중 확률을 정확히 예측하는 능력에 대한 지능은 없지만 세시와 라이커의 연구를 통해 확률을 예측하는 인지능력이 뛰어난 사람들이 존재함을 알 수 있다. 말하자면 확률을 예측하는 인지능력은 아홉번째 지능인 셈이다.

이와 같은 맥락에서 심리학자 대니얼 골먼은 지능 검사가 이른바 '감성지능'이라는 사회적·감성적 능력을 측정하지 못한다고 주장한다.[26] 골먼은 충동 조절, 자기 인식, 사회 인식, 관계 관리 등 사회적·감성적 능력이 뛰어난 사람이 지능지수가 높은 사람보다 성공할 확률이 높다고 말한다. 그러나 감정지능 검사도 지능 검사와 마찬가지로 위험을 평가하고 확률을 예측하는 능력은 측정하지 못한다. 따라서 불확실한 상황하에서 확률을 예측하고 이런 상황에 대처할 직원을 뽑을 때는 다른 무엇보다 위험지능 검사를 해야 한다.

이 책은 위험지능이라는 이 특별한 지능을 알리고, 이것이 어떻게 작동하는지, 이를 어떻게 갈고닦을 수 있는지 알아보고자 한다. 사례를 들어 왜 그리고 언제 우리가 잘못하는지 보여줄 것이다. 우리는, 은행이 도산하고, 의사가 오진하고, 존재한다고 믿었던 대량 살상 무기가 사실 없었다고 밝혀져도 왜 그런 일이 생겼는지 이해하지 못할 때가 많다. 이에 우리가 확률을 예측하는 데 왜 실패하는지를 밝히고, 예측 기술을 연마하는 방법을 제시해보려 한다. 위험지능이 높은 사람은 경마장에만 있는 것이 아니다. 브리지 게임 애호가와 기상예보관들도 자신의 전문 분야에 대한 예측이 능숙하다. 이런 사람들의 공통점을 살펴보고, 위험을 예측할 때 무엇이 우리의 뇌를 엇나가게 하는지 살펴봄으로 자신의 위험지능을 향상시킬 방법을 찾는다면 모든 면에서 더 나은 판단을 할 수 있다.

2장

위험지능 지수 알아보기

당신이 말하는 주제를 측정해 숫자로 나타낼 수 있다면,
당신은 그것에 대해 어느 정도 아는 셈이다.
그러나 측정할 수 없고 숫자로 나타낼 수도 없다면
당신의 지식은 빈약하고 미흡한 수준에 불과하다.
이제 겨우 알기 시작했을 뿐
과학적인 수준으로 발전하지 못했다.
_켈빈 경

나는 위험지능을 '확률을 예측하는 능력'이라고 간략히 정의했다.[1] 확률을 예측하는 능력이라니 보통 사람들과 별 상관이 없는 능력 같을 수 있지만, 앞서 봤듯이 우리는 매일 위험지능을 발휘해야만 하는 상황에 처한다. 조금만 돌아보면 확률을 예측해야 했던 경험이 여럿 떠오를 것이다. 이를테면 입사 지원을 한 회사에 합격할 확률이나 네스 호 괴물 이야기가 진짜일 확률처럼 말이다. 우리는 경험을 토대로 가능한 정확히 확률을 예측함으로써 그 문제에 얼마나 자신 있는지를 표현한다. 극단적인 경우는 별로 없고 100퍼센트 자신하는 경우와 100퍼센트 불확신하는 경우의 사이, 즉 회색 지대인 경우가 대부분이다. 확률은 당신이 얼마나 자신하는지를 비교적 정확한 숫자로 표현할 수 있게 해준다. 그렇게 확률을 예측하는 능력이 위험지능의 핵심이다.

많은 사람들이 '리스크risk'와 '위험danger'의 개념을 연결지으나 리스크를 전문적으로 공부한 사람들에게 위험은 리스크라는 동전의 한쪽 면에 불과하다. 리스크의 반대 면에는 기회가 있다. 다시 말해서 '하방 리스크'만 있는 것이 아니라 '상방 리스크'도 있다. 사건이 일어날 확률을 예측하는 능력은 위험한 사건과 위험하지 않은 사건 예측 양쪽에 모두 적용된다. 그러므로 우리는 위험지능risk intelligence을 위험한 상황을 예측하는 능력에 한정하기보다는 더 일반적인 인지능력으로 간주해야 한다.

위험지능은 본질적으로 얼마만큼 자신하느냐다. 그런 의미에서 위험지능은 '위험천만한 과잉과 결핍의 중간 지점에 미덕이 존재한다'[2]는 아리스토텔레스의 지적처럼 인지의 미덕일 수도 있다. 용기가 극단적인 무모함과 비겁함 중간에 자리잡듯이 위험지능은 자신감 과잉과 자신감 결핍의 중간에 자리한다. 여기서 '자신감 과잉'이란 자부심이 매우 높은 상태가 아니라 근거도 없이 자기 예측이 정확하다고 확신하는 상태다. 의사결정 연구에서 자주 사용되는 용어인 자신감 과잉은 무언가를 근거보다 더 강하게 믿고, 실제로 아는 것보다 더 많이 안다고 생각하는 상태다. 반대로 자신감 결핍은 자기가 실제로 아는 것보다 적게 안다고 생각하고 확신이 없는 상태다. 위험지능 관점에서 보면 둘 다 문제지만, 자신감 결핍인 사람보다 자신감 과잉인 사람이 더 흔하다. 실제로 심리학자 스콧 플러스는 "의사결정에서 가장 일반적이고 파국의 잠재성을 가진 문제는 바로 자신감 과잉이다"라고 말한 바 있다.[3]

위험지능에 대한 다양한 접근법

논의에 앞서 위험지능 연구가 아직 걸음마 단계라는 사실을 기억할 필요가 있다. 모든 연구자가 위험지능이라는 용어를 나와 동일한 의미로 사용하지는 않는다. 예를 들어 "우리는 위험정보risk intelligence 수집을 전문으로 한다"처럼 어떤 이들은 해적질 같은 해상 안보 위협이나 테러 위협 같은 다양한 안보 위협과 관련된 객관적 자료를 언급할 때 이 용어를 사용한다. 나처럼 인지능력이나 기술을 위험지능이라고 부르는 연구자도 많지만, 그렇다고 그들이 모두 '위험지능은 확률을 예측하는 능력'이라는 내 의견에 동의하는 것은 아니다.

예를 들어 데이비드 아프거는 위험지능을 "새로운 위험에 대해 정확한 판단을 내리는 능력"이라고 정의한다.[4] 이 견해에 따르면, 한 사람의 위험지능은 문제가 되는 위험의 종류에 따라 달라진다. 예를 들어 로스앤젤레스에서 주로 대규모 상업용지를 거래하는 부동산 중개업자는 소규모 상업용지 같은 새로운 시장에 진입할 때 발생하는 위험은 비교적 쉽게 예측해도 주택용지처럼 전혀 다른 종류의 시장에 대해서는 능숙하게 예측하지 못한다. 아프거의 위험지능 검사는, 경험의 빈도 및 관련성, 영향, 의외성, 다양성을 스스로 평가하는 문항과 지식이 얼마나 체계적인지를 묻는 문항으로 구성된다.

아프거는 경제학 분야에서 잔뼈가 굵은 컨설턴트다. 1990년대 초반에는 컨설팅 전문 업체인 매킨지에서 3년간 일했고, 리먼브라더스 금융연구소 부원장도 역임했다. 이런 이력 때문인지 아프거의 위험지능은 주로 비즈니스 분야에 초점이 맞춰진다. 물론 아프거의 접근법과 내 접근법에 비슷한 점도 있다. 예를 들어 아프거의 위험지능 검사에서 배운 지식을 체계적으로 파악하는지를 점검하는 항목이 있는데 이는 이 책에서 다루는 위험지능이 높은 사람들의 공통적인 특징이기도 하다. 다양한 출처에서 정보를 폭넓게 얻는 사람이 시야가 좁은 사람보다 위험지능이 높다는 아프거의 말에 나 또한 동의한다.

위험지능에 접근하는 세번째 방식은 딜로이트앤드투슈Deloitte & Touche 사의 사장이자 『불확실성 속에서 살아남아 번영하기—기업을 위한 위험지능 창출법Surviving and Thriving in Uncertainty: Creating the Risk Intelligent Enterprise』(한국어판 제목은 『리스크 인텔리전스』다—옮긴이)의 저자 프레더릭 펀스턴이 창시한 것이다. 펀스턴은 위험지능을 "손실이나 손해를 막고 생존하려면 반드시 피해야 하는 리스크와 경쟁에서 유리한 위치를 차지하고 번영하려면 감수해야 하는 리스크, 두 종류의 리스크를 효과적으로 구분하는 능력"이라고 본다.[5] 이 접근법은 리스크를 부정적으로만 인식해 이를 최소한으로 줄이거나 피해야 한다고 여기는 경영자들의 성향에 주목한다. 펀스턴은 이런 시각에서 문제가 무엇인지 제대로 짚어내고 경영자들에게 하방 리스크뿐 아니라 상방 리스크도 함께 고려하라고 권한다.

책 제목에서 알 수 있듯이 펀스턴은 위험지능을 개인보다 기업이 갈고닦아야 할 자질로 여긴다. 하지만 나는 위험지능을 개인이 연마해야 할 인지능력이라고 생각한다. 위험지능이 높은 조직은 잘 설계된 리스크 관리 정책과 절차만으로는 만들 수 없다. 조직을 구성하는 개개인의 위험지능이 높아야 한다.

위험지능을 검사하는 방법

동료인 벤저민 야코뷔스와 나는 위험지능의 본질을 연구해 그것을 향상시킬 방법을 찾고자 온라인에 검사 도구를 하나 만들었다. 프로젝션포인트닷컴(www.projectionpoint.com)에서 무료로 위험지능을 검사해볼 수 있다. 이 책 부록에도 검사 문항을 따로 실었다.

위험지능 검사는 오십 가지 진술로 이루어져 있다. 일부는 참이고 일부는 거짓이다. 당신은 각 진술이 얼마만큼 참이라고 생각하는지 확률로 답하면 된다. 간단하다. 진술이 절대로 참이라고 확신하면, 100퍼센트라고 답하면 된다.[6] 진술이 절대로 거짓이라고 확신하면, 0퍼센트라고 답하라. 진술이 참인지 거짓인지 모르겠다면, 50퍼센트라고 답하라. 상당 부분 참이라고 생각하면, 그 정도에 따라 60퍼센트, 70퍼센트, 80퍼센트, 90퍼센트라고 답하라. 반대로 상당 부분 거짓 진술이라고 생각하고 참이라는 확신이 별로 없을 때는 그 정도에 따라 40퍼센트, 30퍼센트, 20퍼센트, 10퍼센트라고 답하라. 검사 문항에 나온 오십 가지 진술의 확률을 모두 평가하고 나면, 웹사이트에서 당신의 위험지능 지수를 계산해서 0과 100 사이의 숫자로 보여줄 것이다.[7]

검사 문항에는 어떤 사건이 일어날 확률을 예측하는 문장은 없기 때문에 위험지능 평가방법치고는 조금 이상해 보일 수도 있다. 하지만 앞서 말했듯이 위험지능의 핵심은 당신이 얼마만큼 아는지를 인식하는 데 있다. 진술의 참 거짓 확률을 예측하게 하는 검사방식은 당신이 얼마나 아는지를 평가하는 데 탁월하다.

확률을 예측하고 진술의 참 거짓 여부를 평가할 때 우리 머릿속에서는 다음과 같은 네 가지 과정이 일어난다.

1. 우선, 해당 문제에 대해 당신이 아는 내용을 검토한다. 이미 가진 정보 중에서 직간접적으로 해당 진술과 관련된 정보를 찾아낸다.
2. 다음으로 가지고 있는 정보가 (a)당신의 판단이 옳을 확률에 얼만큼 영향을 끼치는지 (b)진술이 참일 가능성을 얼만큼 높이는지 판단한다.
3. 이 과정을 거치면 예감 또는 직감이 생길 것이고, 얼마나 자신하는지에 따라 예감의 강도가 달라질 것이다.
4. 마지막으로 예감을 확신의 수준을 나타내는 숫자로 표현한다.

검사 응답자의 위험지능 지수는 어땠을까? 2010년 1월 1일에 웹사이트를 개설한 뒤 13개월 동안 5만 명 이상이 방문했고, 그중 3만 8천 명이 위험지능 검사에 응했다. 검사를 끝까지 마치지 않았거나 성별 또는 직업을 명기하지 않은 사람을 제외하니 총 14294개의 검사 결과가 남았다. 유효 응답자의 평균 위험지능 지수는 64였다. 전체 내역은 도표 1에 나와 있다. (이 자료는 부록 4에서 더 자세히 다루겠다.)

이 검사방식에 이의를 제기하는 사람들은, 감수할 준비가 된 위험과 그렇지 않은 위험을 구분할 필요가 있다고 말한다. 그들은 진술이 참일 확률의 예측은 위험지능이 관여하는 실제 행동을 지나치게 한정할 뿐 아니라 위험지능과도 별로 관련없다고 비판하기도 한다. 그러나 이런 비판은 위험 태도 또는 위험 성향과 위험지능을 혼동해서 발생한다고

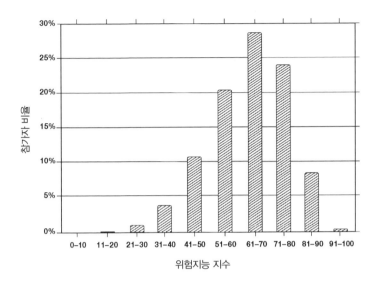

본다. 이 둘의 구분은 중요하다. 위험지능은 인지능력이자 순수한 지적 능력이다. 반면에 위험 성향은 정서적 특성이다. 위험 성향은 '더 큰 보상을 받고자 더 높은 위험에 노출되는 걸 즐기는가'처럼 기꺼이 위험을 감수하고자 하는 성향이다.

어떤 사람들은 위험을 즐기는 반면, 어떤 사람들은 전염병인 양 피한다. 위험지능과 달리 위험 성향은 어느 쪽이 좋다 나쁘다 평가할 수 없다. 그저 취향의 문제다. 위험지능은 당신이 실제로 얼마만큼 위험을 감수하는지를 아는 것과 관련되지만 위험 성향은 당신이 얼만큼 위험을 즐기는지와 관련된다. 내가 인터뷰한 도박꾼들 중에는 위험지능이 높고 위험을 선호하는 이도 더러 있었지만, 대개가 위험 중립 성향을 보였다.

그들은 대부분 위험을 좋아하지도 싫어하지도 않았다. 놀랍지만 실제로 도박꾼들 대부분이 위험에 냉담하다. 그들이 도박을 잘하는 이유도 이 때문이다.

위험지능은 높지만 위험 성향은 낮은 이도 있다. 어느 말이 우승할 확률이 높은지는 잘 예측하면서도 배팅은 꺼리는 사람들이 이 부류에 속한다. 물론 가장 위험한 조합은 위험 성향은 높은데 위험지능이 낮은 경우다. 예를 들어 자신의 능력을 과신하고 위험을 즐기는 사람들은 높은 산에 오를 때 목숨을 부지하기 힘들다. 즉 위험 성향은 위험지능과 별개로 평가할 수 있고 또 그렇게 해야 한다.

위험지능 검사와 관련해서 이 검사가 사람들의 지식을 평가하는 게 아니라는 사실도 중요하다. 아는 것이 적은데도 위험지능 지수가 높을 수 있다. 많이 안다고 점수가 잘 나오는 것이 아니라 자신이 얼마나 모르는지를 정확히 가늠하는 쪽이 높은 점수를 받기 때문이다. 잘 몰라도 가지고 있는 정보가 가치 있는지를 잘 판단한다면, 많이 알아도 이런 식의 추론에 서툰 사람보다 점수가 높을 수 있다. 또한 자신감이 과한 사람에게 이 검사는 불리하다. 실제로 아는 것보다 더 안다고 생각하면, 확신하는 정도가 극단으로 치우치게 마련이다. 우등생인 학생들이 평범한 학생들보다 위험지능 검사에서 낮은 점수를 받는 이유가 여기에 있다. 우등생들은 아는 게 많아 그동안 높은 점수를 받아와서인지 꽤 거만하다. 또한 이들은 불확실한 것을 불편해하는 성향이 있다. 존 키츠가 말한 '소극적 수용력'이 결핍된 셈이다.

이쯤 되면 위험지능 검사에서 높은 점수를 받는 방법을 눈치챈 사람도 있을 것이다. 모든 검사 문항에 참 진술과 거짓 진술이 반반씩 들어 있다고 가정했을 때 전부 50퍼센트라고 답하면, 당신은 분명히 만점을 받을 것이다. 그렇다고 당신의 위험지능이 높다고 볼 수는 없다. 당신은 결코 위험을 무릅쓰고 회색 지대에 뛰어들 사람이 아니기 때문이다. 이런 잠재적 함정을 피하고자 'K 지수'라는 두번째 지표를 만들었다. 접근방식은 다르지만 불확실함에 매료되었다는 공통점이 있는 존 키츠와 존 메이너드 케인스의 이름에서 'K'를 따와서 명명했다.

K 지수는 이렇게 채점한다. 진술이 참이라고 10퍼센트, 20퍼센트, 30퍼센트, 40퍼센트, 60퍼센트, 70퍼센트, 80퍼센트, 90퍼센트 확신한다고 답할 때 응답자는 1점을 받는다. 0퍼센트 또는 50퍼센트 또는 100퍼센트 확신한다고 답하면 0점을 받는다. 그러므로 K 지수를 적용했을 때 받을 수 있는 최고점은 50점이다. K 지수는 응답자가 얼마나 성실하게 진술의 진실성을 평가했는지를 수치화해 응답자의 위험지능 지수가 얼마나 믿을 만한지를 알려주는 지표다.

눈금 보정 곡선

위험지능 지수는 하나의 숫자다. 당신의 위험지능을 '숫자 하나로' 요약해준다. 사람들은 결과를 숫자로 표현하기를 좋아하고 이런 수치는 연구에도 유용하게 쓰인다. 그러나 숫자 하나가 제공하는 정보는 제한적이다. 예를 들어 자신감이 과하거나 부족할 때 위험지능 지수는 낮게 나오지만 그 수치 하나만으로 그 사람이 어떤 사람인지 알 수 없다. 바로 여기에서 눈금 보정 곡선의 필요성이 대두된다.

위험지능 검사 결과를 그래프로 보여주는 눈금 보정 곡선은 위험지능 지수 하나만 제시될 때보다 더 많은 정보를 전해준다. 또한 위험지능의 전체적인 수준을 시각적으로 보여줄 뿐 아니라 위험지능에 대해서도 더 상세하게 알려준다. 이를테면 당신이 자신감이 과한 사람인지 자신감이 부족한 사람인지와 그에 관한 오차 수치가 눈금과 함께 제시된다. 위험지능 검사는 원래 교정 시험으로 불린다. 이 책에서 언급한 많은 과학자들도 위험지능 검사가 아니라 교정 시험이라고 지칭한다. 눈금 보정 곡선을 산출하기 위해서 먼저 참일 확률이 0퍼센트라고 답한 횟수를 모두 센 다음 그중에 실제로 참이 몇 개인지 센다. 당신이 완벽한 위험지능을 갖췄다면, 참일 확률이 0퍼센트라고 답한 진술 중 실제로 참인 명제는 전혀 없어야 한다. 당신은 그 진술을 거짓 명제라고 확신하기 때문이다. 만일 그 진술들 중 참 명제가 하나라도 있으면, 당신이 자신감이 과하다는 뜻이다.

예를 들어 1년 동안 매일 잠들기 전에 그날 비가 왔는지 안 왔는지를 기록하고 그 다음날 비가 올 확률을 예측한다고 해보자. 1년이 지나면 당신은 365개의 확률 예측 수치와 언제 실제로 비가 왔는지에 대한 기록을 손에 넣을 것이다. 그중 다음날 비가 절대 안 올 거라고 예측한 날이 32일인데 만약 하루라도 비가 왔다면, 당신은 자신감이 지나쳤던 셈이다.[8] 비가 온 날이 많을수록 자신감 과잉도 심한 셈이다.

다른 범주의 확률도 같은 방식으로 검토한다. 다음날 비 올 확률이 10퍼센트라고 생각한 날이 30일이라고 치자. 당신의 위험지능이 완벽하다면, 30일의 10퍼센트는 사흘이니 30일 중 사흘은 비가 와야 한다.

비가 온 날이 사흘보다 많으면, 당신은 자신감이 지나쳤던 셈이다. 반대로 비가 온 날이 사흘보다 적으면, 당신은 자신감이 부족했던 셈이다.

각각의 확률을 이런 식으로 검토하면, 우리는 도표 2와 같은 그래프를 그릴 수 있다. 가로축은 당신이 위험지능 검사에서 제시한 다양한 진술에 대해 참일 확률을 예측한 결과(0퍼센트, 10퍼센트, 20퍼센트 등등)를 나타낸다. 세로축은 각각의 퍼센트로 답한 진술들이 실제로 참인 비율을 나타낸다. 도표 2에서 'a'라고 표시된 점은 참일 확률이 10퍼센트라고 답한 진술 중에서 약 30퍼센트가 실제로 참 명제였음을 보여준다. 'b'라고 표시된 점은 참일 확률이 70퍼센트라고 답한 진술들 중에서 약 30퍼센트만이 실제로 참 명제였다는 사실을 보여준다. 이런 점들을 모두 연결한 선이 눈금 보정 곡선이다.

완벽한 눈금 보정 곡선은 가로축과 세로축의 수치가 같기 때문에 대각선으로 표시된다(수학자들은 이를 '아이덴티티 라인'이라 지칭한다). 대각선은 위험지능이 완벽함을 의미한다. 진술이 참일 확률이 0퍼센트라고 답한 진술들 중 참 명제로 밝혀진 진술이 0퍼센트고, 참일 확률이 10퍼센트라고 답한 진술들 중 참 명제로 밝혀진 진술이 10퍼센트라는 말이다. 따라서 이 대각선에서 멀리 떨어져 있을수록 위험지능이 낮다는 뜻이다. 도표 3처럼 눈금 보정 곡선과 대각선 사이에 빗금을 쳤을 때 빗금 친 면적과 위험지능은 반비례한다. 빗금 친 면적이 좁을수록 위험지능이 높고 넓을수록 위험지능이 낮다. 눈금 보정 곡선이 완벽에 가까워질수록 빗금 친 면적도 점점 줄어든다.

도표 2와 도표 3은 전형적인 눈금 보정 곡선이다. 대개 눈금 보정

도표 2 **눈금 보정 곡선**

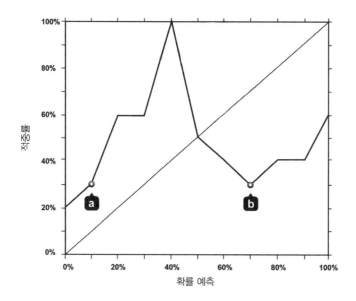

곡선은 완벽한 위험지능을 나타내는 대각선 위쪽 지점에서 시작돼 약
50퍼센트 지점에서 대각선과 교차한 이후에는 대각선 아래쪽에 머문
다. 만약 당신의 눈금 보정 곡선이 이와 비슷하다면 당신의 자신감이
과한 편이라는 뜻이다. 당신은 좀더 의심해볼 필요가 있을 때 확실하다
고 말할지 모른다. 이 검사가 당신의 위험지능 평가에 얼마나 적합할까.
위험지능 검사는 당신이 광범위한 영역에서 자신의 지식 수준을 얼마
만큼 파악하고 있는지, 광범위한 일반 정보에 대한 자신의 예측에 얼마
나 자신하는지를 가늠하는 데 유용하다. 그렇다고 당신이 확률을 예측
해본 경험이 풍부한 분야에서 당신의 위험지능이 더 높지 않을 것이라
는 뜻은 아니다.

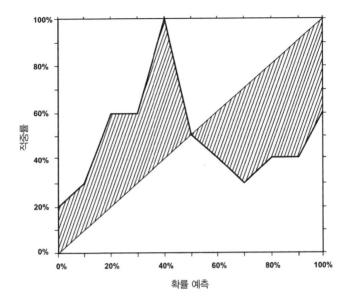

위험지능을 연구하면서 다행스럽게도 특정 전문 분야에서 확률을 예측하는 연습을 통해 위험지능이 상당 부분 좋아질 수 있음을 알게 되었다. 기상예보관과 의사 들의 위험지능 지수 간의 차이가 이를 극적으로 보여준다.

위험지능이 완벽한 사람은 어디에도 없지만, 도표 4에서 볼 수 있듯이 기상예보관들이 자신의 전문 분야인 날씨를 예보할 때 완벽에 가까운 결과가 나온다. 반면에 의사들이 의학적인 위험을 예측할 때는 위험지능이 낮다.

도표 4는 서로 다른 연구 자료를 눈금 보정 곡선으로 함께 표시한 것이다. 첫번째 연구에서 기상예보관들이 다음날 비 올 확률이 90퍼센

트라고 예보했을 때 실제로 거의 90퍼센트 비가 왔다.[9] 반면에 두번째 연구에서 의사들이 환자에게 폐렴일 확률이 90퍼센트라고 예측했을 때 실제로 약 15퍼센트만 폐렴이었다.[10] 즉 의사들은 자신의 진단이 정확하다고 자신하지만 실제로는 그렇지 못하다. 따라서 이는 의사들이 꼭 필요한 검사보다 더 많은 검사를 받게 하고, 필요한 처방보다 더 많은 처방을 내려서 공연히 환자들을 걱정시킬 가능성이 크다는 의미다.

어쩌면 뒤늦게 후회하느니 조심하는 편이 낫다고 말할지도 모른다. 아마도 이 조사에 참여한 의사들은 음성을 양성으로 오진하는 것보다 양성을 음성으로 오진할 확률을 더 걱정했을 것이다. 없는 질병을 있다고 하는 것보다 있는 질병을 발견 못하는 쪽을 더 염려했다는 말이다.

도표 4 **기상예보관과 의사 들의 눈금 보정 곡선**(점선 : 의학 진단, 실선 : 날씨 예보)

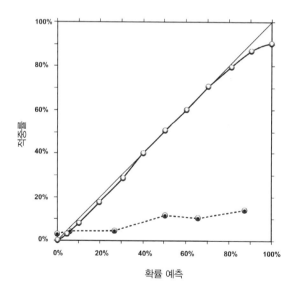

양성을 음성으로 오진할 경우 환자들은 치료 시기를 놓쳐서 죽을지도 모르고 담당 의사는 소송을 당할 수도 있다. 반대 경우에는 환자들이 불필요한 검사를 받고 괜한 걱정을 하는 정도로 일이 마무리된다. 이 조사에 참여한 의사들은 오진시 드는 비용을 감안해서 확률을 예측함으로써 이른바 '방어 진료'를 했다고 볼 수도 있다.

하지만 이 조사를 실시한 연구자들은 이런 가능성을 애초에 차단했다. 연구자들은 의사들에게 진단을 내렸을 때 발생하는 가치를 평가하게 했다. 즉 폐렴 환자에게 폐렴을 진단하는 경우, 폐렴이 아닌 환자에게 폐렴을 진단하는 경우, 폐렴 환자에게 폐렴 진단을 못하는 경우, 폐렴이 아닌 환자에게 폐렴이 아니라고 진단하는 경우 발생하는 가치를 평가해달라고 한 것이다. 최악의 경우인 −50부터 최상의 경우인 +50까지 다양하게 가치를 매기게 했다. 그 결과, 제대로 폐렴 진단을 내렸을 때와 폐렴이 아니라는 진단을 내렸을 때 발생하는 가치에는 차이가 없었다. 폐렴이 아닌 환자에게 폐렴 진단을 내렸을 때와 폐렴 환자에게 폐렴이 아니라고 진단했을 때도 가치에는 차이가 없었다. 다시 말해 의사들의 예측이 과하게 치우치는 이유는 위험 성향이 낮아서가 아니라 위험지능이 낮아서다. 의사들은 조심스러웠던 것이 아니라 판단을 잘못 내린 것이다.

극명하게 차이 나는 기상예보관과 의사 들의 위험지능 결과를 보고 흥미로운 질문이 여럿 떠올랐다. 한쪽은 가능성 예측에 능숙하고 다른 한쪽은 서투른 게 직업 특성과 관련이 있을까? 만일 그렇다면 기상예보관들에게 어떤 요인이 유리하게 작용하는지 알아내고, 그 정보를 통해 위험지능을 높이는 방법을 찾을 수 있을까?

위험지능 높이기

위험지능 검사의 권위자인 세라 릭턴스타인은 기상예보관들에게 유리하게 작용하는 몇 가지 요인을 추측했다.[11] 첫째, 기상예보관들은 수년 동안 확률로 날씨를 예보해왔다. 1965년부터 미국 기상청 소속 기상예보관들은 다음날 비가 올지 안 올지가 아니라 비가 올 확률이 얼마나 되는지 백분율로 예보해야 했다. 그들은 날씨 예보에 숫자를 사용하는 방식에 적응했고, 그 결과 확률을 능숙히 예측하게 되었다. 반면에 의사들은 그럴 의무가 없기 때문에 애매하게 이야기해도 아무도 뭐라고 하지 않는다.

둘째, 기상예보관들은 같은 일을 계속 되풀이한다. 답할 질문("비가 올까요?")이 항상 똑같다. 그러나 의사들은 매일 다른 질문에 답해야 한다. "늑골이 부러진 건가요?" "악성 종양인가요?" "다른 우울증 치료제를 써보면 어떨까요?" 등등.

마지막으로 기상예보관들은 그때그때 명확한 피드백을 받는다. 의사들의 경우는 조금 다르다. 환자들이 다시 내원하지 않을 수도, 다른 병원을 찾을 수도 있다. 그렇기 때문에 진단이 옳았는지 알기 어렵다. 학습 이론들은 대부분 빠른 피드백의 필요성을 강조한다. 행동(이 경우에는 예측)에 대한 피드백이 지체될수록 추후 정보가 유용하게 작용할 가능성은 낮아진다.

흥미롭게도 몇몇 일류 의과대학에서 의사들의 낮은 위험지능을 문제로 인식하기 시작해 소위 '확신에 근거한 평가'나 '확실성에 근거한 채점'을 점점 더 많이 사용하고 있다. 이런 평가방식의 도입으로 학생들은 정답과 함께 각 답안에 어느 정도 자신하는지도 적어야 한다. 자신 있게 오답을 적어 내면, 최하 점수를 받는다. 오답을 적어 냈어도 자신이 없다고 답하면, 최하보다는 점수가 괜찮다. 자신 없게 정답을 적는 것도 좋긴 하지만 이상적이지는 않다. 실생활에서라면 이 경우 다른 방안을 찾느라 시간을 허비하기 십상이기 때문이다. 자신 있게 정답을 적는 경우가 이상적이다. 이런 평가방식은 이용 가능한 정보를 분석할 때 얼마만큼 자신감을 가져야 하는지 알아야 한다는 점을 강조하는 데도, 피드백을 제공하는 데도 효과적이다. 이런 평가방식은 학생들 스스로 언제 다른 사람의 의견이나 교과서를 참고해야 하는지 언제 독자적으로 행동해야 하는지를 깨닫게 한다.

위험지능 향상을 위해서 즉각적인 피드백을 제공하는 것과 더불어 한정된 질문에 집중하는 것도 도움이 된다. 이것이 기상예보관들의 위험지능이 의사들보다 높은 또하나의 이유다. 기상예보관들은 한정된 질문에 반복적으로 답을 하나 의사들이 답해야 하는 질문은 범위가 훨씬 넓다. 질문의 범위가 좁다는 건 기상예보관들이 질문 하나에 더 많은 피드백을 받는다는 의미다. 그 결과 기상예보관들은 질문에 답할 때 고려 요인들의 심성 모형을 더 풍부하게 구축할 수 있다. 흥미롭게도 기상예보관들에게 일반 지식과 관련된 진술(부록 1에 제시한 것 같은)에 대해 예측해보라고 하자 위험지능이 훨씬 낮게 나왔다.

이스라엘의 심리학자 기드온 케렌도 1987년 연구에서 반복되는 사건에 대한 확률 예측이 위험지능을 높이는 데 도움이 된다고 했다.[12] 케렌은 전문가와 아마추어를 대상으로 2개의 브리지 게임 토너먼트를 개최했다. 매번 비딩을 마친 뒤 게임 시작 전(그리고 더미의 패가 이길 것이 확실하기 전)에 참가자들은 개인적으로 최종 계약을 달성할 확률을 예측해야 한다. 확률 예측이 핵심인 브리지 게임은 위험지능 연구에 필요한 최적의 환경을 제공한다. 비딩을 하는 동안 참가자들은 자기 손에 쥔 패를 평가해 이를 바탕으로 자기 편이 이전보다 더 많은 트릭을 딸 확률을 예측해야 한다. 비딩은 딜러를 시작으로 시계 방향으로 진행되는데, 반드시 앞의 비딩보다 높은 단계의 비딩을 해야 하고 그렇지 않으면 패스해야 한다. 따라서 브리지 게임 실력이 좋으려면 위험지능이 상당히 높아야 한다.[13]

도표 5는 브리지 게임 전문가와 아마추어의 눈금 보정 곡선이다. 전문가들의 위험지능(점선)이 아마추어의 위험지능(실선)보다 높다. 내 계산에 따르면, 전문가들의 평균 위험지능은 89점이었다. 아마추어들도 평균 74점으로 상당히 높은 점수를 기록했다.[14] 아마추어지만 상당히 게임 경험이 있는 사람들이라서 그랬을 것이다. 아마추어 참가자들은 정기적으로 토너먼트가 열리는 스포츠클럽 회원으로 다들 수년간 브리지 게임을 해왔다. 전문가들처럼 전국 대회에 출전한 경험은 없지만 그렇다고 절대 초심자는 아니다. 전문가들처럼 무수한 패를 예측해봤고, 이런 반복과정은 이 분야에 필요한 위험지능 연마에 도움이 되었다.

도표 5의 눈금 보정 곡선은 아마추어와 전문가의 위험지능 차이를 보여준다. 전문가들은 아마추어보다 0퍼센트에서 20퍼센트, 80퍼센트

도표 5 **브리지 게임 전문가와 아마추어 들의 눈금 보정 곡선** (점선 : 전문가, 실선 : 아마추어)

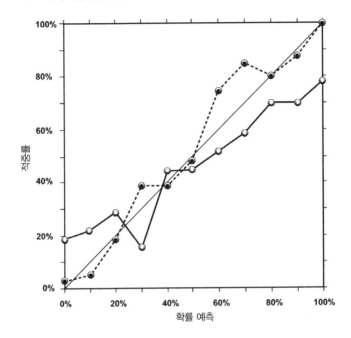

에서 100퍼센트의 확률처럼 극단적인 가능성을 예측하는 능력이 뛰어나다. 이외의 범주에서는 두 집단 간에 큰 차이가 없다. 하지만 아마추어들은 아주 낮은 확률이나 아주 높은 확률을 예측할 때 과도한 자신감을 보였다. 이에 대해서는 나중에 다시 살펴보기로 하고 일단 극단적인 확률을 더 정교하게 예측하는 능력이 위험지능이 높은 사람과 그렇지 않은 사람을 구분짓는다는 점만 기억하자.

경험이 많은 특정 분야에서 매우 구체적인 확률을 예측할 때 위험지능이 높다는 사실은 1장에서 살펴본 필립 테트록이 조사한 전문가들의 위험지능이 낮은 이유도 설명해준다. 테트록은 '정치 및 경제 동향 조언'으로 먹고사는 전문가 수백 명을 모집해 미래에 어떤 사건들이 일어날지 예측하게 했다. 결과를 분석하던 테트록은 전문가들의 예측이 동전 던지기만 못하다는 걸 알게 되었다. 테트록은 전문가들에게 정치 및 지리 분야 등 꽤 광범위한 분야의 사건을 예측해보게 했다. 테트록은 참가자들의 전문 분야와 관련 있는 사건과 관련 없는 사건을 나누어 분석하려고 애썼지만(둘 다 형편없었다), 그런 식의 구분은 너무나 조잡했다. 예를 들어 미국 현 행정부의 고위급 공직 인사와 관련해서는 예측을 잘하는 전문가도 미국 정치 일반에 대해서는 서투르게 예측할 수 있다.

'위험지능 개발' 측면에서 본다면 사실 좋은 소식이다. 한정된 분야에서 반복적으로 사건 발생 확률을 예측함으로 위험지능을 높일 수 있다면, 조사 및 학습 방향이 명확해진다. 특정 직업에 필요한 위험지능에 맞추어 훈련 프로그램을 개발할 수 있기 때문이다.

1970년대에 로열 더치 셸Royal Dutch Shell이 바로 그런 프로그램을 도입했다.[15] 회사 중역들은 새로 채용한 지질학자들의 자신감이 과도하다는 사실에 주목했다. 지질학자들은 특정 지역에서 석유를 찾을 확률이 40퍼센트라고 예측했지만 실제로 유정油井 열 곳 중에 석유가 나오는 곳은 한두 군데에 불과했다. 자신감이 과한 지질학자들 탓에 회사는 큰 손실을 입었다.

우수한 인재들을 골라 채용했던 터라 회사 중역들은 당혹스러웠다. 그러나 앞에서 살펴보았듯이 지식 수준과 메타 인지능력이 항상 비례하지는 않는다. 전문가들은 자기가 실제보다 더 많이 안다고 생각하곤 한다.

로열 더치 셸은 혁신적인 훈련 프로그램 도입으로 이 문제를 해결했다. 지질학자들에게 이전 석유 탐사에 대한 정보를 자세히 알려주고 각각의 경우 석유를 발견할 확률을 숫자로 예측해보라고 했다. 그런 다음 실제로 석유가 발견된 수치를 알려주었다. 훈련은 효과가 있었다. 프로그램이 끝날 무렵 지질학자들의 위험지능은 더 높아졌다. 이제 특정 지역에서 석유를 발견할 확률이 40퍼센트라고 예측하면, 실제로 열 곳 중 네 곳에서 석유가 나왔다.

다른 기업들은 왜 이런 훈련을 실시하지 않을까? 나는 대형 IT 회사에서 근무하는 한 엔지니어에게 이런 이메일을 받은 적이 있다.

저는 운영체제의 신뢰성을 다루는 부서에서 근무중입니다. 전체 네트워크에 영향을 끼치는 위기나 파손에 대응하는 업무를 맡고 있죠. 제 업무에서는 위험 평가능력이 아주 중요합니다. 저희 부서 지원자도 많습니다만 첫번째 면접에서 바로 채용되는 사람은 정말 드뭅니다. 지원자들의 위험지능 검사 결과가 채용과정에 어떤 영향을 끼치는지 정말 궁금합니다.

이 엔지니어는 위험지능 검사가 실제로 무엇을 측정하는지, 검사 문항에 포함된 문화적·언어적 문제가 업무 수행과 어떻게 관련되는지 잘 모른 채 위험지능 검사를 채용 기준으로 활용해도 괜찮은지 우려했다. 무슨 말인지 충분히 이해한다. 로열 더치 셸이 위험지능 훈련 프로그램으로 큰 효과를 봤다면, 다른 기업도 비슷한 프로그램을 적용하면 되지 않을까? 예를 들면 이렇게 말이다.

• 은행에서는 대출 담당 직원들에게 그들이 대출해준 돈이 예정대로 상환될 확률을 예측해보라고 할 수 있다. 그후 몇 달 동안 대출금이 제때 상환되지 않으면 이 정보로 대출 담당 직원의 눈금 보정 곡선을 산출하고 해당 직원은 이 피드백을 참고해 업무 실적을 높일 수 있다. 연체율에 대한 정보가 들어올 때마다 눈금 보정 곡선을 계속 갱신하고, 이를 통해 대출 담당 직원들은 자신의 위험지능이 향상되는지 확인한다.

• 정보기관에서는 정보 분석가에게 전 세계에서 일어나는 사건과 새로운 안보 위협 상황을 예측할 때 구체적인 수치로 확률을 제시하라고 요구할 수 있다. 그런 다음 예정된 기간 동안 예측한 사건이 발생하는지 정보를 수집한다. 마지막으로 위험지능 지수를 계산하고 분석가들의 업무 실적을 평가한다.

• 출판사에서는 편집자에게 새로운 원고를 계약할 때 수치 확률을 제시하라고 요구할 수 있다. 예를 들어 저자가 명시된 기간 안에 선인세를 벌어들일 확률을 예측하게 한다. 매출액이 나오면 편집자들이 현명한 판단을 했는지, 자신감이 지나쳤는지 명확해진다.

• 변호사들은 소송에서 이길 확률이 얼마나 되는지 의뢰인에게 이야기할 수 있다. 소송 결과가 하나둘 나오면, 변호사들은 자신의 자신감이 지나치지 않았는지, 좀더 현실적인 승소 확률은 얼마나 되는지 확실하게 인지하게 된다.

• 군대에서는 전술 작전을 짤 때 지휘관들에게 다양한 표적을 처리하거나 특정 목표를 달성할 확률을 예측해보라고 요구할 수 있다. 전투가 발생되면 교정 시험으로 예측의 정확성을 수량화하여 지휘관들에게 실시간으로 결과를 알려준다.

• 위험지능 검사는 인재의 모집과 선발에도 사용할 수 있다. 많은 조직에서 폭넓게 사용하는 인성 검사는 위험지능 검사와 손쉽게 결합된다. 위험지능을 직접 측정할 방법이 없으면, 지원서의 자료를 대신 활용하면 된다. 위험지능을 높이는 데 이바지하는 성격이 있는가 하면 방해하는 성격이 있기 때문이다.

상아탑 밖으로

2010년 3월, 위험지능에 관해 생각해오던 것을 실행에 옮길 기회가 생겼다. 영국에 있는 한 중견 기업의 중역이 내게 이메일을 보내왔다. 그는 자기 회사의 위험 관리 과정이 괜찮은지 걱정했다. 그는 내가 위험지능을 연구한다는 소식을 듣고 조언을 구하고자 연락했다고 했다. 나는 연구의 이론적 기반이 탄탄하고 몇몇 흥미로운 자료도 수집했지만, 아직 실제 경영 현장에 적용해보지 못했다고 솔직히 말했다. 결국 우리는 타협점을 찾았다. 아주 적은 금액만 받고 그의 회사를 방문해서 위험지능 검사를 하기로 했다. 회사 입장에서는 아직 검증되지 않은 수단에 많은 비용을 들이지 않아서 좋고, 내 입장에서는 실제 경영 현장에 내 이론을 시험해볼 기회를 얻어 좋았다.

몇 주 후 그 회사 본사에서 위험 관리팀을 만났다. 그들은 위험 요소를 발견하고 확인할 때부터 위험의 빈도와 영향을 고·중·저 3단계로 단순 측정하는 보편적인 위험 관리 기법을 사용하고 있었다. 위험 요소를 각각 빈도와 영향에 따라 소위 리스크 매트릭스risk matrix로 만들어 고위험, 중간위험, 저위험처럼 규정했다.

이런 기법들은 비교적 만들기도 가르치기도 쉽다. 그래서 업종을 막론하고 수많은 기업에서 이 기법을 사용해왔다. 평판 있는 조직들은 이런 관리 기법을 고안해 많은 사용자들에게 모범 실무로 사용하게 한다. 예를 들어 미국 육군은 임무의 위험도를 가중평점법에 근거해 평가한다. 미국 보건복지부에서는 전염병이 돌면 평점법을 이용해 백신 공급 여부를 결정하고, NASA에서도 평점법을 통해 유인·무인 우주 비행 임무의 위험 정도를 평가한다.

나는 몇 가지 이유에서 이런 평점법에 심각한 결함이 있다고 본다.[16] 가장 근본적인 문제는 평점법이 초기 예측에만 유용하다는 점이다. 쓰레기를 투입하면 쓰레기가 나온다. 초기 예측은 대개 전문가의 영역이지만 그들도 확률을 예측할 때 체계적 편향과 오류에 빠지곤 한다. 게다가 이런 기법을 사용하면 확률을 구체적인 수치로 제시하는 대신 고·중·저처럼 특징지어 문제를 대충 얼버무린다.

나는 위험 관리팀에 다른 방법을 시도해보라고 제안했다. 예측한 확률은 퍼센트로, 잠재 손실은 숫자로 예측하는 방식으로 바꿔보라고 말했다. 이를테면, 위험 확률이 "높고" 회사는 "중간" 정도의 손실을 입을 거라고 말하는 대신 "200만 파운드의 손실을 입을 확률이 10퍼센트"

라고 말하게 했다. 우선 위험 관리팀이 새로운 방식을 받아들이도록 팀원 개개인에게 위험지능 검사를 받게 했다. 그런 다음 개개인의 점수를 검토하고 그들이 어떻게 위험지능을 높일 수 있을지 조사했다.

　그 회사의 특성에 맞춰 개발한 위험지능 검사 기법을 일부 컴퓨터에 설치했다. 그리고 회사가 몇 달 안에 직면할 수 있는 위험을 일상어 대신 "이번 달에 전기료가 5퍼센트 이상 증가할 것이다" "이번 달에 해커들이 고객 기밀 정보에 접근할 것이다" 같이 보고하게 했다. 그후 네 달 동안 위험 관리팀의 각 팀원들은 위험지능 검사에서처럼 위험 요소가 발생할 때마다 수치 확률로 보고했다. 이런 방법으로 나는 일상 업무시 위험 관리팀원들의 위험지능을 측정하고, 그들이 어떤 위험을 과대평가하거나 과소평가하는지 확인할 수 있게 도왔다.

　정말 충격적이게도 그들은 프로젝트가 지연될 위험을 전혀 예측하지 못했다. 위험 관리팀은 체계적 편향에 빠져 잠재적 위험과 위협 상황의 확률을 과대평가하고, 프로젝트가 계획보다 오래 걸릴 확률은 지나치게 과소평가했다. 이들이 저지른 실수와 관련된 수치 자료를 수집해 회사에서 이들의 편향을 바로잡을 방안을 모색하게끔 도왔다. 덴마크 학자 벤트 플라이버그가 처음 생각해낸 방안이었는데 그는 입안자들 사이에서 나타나는 '낙관 편향'을 바로잡음으로 개별 프로젝트에 소요되는 자본 지출을 좀더 현실적으로 예측하게끔 영국 교통부에 조언했다.[17] 예를 들어 교통부에서 고속도로 건설 계획을 세울 때는 적합한 경로를 고려해서 비용을 예측하는데 일반적으로 총 건설 비용이 처음 견적보다 44퍼센트 이상 많았다. 이에 그는 입안자의 낙관적인 견해를 보완해 건설 비용을 추정해야 한다고 했다.

　이것이 내가 위험지능을 상아탑에서 끌어내 실제 경영 현장에 적용한 첫 사례다. 초기에는 결과가 꽤 괜찮았다. 프로젝트를 시행하고 처음 몇 달 동안 위험 관리팀 직원들의 위험지능 지수가 모두 올랐다. 그들은 지금도 모호한 말 대신 수치 확률로 위험을 예측하고 있다. 물론 실제로 위험지능이 향상되었는지는 새 프로그램의 효과를 확인해봐야만 한다. 많은 사람들이 위험 관리 효과의 측정이 불가능하다고 생각한다. 위험을 관리하지 않았을 경우 어떤 일이 발생했을지 확신할 수 없기 때문이다. 그러나 새로운 위험 관리 프로그램을 시행하기 전후의 회사 실적을 비교할 수는 있다. 여섯 달 뒤 프로그램을 검토하기 위해 위험 관리팀과 만나서 발생 확률이 낮은 위험 관리에 허비하는 시간이 줄었고, 비상시를 대비한 예비비가 줄어들었음을 확인할 수 있었다.

　물론 위험지능을 높이기 위해 생활 전반에서 확률을 예측하는 훈련을 하기는 힘들다. 하지만 위험을 예측할 때 자신의 자신감이 과한 편인지 부족한 편인지 기본 성향을 파악하고, 왜 잘못된 판단을 하는지 알아감으로써 흔히 저지르는 실수나 오류를 바로잡을 수는 있다. 많은 이들이 위험지능 검사를 받는 것만으로도 자기 자신을 돌아보고 깨달음을 얻었다. 예측을 수치 확률로 표현하는 일이 처음에는 난감할 수 있지만 그렇게 하다보면 인생이 변하기도 한다. 이를테면 심리학자 수전 블랙모어처럼 말이다. 블랙모어가 어느 날 이런 이메일을 보내왔다.

　위험지능에 대해 알고 나서 놀랍게도 제 인생이 변했어요! 검사 결과는 형편없었지만 그 덕분에 제가 근거 없는 자신감을 보일 때가 많다는 것과 예측이 틀리면 왜 그렇게 자신만만했는지 따져보기보다 무작정 화부터 냈다는 걸 알게 되었습니다. 위험지능 검사를 받은 덕분에 덜 독단적이고 더 융통성 있는 사람이 됐어요.

위험지능 검사를 받는 것만으로도 스스로가 지난 일을 돌아봄으로써 큰 효과를 볼 수 있다.

그러나 이 정도는 손쉽게 달성할 수 있는 목표다. 더 실질적이고 지속적인 성과를 얻기 위해서 확률을 예측할 때 왜 실수하기 쉬운지, 오류를 어떻게 바로잡을 수 있을지 이해할 필요가 있다. 이런 깊은 이해력을 제공하는 일이 이 책의 목표다.

3장

중간 지대 속으로

회의론의 도시에서 빠져나오려면
애매함의 계곡을 지나야 한다.
_아담 스미스

앞서 살펴보았듯이 위험지능은 주로 확실한 지식과 완전한 무지 사이의 회색 지대에서 작동한다. 양극단 사이로 곧게 뻗은 연속체를 상상해보라. 도표 6의 세로축이 바로 그것이다. 세로축에 확신도確信度를 표시하고 U자형 곡선을 가로지르면, 가로축의 대응점을 통해 확신도가 어떻게 확률 예측으로 바뀌는지 읽을 수 있다. 전혀 확신하지 못할 때 확률은 50퍼센트다. 내일 비 올 확률이 50퍼센트라고 말한다면 당신은 사실상 내일 비가 올지 안 올지 전혀 모르겠다고 인정하는 셈이다. 동전 던지기나 다름없다.

나는 이 그래프를 언덕 사이에 위치한 계곡이라고 생각한다. 어떤 일이 진실인지 거짓인지 전혀 확신할 수 없다면, 당신은 계곡 바닥에

도표 6 **확률 예측과 주관적 확신의 관계.** 가로축은 0퍼센트부터 100퍼센트까지 당신이 예측한 확률을, 세로축은 자신이 전혀 없는 상태("전혀 모르겠어")부터 절대적으로 확신하는 상태("정말 확실해")까지 주관적인 확신도를 나타낸다.

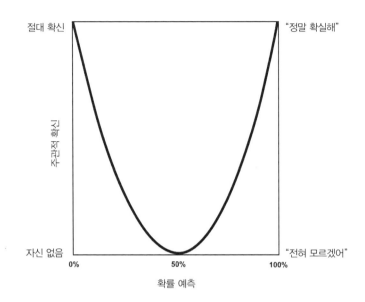

이른다. 그 일이 진실 또는 거짓이라고 100퍼센트 확신하면, 당신은 한쪽 언덕 꼭대기에 다다른다. 이 세 지점에 이르는 데는 위험지능이 그리 필요하지 않다. 정작 위험지능은 계곡의 경사면, 즉 100퍼센트 자신하지도 100퍼센트 자신이 없지도 않는 지역에서 필요하다.

어떤 사람들은 경사면 주위를 배회하는 걸 즐긴다. 그들은 다양한 확률과 두루 친하다. 그런가 하면 계곡 바닥과 언덕 꼭대기처럼 안전한 곳을 더 좋아해 확률을 예측할 때 0퍼센트 아니면 50퍼센트 아니면 100퍼센트로만 생각하는 사람들도 있다. 그 외의 확률이 부여되면 본능적으로 감정적인 반응이 튀어나온다. 온라인에서 위험지능 검사를

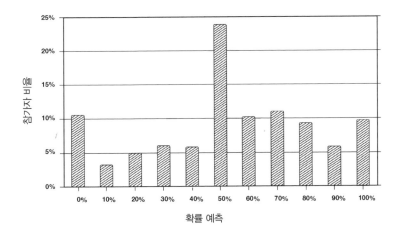

받은 사람이 이렇게 반응한 적이 있다. "나는 이 검사가 싫어요. 내가 알 거나 모르는 진술에 대해 10퍼센트 확신하다거나 20퍼센트 확신하다 는 식으로 답해야 하는 이유를 모르겠어요." 이런 반응은 애매하고 불 확실한 상황에서의 감정적 반응이 그 사람의 위험지능에 많은 영향을 끼칠 수 있다는 견해를 뒷받침한다.

"정말 확실해"(0퍼센트 또는 100퍼센트)나 "전혀 모르겠어"(50퍼센트) 같은 성향은 도표 7에 잘 드러난다. 도표 7은 2010년 온라인에서 위험 지능 검사를 받았던 사람들이 각 확률을 예측한 비율을 표시한 그래프 다. 도표를 보면 0퍼센트, 50퍼센트, 100퍼센트로 답한 경우가 전체의 거의 절반을 차지한다. 만약 이 결과가 응시자들의 실제 지식을 정확히 반영했다면 문제되지 않는다. 예를 들어 검사 문항 절반이 아주 잘 아 는 내용이거나 전혀 모르는 내용이었다면 이 비율이 절반이라 해도 문제될 게 없다. 그러나 이 집단의 평균 위험지능 지수가 64밖에 되지 않아 그들이 정말 잘 알거나 전혀 모르는 사실에만 0퍼센트, 50퍼센트, 100퍼센트라고 답한 것이 아님을 암시한다.

또하나 흥미로운 사실이 있다. 사람들은 검사 문항이 거짓보다 진실일 확률이 더 높다고 생각했다. 참일 확률이 50퍼센트 이상이라고 답한 경우는 전체 답변의 46퍼센트인 반면, 50퍼센트 미만이라고 답한 경우는 31퍼센트밖에 되지 않았다. 사실 오십 가지 진술 중 정확히 절반이 참 명제였던 터라 나는 도표 7이 대칭 구조를 이룰 것으로 기대했다. 결과는 그렇지 않았고 이는 곧 답변과정에 '추측 효과'가 작용했음을 의미했다. 사람들은 자신이 없을 때 그 진술을 거짓보다는 참이라고 추측할 가능성이 더 크다. 사람들은 진술이 활자화됐다는 이유만으로도 그 진술에 그럴싸한 권위를 부여하곤 한다.

모호한 것을 수용하지 못하는 성향

사람들이 새로운 것, 복잡한 것, 불확실한 것을 대할 때 위험지능을 제대로 발휘하지 못하게 만드는 심리 특성 중 하나가 애매모호함을 수용하지 못하는 태도다.[1] 이것은 흑백처럼 명확하지 않은 애매모호한 상황에 처했을 때 이성적인 판단을 방해하는 거북함, 불쾌함, 혐오, 분노, 불안을 느끼는 성향이다. 이런 성향이 강해서 애매함을 용납하지 못하는 사람들은 위험지능이 향상될 가능성이 낮다. 위험지능을 높이려면 자신이 애매모호함을 어느 정도까지 용납하는지 먼저 점검해야 한다.

모호함을 어느 정도 참아내는지 알아보는 검사는 다양하다. 개중에는 피실험자에게 인지 과제를 수행하게 하는 검사도 있다. 1949년 폴란드의 심리학자 엘제 프렌켈브룬스위크가 개발한 개-고양이 테스트가 그 대표적인 예다.[2] 연구진은 조사 대상에게 개 사진 한 장과 그 개가 서서히 고양이로 변하는 사진을 여러 장 연달아 보여주고 사진 속 동물이 언제부터 더이상 개가 아닌지 대답하게 했다. 변신중인 동물을 개라고 여기는 시간이 길수록 애매함을 회피하려는 성향이 크다고 간주했다. 요즘에는 대개 자기보고서 설문지로 이런 성향을 측정한다. 그 중에서 가장 많이 사용되고 인용되는 것은 심리학자 스탠리 버드너가 1960년에 자신의 박사학위 논문 자료로 개발한 설문지다. 이 설문지는 열여섯 가지 문항으로 이루어져 있는데, 세 가지 애매한 상황을 다루고 있다.[3] 즉 새롭고(나는 한동안 외국에서 살고 싶다), 복잡하고(어디서 무엇을 어떻게 해야 하는지 명확하지 않은 직업이 좋다), 해결할 수 없는(어떤 문제는 풀 수 없다) 상황을 다룬다.

프렌켈브룬스위크가 모호한 것을 수용하지 못하는 성향을 처음 소개한 뒤 40년간 심리학자들은 소위 '불확실한 것을 수용하지 못하는 성향'이라 부르는 유사 개념을 개발해냈다. 이 두 개념은 상당 부분 겹치기 때문에 과학 보고서를 읽을 때 종종 혼란스러워진다. 어떤 연구자들은 두 용어를 구분하지 않는다. 반면에 어떤 연구자들은 두 개념의 시간 지향점이 다르기 때문에 구분해서 써야 한다고 주장한다.[4] 이들은 불확실한 것을 수용하지 못하는 성향은 미래에 일어날 부정적 사건에 대한 염려를 언급할 때 써야 하고, 모호한 것을 수용하지 못하는 성향은 '현시점'의 자극에 대한 반응을 언급할 때 써야 한다고 본다. 정의야 어떻든 둘 다 비슷한 감정적 반응을 유발한다. 사람들은 애매한 것이든 불확실한 것이든 거북함과 불안을 유발하는 원천으로 인식한다.

기자와 임원진 들은 종종 물가상승 또는 물가하락의 원인을 불확실성 회피 성향으로 돌리곤 한다. 예를 들어 2011년 3월, 〈아시아원 뉴스〉는 "지진 이후 일본 핵 위기의 불확실성" 탓에 니케이 255 지수가 하루 동안 0.15퍼센트 하락했다고 보도했다.[5] 한편 비피BP와 칼텍스 사는 뉴질랜드에서 휘발유 가격을 인상하면서 리비아에서 석유가 안정적으로 공급될지, 일본의 복구 문제가 어떻게 될지 모르기 때문이라고 해명했다.[6] 그러나 둘 다 적확하지 않다. 만약 일본이나 리비아에 대한 시장의 전망이 정말로 불확실했다면, 가격은 상승하지도 하락하지도 않았을 것이다. 가격은 이쪽이든 저쪽이든 국면을 전환시킬 만한 정보가 쌓일 때에만 바뀐다. 다시 말해서 불확실성이 줄어들고 개연성에 대한 판단이 한쪽으로 기울 때에만 가격 변동이 생긴다. 2011년 3월에 니케이 255 지수가 하락한 건 투자자들이 핵 위기가 어떻게 될지 확신하지 못해서가 아니라 위기가 심화될 거라고 확신했기 때문이다. 비피와 칼텍스가 뉴질랜드에서 휘발유 가격을 인상한 것은 리비아에서 석유가 안정적으로 공급될지 불확실해서가 아니라 공급에 차질이 생길 거라고 확신했기 때문이다.

규제의 불확실성에서 경기 침체의 원인을 찾는 것도 오독이기는 마찬가지다. 예를 들어 2011년 미국 보수파는, 오바마 행정부가 입안한 새로운 규제들 때문에 사업상의 자신감이 떨어지고 고용이 둔화된다고 주장했다. 그러나 평론가들의 지적처럼 사업을 저해하는 것은 '불확실성' 자체가 아니다.

불확실성을 반기느냐 마느냐는 전적으로 위기에 달려 있다. 내년에 죽을 확률이 100퍼센트 또는 50퍼센트라면, 어느 쪽이 더 좋은가? 대부분 후자를 선택할 것이다. 마찬가지로 기업은 부담스러운 규제가 새로 도입될 확률이 0퍼센트인 쪽을 선호한다. 그것이 불가능하다면, 분명히 100퍼센트보다는 50퍼센트의 확률을 선택할 것이다. 새로운 오존 기준 도입을 미루겠다는 행정부의 결정은 불확실성을 영구화한다. 그런데도 기업은 적어도 2년 동안은 새로운 기준에 맞추기 위해 비용을 지출할 필요가 없고, 새 대통령이 당선되고 새로운 기준을 도입하지 않기로 결정하면 영원히 그럴 필요가 없어지기 때문에 이 결정을 환영했다.[7]

언론에서는 "사태가 악화될 것이 점점 더 확실해진다"는 표현 대신 "사태가 악화될지 어떨지 불확실하다"라고 완곡하게 표현하는 경우가 많은데, 이는 정확한 표현도 아니거니와 대중에게 혼란만 안겨준다. 불확실성 회피 성향을 보여주는 더 좋은 예가 있다. 심리학자들이 파국화 破局化라고 부르는 현상이다. 파국화는 우리가 미래에 잘못될 수 있는 일을 내다볼 때 생긴다. 우리는 부정적인 가능성만 생각하고 긍정적인 가능성은 무시함으로써 틀림없이 나쁜 일이 생길 거라고 확신한다. '다 잘못될 거야.' 이런 생각은 실패와 실망, 부진에 대한 자기 충족 예언이 된다. 무언가 잘못될 거라고 믿을 때 우리는 그 일을 그르치는 방식으로 행동할 수 있다.

예를 들어 당신이 입사 면접 시험을 본다고 가정해보자. 당신은 자격 요건을 충분히 갖추었고, 강력한 경쟁자는 1명뿐이라는 것도 안다. 평소 불확실한 상황을 즐기는 편이라면, 채용될 확률이 50퍼센트 정도라고 예측할 것이다. 불확실한 상황을 못 견디는 성향이라면, 합격할 것이라고 스스로를 납득시키거나 전혀 가망이 없다고 예상할 것이다. 불확실한 상태를 견디느니 차라리 비관적인 쪽이라도 빨리 결론을 내려버린다. 이런 현상이 파국화다. 둘 중 어느 쪽을 선택할지는 보통 어느 정도 낙천적인 성격인지와 그 당시 기분을 포함한 다양한 요인에 의해 좌우된다. 어쨌거나 불확실한 행복이라는 위험에 처하느니 확실히 비참해지는 쪽을 선택하는 이들도 더러 존재한다.

애매하고 불확실한 상황을 못 견디는 성향은 '종결 욕구'라는 또다른 심리 현상과 밀접하게 관련된다. 종결 욕구는 사람들로 하여금 중간 지대를 피하게 하고 좀더 극단적인 예측을 하게 만든다.

지금 당장 대답해

마음속에서 확실성과 불확실성이라는 두 자기극이 자웅을 겨룬다고 가정해보자. 확실성이 끌어당기는 자기력이 바로 심리학자들이 '종결 욕구'라고 부르는 것이다.[8] 이는 질문에 대한 답을 얻길 바라는 욕구다. 종결 욕구가 저항할 수 없을 정도로 강해지면, 혼란스럽고 애매한 상태로 남아 있느니 심지어 오답이라 해도 어떤 형태로든 답을 얻길 원한다. 불확실성이라는 자기극에 끌리면 정반대로 행동한다. 이는 '종결 회피 욕구'라고 불리기도 한다. 종결 회피 욕구가 아주 강해지면, 어떤 답에도 만족하지 못하고 어느 쪽으로도 의견을 못 정하고 어정쩡하게 남는다.

서로 대조적인 두 힘 중 어느 쪽에 얼마만큼 더 끌리는지는 사람마다 다르다. 그 차이는 아래의 진술에 대한 동의 여부 정도를 묻는 검사로 측정할 수 있다.[9]

- 모두가 한목소리를 내는 사항에 누군가 이의를 제기하면 짜증이 난다.
- 마지막 순간에 계획을 변경하는 걸 싫어한다.
- 어느 쪽으로든 마음을 못 정할 것 같은 사람의 말을 듣고 있으면 짜증이 난다.
- 불확실한 상태로 있느니 나쁜 소식을 듣고 끝을 내는 편이 좋다.

위의 진술에 동의한다면, 당신은 종결 욕구가 강한 편이다. 반대로 아래의 진술에 동의한다면, 종결 회피 욕구가 강하다고 할 수 있다.

- 무언가에 대해 마음을 정한 뒤에도 항상 다른 의견도 고려해보고 싶어진다.
- 종잡을 수 없는 친구와 사귀고 싶다.
- 쇼핑할 때 내가 원하는 것을 확실히 결정하기가 어렵다.
- 내 개인 공간은 늘 지저분하고 정리가 안 되어 있다.

위험지능이 높은 사람은, 대립되는 두 힘이 서로 상쇄될 만큼 팽팽하기 때문에 철저한 이성적 계산을 근거로 문제를 판단한다. 그러나 대부분은 한쪽의 힘이 더 강해서 확률 예측이 한쪽으로 치우치게 마련이다. 종결 욕구가 지배적이면, 도표 8a처럼 0퍼센트와 100퍼센트 극단에 가까워진다. 이것을 눈금 보정 곡선으로 그리면, 자신감 과잉을 나타내는 도표 9a 같은 그래프가 나온다. 당신의 눈금 보정 곡선이 도표 9a처럼 생겼다면, 종결 욕구가 아주 강하다는 뜻이다. 반대로 종결 회피 욕구가 더 강하면, 도표 8b처럼 확률 예측이 50퍼센트가 있는 중간 지점에 가까워진다. 이것을 눈금 보정 곡선으로 그리면, 자신감 결핍을 나타내는 도표 9b 같은 그래프가 나온다. 당신의 눈금 보정 곡선이 도표 9b처럼 생겼다면, 종결 회피 욕구가 강하다는 뜻이다.

도표 8 위험지능을 왜곡시키는 두 힘. 가로축은 0퍼센트부터 100퍼센트까지 확률 예측의 범위를 나타내고, 세로축은 자신 없음("전혀 모르겠어")부터 절대 확신("정말 확실해")까지 주관적 확신도를 나타낸다. U자형 곡선은 확률 예측과 주관적 확신의 관계를 나타낸다. 점선 화살표는 종결 욕구(a)와 종결 회피 욕구(b)를 가리킨다.

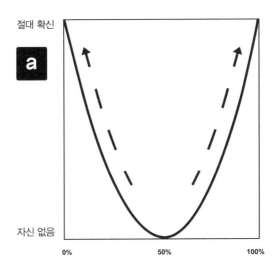

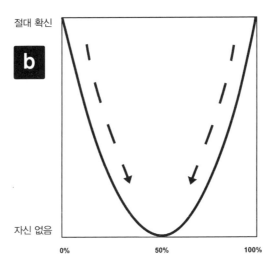

도표 9 자신감 과잉(a)과 자신감 결핍(b)을 가리키는 눈금 보정 곡선

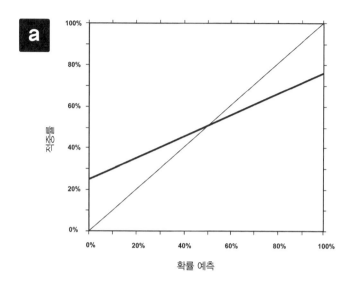

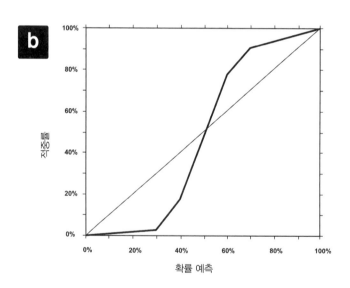

최악의 경우를 상정하는 오류

종결 욕구는 테러 공격이나 생태 재앙처럼 중대한 위험을 해결하려고 노력할 때 특히 강해진다. 1장에서 살펴보았듯이 많은 사람들이 기후 변화의 위협에 극단적으로 반응한다. 한쪽에서는 신경쓸 필요 없다고 일축하고 다른 한쪽에서는 절망적인 전망을 내놓는다. 지구 온난화를 심각한 위협으로 간주하면서도 호들갑 떨지 않고 중용을 지키기란 어렵다. 일단 지구 온난화 문제에 신경쓰기 시작하면, 금세 의견이 한쪽으로 기울고 만다.

종말론 시나리오에는 사람을 매료시키는 무언가가 있다. 팜파탈처럼 종말론 시나리오는 묘한 매력으로 상상력을 자극한다. 안보 전문가 브루스 슈나이어가 지적한 '최악의 경우를 상정'하는 행동이 아주 위험한 이유도 이 때문이다.[10] 최악의 경우까지 상정하면 상상이 생각을, 억측이 위험 분석을, 두려움이 이성을 밀어내버린다.

최악의 경우를 상정하는 대표적인 예가 바로 딕 체니가 조지 부시 행정부에서 부통령으로 있을 때 이야기한 '1퍼센트 독트린'이다. 저널리스트 론 서스킨드에 따르면, 딕 체니는 2001년 11월 CIA 국장 조지 테닛과 국가안보 보좌관 콘돌리자 라이스를 만나 이를 처음 제안했다. 알카에다가 핵무기를 손에 넣고 싶어한다고 생각한 체니는 이렇게 말했다.

파키스탄 과학자들이 핵무기 개발을 위해 알카에다를 도울 가능성이 단 1퍼센트라도 있다면, 우리는 이것을 100퍼센트 확실하다고 간주해

야 합니다. 분석이 아니라…… 대응을 말하는 겁니다.[11]

　최악의 경우를 상정하는 것은 무서운 일이 벌어질 때마다 가능성이 낮은 사건을 100퍼센트 확실한 사건으로 탈바꿈시켜 끔찍한 결정을 하게 만든다. 비용편익만 따져봐도 알 수 있다. 슈나이어는 "모든 결정에는 비용과 편익, 위험과 보상이 따른다. 최악의 경우를 상정하면, 잘못될 가능성이 있는 일을 추측한 뒤 실제로 그렇게 될 것처럼 행동한다. 결국 극단적이고 개연성이 낮은 위험에만 초점을 맞춰 결과를 제대로 평가하지 못한다"고 지적한다.[12]

　최악의 경우를 상정하는 사고방식은 1979년에 스리마일 섬에서 발생한 원전 사고 이후 미국에서 전염병처럼 퍼져나갔다. 원자력 발전소에서 노심용해가 일어나 방사성 기체가 누출된 사고였다. 대통령령으로 설치된 케메니 위원회에서는 "피폭선량이 매우 적기 때문에 암이나 다른 문제가 발생할 가능성이 낮다"고 결론을 내렸다.[13] 하지만 대중은 이 결과를 납득하지 못했다. 대중의 반발로 미국은 그후 30년간 새로운 원자력 발전소를 건립하지 못했다. 사실 원자력 발전소 대신 건립된 화력 발전소가 스리마일 원자력 발전소의 노심용해보다 더 큰 해를 끼치고 있다. 직접적으로는 대기를 오염시키고 간접적으로는 지구 온난화에 일조하니 말이다.

　스리마일 원자력 발전소 사고는 노심용해가 발생하기 12일 전에 개봉된 영화 〈차이나 신드롬〉 때문에 더 반향이 컸던 듯했다. 〈차이나 신드롬〉은 원자력 발전소에서 발생한 사고를 세상에 알리려고 주인공들이 고군분투하는 내용이다. 영화 제목인 '차이나 신드롬'은 원전 사고 중 가장 위험한 노심용해가 발생해 원자로가 녹아내려 격납용기를 뚫고 핵연료가 땅속에 파고들어 '중국까지' 도달하는 현상을 가리킨다. 제목부터 최악의 상황을 가정한 시나리오인 셈이다.

환경 영향 평가 보고서에 최악의 경우를 상정한 시나리오를 포함시켜야 하는지는 여전히 논란거리다. 환경 단체들은 대중의 관심을 끌기 위해서는 최악의 시나리오도 논의해야 한다는 입장이다. 미국 정부도 최악의 시나리오도 보고서에 포함시켜야 한다고 했다가 그런 논의가 과잉 반응을 유발한다고 하여 나중에 의견을 바꿨다.[14] 올바른 방향으로 나아가는 셈이다. 최악의 상황이 벌어질 가능성이 극히 낮다면, 그런 상황을 상정함으로써 얻는 편익보다 불필요한 두려움을 유발하여 생기는 손실이 훨씬 크기 때문이다. 방사능과 마찬가지로 두려움은 건강을 해칠 뿐 아니라 그것을 없애는 데 적지 않은 비용이 든다.

브루스 슈나이어의 말대로 "최악의 경우를 상정하는 것은 괜찮은 영화 줄거리를 하나 뽑아내는 과정에서 빛을 발한다".[15] 슈나이어는 이 점을 염두에 두고 매년 재난 영화 시나리오 대회를 개최중이다.[16] 대회 참가자는 현실화될 가능성이 가장 희박하면서도 꽤 그럴듯한 테러 공격을 상상해 시나리오로 제출한다. 이 대회는 함께 웃고 즐기기 위해 개최하지만 슈나이어는 사람들이 이를 통해 중요한 교훈을 얻길 바란다. 슈나이어는 미국이 폭넓은 테러 위협에 대처하기보다는 특정 영화의 시나리오를 감안해서 안보 조치를 취하는 듯하다고 비판한다. 물론 미국 정부뿐 아니라 "우리 모두가 그렇다"는 걸 슈나이어도 인정한다. "인간의 상상력은 제멋대로 상세하고 구체적인 위협을 그려낸다. 우리는 항공방제를 통해 탄저균이 퍼지는 모습을 상상한다. 오염된 우유가 유통되는 상황을 상상하기도 한다. 뛰어난 스쿠버다이버로 가장한 테러범을 상상하기도 한다. 그러다가 어느새 브루스 윌리스가 가까스로 목숨을 건지는 장면만 빠진 영화 줄거리가 머릿속에 펼쳐져 겁을 집어먹는다."[17]

심리학적으로 이런 상상은 기본 감각을 자극한다. 최악의 시나리오들은 이성적인 생각을 압도할 정도로 강렬한 이미지를 그려내기 때문에 눈을 뗄 수가 없다. 커터칼이나 신발 폭탄은 머릿속에 생생한 이미지로 떠오른다. "테러에 대비해야 한다"라는 모호한 말보다 테러로부터 "슈퍼볼을 지켜내야 한다"는 말이 더 호소력이 있다.

두려움이 정책을 만드는 근거로 작용하는 것만은 아니다. 1장에서 살펴보았듯이 새로운 보안 절차의 도입으로 공항에서 줄 서서 많은 시간을 허비해야 하자 비행기 대신 자동차를 이용하는 사람들이 많아졌다. 그 결과 도로에서 발생하는 사망자 수가 그전보다 수천 명이나 증가했다. 일반적으로 자동차 운전이 비행기 여행보다 훨씬 사고 위험이 높아서다. 그런가 하면 "낯선 사람은 위험하다"라는 두려움도 부모들의 행동에 중대한 변화를 일으켜 지난 몇 십 년 동안 아동복지비도 늘어났다. 사회학자 프랭크 푸레디가 『피해망상에 빠진 육아Paranoid Parenting』에서 주장하는 요지도 이와 다르지 않다.[18] 푸레디는, 부모가 아이들을 걱정하는 것은 새삼스럽지 않지만 1970년대 후반부터 부모들의 염려가 전례없이 심해져서 요즘에는 아이들이 무엇을 하든지 걱정할 정도라고 주장한다. 요즘 부모들은 아이들이 크면서 겪는 다양한 경험에서 최악의 시나리오까지 생각하는 경우가 많아 아이들이 할 수 있는 일을 제약하는 경우가 점점 더 늘고 있다. 예를 들어 지난 몇 십 년 동안 자전거로 통학하는 아이들이 급격히 줄어들었고 아이들이 보호자 없이 자유롭게 놀 수 있는 공간도 집 근처로 대폭 제한되었다. 부모들이 자녀 양육에 들이는 시간은 늘어났다. 요즘에는 부모들이 아이들과 보내는 시간이 줄어들었다고 생각하지만, 사실 요즘 엄마들은 직장에 다니면서도 1970년대 전업주부보다 아이들과 많은 시간을 보낸다.

어떤 심리적 변화가 육아 문화를 이렇게 바꿨는지 이에 관한 연구 자료가 있는지는 확실치 않다. 하지만 부모들의 위험지능을 측정해보면 흥미로울 듯하다. 이를테면 특정한 위험이 발생하는 빈도에 관한 객관적 자료를 토대로 부모들이 위험을 어떻게 예측하는지 비교해보는 방법도 있다. 하지만 이 경우 입증되지 않은 증거로는 객관적 자료를 모으기가 힘들 수 있다.

최악의 상황을 상정하는 다른 경우와 마찬가지로 피해망상에 빠진 육아는 비용편익 분석을 무시한다는 문제가 있다. 예를 들어 부모들은 "낯선 사람은 위험하다"고 인식해 아이들이 성추행을 당하거나 유괴를 당하는 것 같은 개연성이 낮은 위험에만 집중, 더 많은 자유를 통해 아이들이 경험을 쌓고 사회성과 독립성을 기를 수 있다는 더 큰 이익은 간과한다. 바꿔 말하면 걱정이 많은 부모들은 아이들을 조금 더 자유롭게 키울 때 닥칠 위험에만 초점을 맞추고, 반대 경우의 위험은 생각하지 못한다. 피해망상에 빠진 육아는, 장기적으로 아이들을 또래로부터 고립시키고, 어린아이 같은 언행에서 벗어나지 못하게 하고, 자율성을 잃어버리게 한다. 아이가 유괴될 가능성은 낮지만, 이런 위험에 빠질 가능성은 아주 높다.

피해망상에 빠진 육아는 아이가 열이 날 때도 그 특징이 분명하게 나타난다. 부모들이 아이를 데리고 병원을 찾는 가장 흔한 이유가 발열이다. 몸이 감염균과 싸우면 열이 나게 마련이지만 이를 자연스러운 현상이 아닌 질병으로 여기는 통념이 퍼져 있다. 1980년에 내과 의사 바턴 슈미트는 발열을 오해하는 부모들을 "열 공포증에 빠졌다"고 표현했다.[19] 슈미트의 조사에 따르면, 부모 중의 63퍼센트가 발열로 건강에 심각한 문제가 생길까봐 염려하고, 18퍼센트가 38.9도의 미열이 뇌 손상을 유발할 수 있다고 믿었다. 의학적 증거를 토대로 볼 때 둘 다 지나친 생각이다. 볼티모어에 위치한 존스홉킨스 베이뷰 병원의 소아과 의사들은 20년 뒤에도 부모들의 이런 태도에 별다른 변화가 없음을 확인했다.[20] 발열과 그로 인해 발생 가능한 해로운 영향을 염려하기 때문에 여전히 부모들은 아이들을 과도하게 감독하고, 찬물(찬물로 몸을 닦으면 체온을 따뜻하게 유지하고자 하여 오한이 생길 수 있다)이나 알코올(어린아이에게 탈수와 저혈당증을 유발할 수 있다)로 아이들의 몸을 닦는 등 부적절한 치료를 하는 것으로 드러났다. 심지어 해열제는 20년 전보다 더 많이 남용했다. 해열제에는 아세트아미노펜과 이부프로펜이 들어 있는데 이를 남용할 경우 심각한 독성 효과가 나타날 위험이 있다. 흥미롭게도 설문에 응답한 사람들의 29퍼센트가 미국 소아과학회의 권고를 따랐다고 말했는데 실제로 그런 권고는 없었다.

브루스 슈나이어는 자기가 참석했던 안보 회의에 관한 이야기도 들려주었다. 사회자가 패널로 나온 저명한 사이버 보안 전문가들에게 그들이 상상하는 가장 끔찍한 시나리오가 뭐냐고 물었다. 그러자 패널들은 예측할 수 있는 대규모 공격 즉 물리적 공격과 결합된 통신 기반시설 공격, 전력망 공격, 금융 시스템 공격 등을 언급했다. 슈나이어는 오후가 되도록 그 질문에 대답하지 않았다. 그러다 결국 자리에서 일어나 이렇게 말했다. "저는 사람들이 자기가 생각하는 가장 끔찍한 시나리오를 계속 이야기하는 게 가장 끔찍합니다."

모 아니면 도라는 오류

확률 예측이 0퍼센트와 100퍼센트 쪽으로 치우치는 또하나의 이유는 '모 아니면 도라는 오류'가 널리 퍼져 있기 때문이다. 이는 증거와 지식과 신념과 그 밖의 관련 개념을 흑백 논리로 보는 경향이다. 증명하든지 못하든지, 알든지 모르든지, 믿든지 안 믿든지 둘 중 하나고 회색지대는 없다고 생각한다. 모 아니면 도라는 오류는 다음과 같은 말로 나타난다.

- 넌 그것을 증명할 수 없어.
- 사실 넌 거기에 대해 모르잖아.
- 그는 신이 있을 거라고 생각은 하지만 진정한 신자는 아니야.
- 우리는 유가가 어떻게 변할지 예측할 수 없어.

이런 말들은 절대 확신의 수준까지 증거, 지식, 신념, 예측 등의 한계점을 가능한 최대화한다는 공통점이 있다. 물론 그 기준에 도달하기란 무척 어려운데 이것이 바로 요점이다. 이런 말을 하는 사람들은 기준을 아주 높여서 상대방이 그 기준을 충족시키기 어렵게 만든다. 그러면 대개 상대방은 "그래, 물론 그것을 증명할 수 없어. 그렇지만……" 하고 힘없이 인정하고 만다.

그렇게 급하게 수긍해서는 안 된다. 그 대신 모 아니면 도라는 오류에 이의를 제기해야 한다. "왜 증명이나 지식이나 신념에 절대적 확신이 있어야 해? 왜 단정적으로 예측해야 해, 확률로 이야기하면 안 돼?" 터무니없이 높은 그런 기준을 받아들일 경우, 우리는 순수한 수학적 사실을 제외한 그 어떤 것도 증명하거나 알 수 없다는 결론을 내려야 한다. 근본주의자가 아닌 한 그 무엇도 믿는다고 말할 수 없고, 예언자가 아닌 한 아무것도 예측할 수 없다. 모 아니면 도라는 오류는 증명, 신념, 지식과 같은 관념을 일상적으로 쓸 수 없게 만든다.

모 아니면 도라는 오류가 영국에서 심각한 결과를 불러온 적이 있다. 걱정이 많은 일부 부모들은 홍역, 유행성 이하선염, 풍진 백신의 안전성 여부를 믿지 않았다. 백신의 안전성에 대한 의심은 1998년에 영국의 의사 앤드루 웨이크필드가 이 백신이 자폐증을 유발할 수 있다면서 더 많은 연구가 수반될 때까지 투여를 중지하라고 촉구하면서 널리 퍼졌다. 그뒤 영국에서는 예방접종률이 92퍼센트에서 73퍼센트로 떨어졌다.[21] 런던 일부 지역에서는 예방접종률이 50퍼센트밖에 되지 않았다. 걱정한 부모들이 백신을 외면한 탓이었다. 그다음 10년 동안 다른 연구자들이 웨이크필드의 주장을 증명하거나 재현하려다가 실패하자 웨이크필드의 주장은 점점 근거를 잃었다. 그럼에도 예방접종률은 좀처럼 회복되지 않았다. 지금까지도 많은 부모들이 백신이 자폐증을 유발할 수 있다고 믿고 아무리 반대 증거가 많아도 그들은 납득하지 못했다.

물론 무언가가 안전하다는 사실을 100퍼센트 확실하게 증명할 수는 없다. 많은 사람을 조사하다보면, 물만 마시면 탈이 나는 사람을 찾을 수도 있다. 그러나 이런 희박한 가능성 때문에 물을 안 마시는 것은 바보 같은 짓이다. 수백만 명이 매일 별 탈 없이 물을 마신다. 물이 안전하다는 증거는 누구나 납득할 만큼 차고 넘친다.

"증거의 부재가 부재의 증거는 아니다"라는 옛말이 있지만, 사실 많은 경우에 그렇게들 간주한다. 어떤 사건이 일어났거나 특별한 뭔가가 존재했다면, 그에 대한 증거가 발견된 것이라고 보아도 무방하다. 이런 상황에서 증거의 부재는 그 사건이 일어나지 않았거나 존재하지 않는다는 확고한 증거로 받아들이는 것이 타당하다. 인어가 발견된 적이 없다는 사실은 인어가 존재하지 않는다는 강력한 증거다.

새로운 주장을 믿기 전에 증거를 요구하는 태도는 당연하지만 증거가 없는 한 믿지 않으려 하는 완고한 태도에도 문제는 있다. 어떤 완고한 사람들은 증거를 요구하지만, 그것은 연막에 불과해 아무리 많은 증거를 제시해도 만족하지 않는다. 9·11 사건을 부시 행정부에서 꾸몄다거나[22] 세계가 유대인 비밀 결사에 의해 움직이고 있다[23]는 식의 음모론을 믿는 사람들과 대화할 때면 이를 실감하곤 한다. 이들의 이론이 틀렸다는 사실을 100퍼센트 확실히 증명할 수는 없지만 스스로가 만족할 만한 수준에서 증명할 수는 있다. 그들이 틀렸다는 사실을 내가 당신이 만족할 만한 수준으로 증명해내지 못한다면, 그것은 당신이 내가 모르는 무언가를 알고 있거나 기준을 너무 높게 잡은 탓이다.

100퍼센트 확실히 증명할 수 없다는 이유로 무언가를 거짓이라 보는 것도 문제지만, 모 아니면 도라는 오류도 정반대 실수를 낳는다. 이 오류에 빠진 사람들은 어떤 일이 가능하다는 이유만으로 그 일이 참이라고 추정한다. 나는 이것을 '확률 논증'이라고 부른다. 확률 논증 방식으로 이야기하는 사람들은 '~일지도 모른다' '~일 수도 있다'처럼 애매하게 말한다.

예를 들어 최근에 누군가가 "이 세상에는 우리가 이해할 수 없는 힘이 작용하고 있을지도 모른다"라고 말하는 걸 들은 적이 있다. 그 자리에 함께한 사람들은 솔로몬의 말을 듣기라도 한 양 진지하게 고개를 끄덕였지만 나는 교묘한 지적 속임수에 불과할 뿐인 그 조잡한 말에 흠칫 놀랐다. 엄밀히 얘기하자면 그 교묘한 말은 불가사의한 힘이 작용할 확률이 0퍼센트는 아니라는 뜻이다. 어느 정도는 사실이지만 적게는 1퍼센트 많게는 99퍼센트까지 일치될 수 있는 말이기 때문에 사실 별 의미 없는 말이다. '~할 것 같은' '~일 것 같지 않은' 등의 말과 함께 쓰이는 '~일지도 모른다' '~일 수도 있다' 등의 말은 애매함의 극단적인 예다. 그럼에도 이런 애매한 말로 사람들에게 어떤 일의 단순한 가능성을 인정받은 다음 이를 교두보 삼아 높은 가능성이 입증되었다고 추정하는 경우를 주변에서 쉽게 볼 수 있다.

이런 속임수에 대응할 때는 확률을 가늠해보게 하면 좋다. 다들 점잔빼며 고개를 끄덕일 때 나는 그렇게 했다. 그 사람이 언급하는 힘이 사실은 초자연적 물질에 불과하다는 사실을 밝힌 뒤 그에게 이렇게 물었다. "당신은 그런 힘이 실제로 존재할 확률이 얼마나 된다고 생각하세요? 5퍼센트인가요, 10퍼센트인가요?"

좀더 확실히 이야기해달라는 요구에 그 사람은 의중을 드러낼 수밖에 없었다. 그는 "95퍼센트 이상입니다"라고 자신 있게 말했다. 그 말에 적잖이 놀란 사람들은 어떻게 물리학자들이 그렇게 확실한 힘을 놓칠 수 있는지 열띤 토론을 했다.

기자들은 인터뷰이가 자기 말에 동의하는 것처럼 꾸밀 때 확률 논증을 자주 사용한다. 기자들은 "어떤 일이 일어날 가능성이 있다고 보느냐?"라는 애매한 질문으로 인터뷰이를 딜레마에 빠뜨린다. '아니오'라고 대답하면 터무니없이 자신감이 강해 보이고, '예'라고 대답하면 그렇다고 인정하는 것으로 해석할 게 뻔하다. 얼버무리지 않고 이 질문에 답하기는 어려워 보인다. 그러나 위키리크스의 설립자 줄리언 어산지는 2010년 12월 21일 BBC 라디오 4의 〈투데이〉라는 프로그램의 진행자 존 험프리스와의 인터뷰에서 이런 함정을 그럭저럭 잘 피했다.[24] 당시 어산지는 스웨덴에서 성범죄 혐의를 받고 있었는데, 험프리스는 이 부분에 대해 질문했다. 일각에서는 성폭행을 당했다고 주장하는 여성이 미국과 한통속이 되어 음모를 꾸민 거라고 생각했다.

험프리스 그러니까 이번 사건이 미인계라고 생각하지 않는군요? 어떤 식으로든 미국인이나 CIA가 개입했다고 생각하지 않는다? 변호사가 아니라고 했기 때문에 그런 이야기를 믿지 않는다, 맞습니까?

어산지 말이 와전됐다고 들었습니다. 저는 미인계라고 생각한 적이 없습니다.

험프리스 미인계라고 여기지 않는다?

어산지 미인계가 아니라고 말한 적도 없습니다. 저는 증거가 나오기 전까지는 누구도 의심하지 않습니다.

험프리스 그게 가능하다고 보십니까?

어산지 제가 저널리스트라면 그런 질문은 하지 않을 겁니다. 거의 모든 일이 가능하니까요. 저는 가능성이 있는 일만 이야기합니다.

험프리스 좋습니다. 뭐가 가능성이 있다고 생각하십니까?

어산지 뭐가 가능성이 있냐고요? 애당초에 개입이 있었을 가능성이 낮습니다. 그 옛날 러시아에서라면 모를까. 그런 일은 가능할 것 같지 않습니다.

모든 사람이 어산지만큼 확률 논증을 능숙하게 받아치지는 못한다. 셰익스피어의 희곡 『오셀로』를 보면, 복수심에 가득찬 브라반시오가 "눈이 있다면 보아라, 무어인아. 아비를 속인 저 아이는 그대 또한 속일지도 모른다"라고 경고하며 의심의 씨앗을 뿌릴 때 오셀로도 이를 온전히 피해가지 못했다. 브라반시오가 한 말에서 "~일지도 모른다"라는 표현에 주목하라. 이 말로 말미암아 오셀로는 데스데모나가 부정을 저질렀을 가능성을 의심했고 이에 이아고가 오셀로를 교묘하게 부추겨서 단순한 의혹을 확신으로 바꾸어 결국 비극적인 결과를 몰고 왔다.

모 아니면 도라는 오류와 싸울 때 우리에게 도움이 될 전통적인 사고방식이 하나 있다. 바로 법학이다. 법은 오래전부터 증거가 절대적으로 확실해야 하는 것은 아니라는 사실을 인정했다. 철학적인 토론 모임에서는 근본적인 의심이 논쟁을 막기도 하지만, 법정에서는 얘기가 다르다. 예를 들어 네브래스카 주는 규정집에 합리적 의심에 대해 정의하면서 특별히 '공상에 가까운 추측'을 배제했다.[25]

당신은 합리적 의심의 여지가 없이 어떤 사실이 진실이라고 확신하면서도 자신이 잘못 생각할 가능성도 염두에 둘 것이다. 만약 피의자가 그 사건의 범인일 가능성이 합리적인 의심을 모두 떨쳐낼 정도로 충분하다면, 당신은 그 사건의 피의자가 유죄일 가능성이 상당하다고 여길 것이다. 합리적 의심은 증거, 증거를 토대로 입증된 사실이나 정황 또는 주州 일부 지역에서는 증거 불충분을 근거로 이성을 가진 사람이라면 당연히 품을 실제적이고 실질적인 의심을 말한다. 따라서 합리적 의심은 단순한 가능성이나 상상 또는 공상에 가까운 추측에서 비롯된 의심과는 구별된다.

분명한 것은 '합리적 의심의 여지가 없이'가 '100퍼센트 확실해서'가 아니라는 점이다. 실제로 이 정도로 확실한 것은 수학과 순수 논리학에서나 찾을 수 있다. 그러므로 100퍼센트 확실해야 증거가 된다면,

유죄 판결을 받을 사람은 아무도 없다. '합리적 의심의 여지없이'라는 문구는 수학적 확실성이 아니라 '개연적 확실성'을 의미한다.

증거에 대한 다양한 기준이 있을 수 있다고 인정하면 이분법적인 시각에서 벗어나 지식이나 신념과 같은 관련 개념을 이해하는 길이 열린다. 모든 의혹을 없애지 않고도 무언가를 증명할 수 있다면, 절대적으로 확실하지 않아도 무언가를 알 수 있고, 무언가를 믿을 수 있다고 봐도 무방하지 않을까?

"'내가 믿나이다. 나의 믿음 없는 것을 도와주소서' 하고 아이의 아버지가 소리를 질러 일렀다"(마가복음 9장 24절). 마음속으로 의심한다고 해서 그 사람을 불신자라고 할 수는 없다. 모두 정도의 문제다. 그렇다면 신자에게는 어느 정도의 의심이 허용될까? 불가지론자가 사실상의 무신론자가 되지 않으려면 어느 정도까지 의심해야 할까?

우리 시대에 가장 유명한 무신론자 중 한 명인 리처드 도킨스는 특히 독선적인 종교인들에게 비판의 날을 세우기로 유명하다. 사실 나는 도킨스가 일종의 세속적 근본주의자라고 생각했다.[26] 그러다 『만들어진 신』을 읽고 생각을 바꿨다.[27] 도킨스는 『만들어진 신』 2장에서 유신론에 대한 신념을 확률의 관점에서 생각해야 한다고 말한다. 스펙트럼의 한쪽 끝에서는 신의 존재를 절대적으로 확신한다. 다른 쪽 끝에서는 신이 존재하지 않는다고 절대적으로 확신한다. 도킨스는 이 양극단 사이에 다음과 같이 몇 가지 단계를 끼워 넣는다.

- 100퍼센트까지는 아니지만 아주 높은 확률. 사실상 유신론자. "확실

히는 모르겠지만, 신을 굳게 믿으며 신이 있다는 가정하에 산다."

- 아주 높지는 않지만 50퍼센트보다는 높은 확률. 엄밀히 말하면 불가지론자지만 유신론 쪽으로 기운다. "확신하지는 못하지만, 신이 있다고 믿고 싶다."
- 정확히 50퍼센트의 확률. 철저하게 불편부당한 불가지론자. "신이 존재할 확률과 존재하지 않을 확률은 정확히 반반이다."
- 아주 낮지는 않지만 50퍼센트보다 낮은 확률. 엄밀히는 불가지론자지만 무신론 쪽으로 기울어져 있다. "신의 존재 여부는 모르지만, 회의적이다."
- 0퍼센트까지는 아니지만 아주 낮은 확률. 사실상 무신론자. "확실히 알 수는 없지만, 신이 있을 것 같지 않고 신이 없다는 가정하에 산다."

놀랍게도 도킨스는 자신이 마지막 부류라고 이야기한다. 신이 존재하지 않는다고 절대적으로 확신하는 '확고한 무신론자'가 아니라 신이 있을 것 같지 않다는 사실상의 무신론자라고 말이다. 그래서 나는 선입관을 버렸다. 근본주의자들은 자신에 대해 그런 식으로 이야기하지 않는다.

도킨스가 확률 스펙트럼에서 유신론자의 기준을 100퍼센트에 조금 못 미치게 잡았다는 점이 중요하다.[28] 100퍼센트 확신해야만 유신론자인 것은 아니다. 마찬가지로 무신론자면서 신이 존재할 가능성을 약간은 인정하는 일도 얼마든지 가능하다. 오스트레일리아의 철학자 잭 스마트가 지적한 대로, 이를 제대로 파악하지 못하면 사실상 무신론자이면서도 "불가지론자라고 열변을 토하는" 이도 있을 수 있다.[29] 신이 존재할 확률을 기껏해야 5퍼센트 미만이라고 여기면서도 자신이 불가지론자라고 주장할 수 있다는 지적이다. 이런 맥락에서 잭 스마트는 모 아니면 도라는 오류가 "수학과 형식 논리학의 진리를 제외하고는 무엇도 안다고 말하지 못하게 한다"고 지적한다.

우리 인생에는 확실한 것이 별로 없기 때문에 중간 지대와 친하게 지내는 법을 배우는 것, 즉 소극적 수용력의 개발이 다방면에서 중요하다. 예를 들어 선택적 수술의 위험과 편익을 가늠하거나 어떤 대학에 진학할지 정할 때 불확실성은 존재한다. 그럼에도 우리는 결정을 해야한다. 이럴 때 불합리할 정도로 많은 증거를 요구하는 태도는 행동으로 옮기지 않아서 생기는 위험까지 포함해 그 자체로 위험하다. 결심하기까지 오래 걸리는 사람들은 정보 과다로 인한 분석 불능 상태에 빠져 뷔리당의 당나귀처럼 굶어 죽을 것이다. 반대로 종결 욕구가 지나치면, 성급하게 결론을 내리고 서둘러 행동으로 옮길 것이다. 불확실한 상황을 견디지 못하는 성향과 끝없이 계산기만 두드리는 성향 사이에서 균형을 잡으려면 위험지능을 개발해야 한다.

그런 점에서 과거의 경험을 돌아보게 하는 위험지능 검사가 도움이 된다. 위험지능 검사를 받은 사람의 말을 들어보자.

그냥 한번 검사를 받아보았다. 문항을 읽고 100퍼센트나 0퍼센트를 선택했지만 실제로는 내 생각과 정확히 일치하는 진술은 아니었다. 검사를 두번째로 받을 때는 좀더 주의깊게 문항을 읽고 "옳을 것 같은" 진술과 "옳다고 확신하는" 진술이 참일 확률을 다르게 예측했더니 점수가 더 좋게 나왔다. 알고 보니 나는 별로 자신이 없을 때도 자신 있게 표현하는 경향이 있었다. 위험지능 검사의 성질을 이해하고 제대로 된 결과를 얻으려면 한 번 이상 검사받을 필요가 있다.[30]

애매모호함을 수용하지 못하고 모 아니면 도라는 오류에 빠지는 것 말고도 확률을 예측할 때 우리가 하는 실수는 더 있다. 심리학자들은 소위 휴리스틱heuristic이라는 머릿속 지름길과 더불어 진화를 통해 얻은 요령들을 여럿 밝혀냈다. 한때는 이로웠던 이런 요령들은 지금처럼 첨단 기술이 지배하는 세상에서는 별 효과가 없다. 이어지는 장에서는 휴리스틱이 위험지능을 어떻게 갉아먹는지 알아보고자 한다.

머릿속 요령들

판단을 내리는 데 영향을 끼치는 편견은 너무나 많고 또 너무나 강력하다.
알다시피 현명하고 훌륭한 사람들도
중요한 사회 문제에 종종 잘못된 판단을 한다.
이런 사례들에 주의를 기울이면
논쟁에 임할 때마다 강한 확신을 갖고 밀어붙이는 사람도
절제의 미덕을 배울 수 있을 것이다.
_알렉산더 해밀턴

수천 년 동안 사람들은 달이 하늘에 높이 떠 있을 때보다 지평선 가까이 내려와 있을 때 훨씬 크게 보인다는 사실에 주목했다. 아리스토텔레스는 지구의 대기가 돋보기 역할을 해서 달이 커 보인다고 생각했다. 하지만 이제는 이런 현상이 단순한 심리적 착각임을 안다. 카메라로는 그렇게 보이지 않는다. 달을 저속 촬영한 사진을 보면 하늘에 떠 있을 때나 지평선 가까이 내려와 있을 때나 그 크기가 변하지 않는다. 지금부터 천년 전에 새로운 천년의 시작에 대한 글을 쓴 이라크 과학자 이븐 알하이삼은 이런 착각이 대기 탓이 아니라 머리가 요령을 부려서라고 최초로 주장했다. 오늘날 과학자들도 그의 말에 동의하지만, 여기에 관여하는 심리 기제의 정확한 성격에 대해서는 여전히 의견이 분분하다.

그중 한 가지 이론에 따르면, 우리는 달이 하늘에 매우 낮게 떠 있을 때 지평선에 있는 고층 건물이나 언덕배기 같은 다른 물체를 배경 삼아 달을 바라보는 경향이 있다고 한다. 반면에 중천에 뜬 달 주변에는 광활한 허공뿐이다. 시각계는 물체의 크기를 망막에 비친 화상의 크기만 고려해 추산하는 것이 아니라 그 순간 시야에 함께 들어온 물체들의 크기 같은 다른 정보까지 계산에 넣는다. 에빙하우스 착시가 생기는 것은 이 때문이다(도표 10 참조). 도표 10의 두 그림에서 정중앙에 위치한 원은 그 크기가 같다. 그런데도 대다수 사람들은 아래쪽 원이 더 크다고 생각한다. 아래쪽 원은 언덕이나 고층 건물 같은 물체를 배경 삼아 지평선 가까이에 뜬 달과 같다. 반면에 위쪽 원은 광활한 허공을 배경으로 하늘 높이 뜬 달과 같다.

도표 10 **에빙하우스 착시**

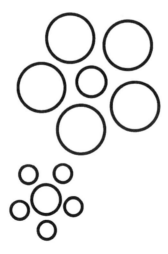

정확히 어떤 심리 기제가 관여하든, 달의 착시는 물체의 크기를 가늠할 때 시각계가 다양한 경험 법칙에 의존하기 때문에 생긴다는 점은 확실하다. 대부분의 경우 이런 휴리스틱은 상당히 효과적이지만 문제는 특정 상황에서 착시를 일으킨다는 점이다.

심리학자 대니얼 카너먼과 아모스 트버스키에 따르면, 우리가 확률을 예측할 때도 비슷한 일이 생긴다. 시각계가 크기를 가늠하기 위해 다양한 휴리스틱에 의존하듯 위험을 가늠하는 시스템도 확률을 예측할 때 갖가지 요령을 부린다. 시각계의 휴리스틱이 가끔씩 착시를 일으키듯 우리가 확률을 예측할 때, 머릿속 요령들도 체계적 오류를 일으킬 수 있다. 이번 장에서 우리는 이런 머릿속 지름길 몇 가지를 살펴보고, 어떻게 하면 길을 잃지 않고 지름길을 잘 활용할 수 있는지 알아보려 한다.

카너먼과 트버스키는 역사상 가장 영향력 있는 심리학자로 손꼽힌다. 1930년대 영국 통치하의 팔레스타인에서 태어난 두 사람은 예루살렘의 히브리 대학교에서 학사 학위를 받고 미국에서 박사과정을 밟았다. 1960년대 후반, 두 사람은 훗날 수많은 심리학자가 관심을 갖는 '휴리스틱과 편향'이라는 주제를 함께 연구하기 시작했다. 경제학 수업은 단 한 과목도 수강한 적 없었지만 이 연구로 카너먼은 2002년 노벨 경제학상을 받았다. 안타깝게도 트버스키는 1996년에 사망해 함께 상을 받지 못했다.

두 사람이 이룬 연구 성과가 워낙 대단해서인지 학자들뿐 아니라 일반 대중들까지도 휴리스틱과 편향에 대해 잘 알고 있다. 이번 장에서 다루는 이야기가 이미 익숙한 독자도 있을 것이다. 그래서 이미 아는 독자도 재미있게 읽을 수 있도록 가급적 널리 알려진 사례는 피하고 머릿속 요령들이 위험지능을 갉아먹는 방식을 밝히는 데 주력하려 한다.

휴리스틱과 편향을 자세히 논의하기 전에 먼저 이 둘이 어떻게 다른지부터 분명히 짚어보자. 휴리스틱은 경험 법칙 또는 머릿속 지름길로 우리는 일을 더 쉽게 처리하기 위해 여기에 의존한다. 편향은 어쩌다 하는 실수가 아니라 어느 한쪽으로 왜곡되는 특정 유형의 실수를 반복하는 경향성이다. 달의 착시에 작용하는 휴리스틱은 시각계가 물체의 크기를 가늠할 때 사용하는 경험 법칙, 즉 근처의 다른 물체와 상대적 크기를 고려한다는 것이다. 이로 인해 해당 물체가 더 작은 물체들에 둘러싸여 있을 때는 크기를 과대평가하고, 더 큰 물체에 둘러싸여 있을 때는 크기를 과소평가하는 편향이 나타났다.

휴리스틱이 항상 편향으로 이어지는 것은 아니다. 대개는 꽤 효과적이지만 특정 상황에서 잘못된 방향으로 이끄는 게 문제다. 모든 편향이 휴리스틱의 오류 때문에 발생하는 것도 아니다. 환경이나 조건과 상관없는, 어찌할 수 없는 편향도 더러 있다.

위험 체계에서 볼 때 기분 좋은 사건이 일어날 가능성을 과대평가하는 편향이 여기에 속한다. 이른바 낙관 편향은 휴리스틱을 잘못 활용해서 생기는 편향이 아니다.[1] 낙관 편향은 환경과 상관없는 인간의 기본 심리다. 이번 장에서는 이런 편향이 어떻게 위험지능 향상을 방해하는지 살펴볼 것이다.

가용성 휴리스틱

우리가 확률을 예측할 때 즐겨 사용하는 경험 법칙 중 하나는 가용성 휴리스틱이다.[2] 가용성 휴리스틱은 다음과 같이 작동한다. 미래 사건이 일어날 확률을 예측할 때 우리는 비슷한 사건을 떠올려 그 기억을 근거로 확률을 예측한다. 비슷한 사건이 쉽게 연상되면, 그 사건이 일어날 가능성이 높다고 생각한다. 반면에 비슷한 기억이 잘 떠오르지 않으면, 그 사건이 일어날 가능성이 거의 없다고 생각한다. 대체로 두 변수 사이에 상관관계가 있기 때문에 가용성 휴리스틱은 꽤 쓸 만하다. 적어도 우리 조상들이 아프리카 평원에서 진화하는 동안에는 그랬다.

하지만 요즘에는 이런 요령이 통하지 않는 요인들이 작용한다. 언론은 특정 위험의 빈도와 기억의 용이성 간의 상관관계를 감소시켰다. 스코틀랜드의 언론 보도 실태를 조사한 미디어 비평에 따르면, 처방전 없이 살 수 있는 진통제로 널리 쓰이는 파라세타몰(즉 아세트아미노펜)로 인한 사망 사건을 보도한 신문은 250개 중 1개에 불과했지만, 엑스터시로 인한 사망 사건은 모든 매체가 빠짐없이 보도했다.[3] 이런 보도를 접한 사람들이 약물의 위험성을 가늠할 때 쉽게 떠오르는 기억에 의존하면 어떻게 될까? 엑스터시 복용의 위험성은 과대평가하고, 파라세타몰 복용의 위험성은 과소평가하게 마련이다.

끔찍한 생태 재앙이 일어날 확률을 가늠해본다고 치자. 만일 당신이 최근에 맨해튼이 며칠 만에 빙하로 뒤덮이는 모습을 묘사한 재난 영화 〈투모로우〉를 봤다면, 영화에서 본 생생한 이미지가 떠올라 비슷한 일이 생길 확률이 상당히 높다고 생각할 것이다. 또는 당신 아이가 유괴될 위험을 가늠해본다고 치자. 얼마 전에 본 유괴 사건 보도가 기억에 생생하다면, 자신의 아이에게 비슷한 일이 생길 확률을 과대평가할 것이다. 이와 달리 언론에서 낙마 사고가 보도되는 경우는 극히 드물어 비슷한 사례가 쉽게 떠오르지 않기 때문에 낙마할 확률은 과소평가할 것이다.[4]

버스를 놓치거나 10달러짜리 지폐를 줍는 것처럼 일상에서 겪는 경험과 관련된 확률을 예측해야 할 때는 가용성 휴리스틱이 꽤 효과적이다. 그러나 언론 보도와 관련된 일의 확률을 예측해야 할 때는 기억의 용이성과 확률 간의 상관관계가 깨지기 때문에 가용성 휴리스틱이 어느 한쪽으로 편향된 예측으로 이어지기 쉽다. 텔레비전 뉴스는 비행기 추락, 쓰나미, 테러 공격 등 뉴스가 아니면 겪을 일이 없었을 드물고 극적인 재난을 보여준다. 우리에게 아픈 기억으로 남은 이미지는 쉽게 떠오르게 마련이다. 따라서 위험이 발생할 확률을 예측할 때 가용성 휴리스틱에 의존하면, 실제보다 그렇게 될 확률이 훨씬 크다고 생각하기 쉽다.

그러나 가용성 휴리스틱이 우리를 엇나가게 하는 이유가 미디어의 보도 편향 때문만은 아니다. 단순히 상상해보는 것만으로도 머릿속으로 그림을 그리기 쉬워지고 그로 인해 비슷한 일이 일어날 확률을 과대평가하게 된다. 심리학자들은 이를 '상상 팽창'이라 하는데 이에 관한 연구만 수십 개에 달한다. 실험 참가자들에게 어떤 시나리오를 보여주고 이를 상상하게 하자 시나리오에 묘사된 사건이 발생할 확률을 더 높게 예측했다.[5] 예를 들어 1976년 대선 전에 심리학자 존 캐럴은 사람들에게 지미 카터나 제럴드 포드가 당선되는 모습을 상상해보게 했다.[6] 그런 다음에 0(틀림없이 지미 카터가 당선될 것이다)에서 100(틀림없이 제럴드 포드가 당선될 것이다)까지의 등급으로 선거 결과를 예측하게 했다. 지미 카터가 당선되는 모습을 상상했던 사람들은 카터가 승리할 거라고 자신했다. 마찬가지로 제럴드 포드가 당선되는 모습을 상상했던 사람들은 그가 승리할 거라고 자신했다.

이처럼 상상 팽창은 잘못된 기억으로 이어질 뿐 아니라 예측을 부풀리기도 한다. 여기서 한 가지 더, 미래에 대한 우리의 예측뿐 아니라 과거 사건에 대한 우리의 평가도 위험지능의 대상이라는 점에 주목해야 한다. 과거에 대해서든 미래에 대해서든 우리는 어느 정도 확신하게 마련이고, 위험지능에 관한 기본 질문(~에 대해 얼마나 자신하는가?)은 미래 사건을 예측하는 사람에게뿐 아니라 과거 기억을 떠올리는 사람에게도 던질 수 있고 또 그래야 한다.

예를 들어 연구자들이 실험 참가자들에게 다양한 사건을 제시하고 "열 살 이전에 이 사건을 경험한 적이 있는가?" 하고 물었다.[7] 연구자들은 축제에서 열린 게임에서 이겨 봉제 인형을 상으로 받은 적이 있다, 손으로 창문을 깬 적이 있다 등 확률이 50퍼센트 미만인 사건, 즉 일어났을 법하지 않은 사건을 중심으로 문항을 구성했다. 참가자들은 각 사건에 대해 결코 그런 일이 일어난 적이 없다고 생각하면 1점을, 그런 일이 일어났다고 확신하면 8점을 매겼다.

2주 뒤 연구진은 실험 참가자들에게 다양한 사건에 대해 가능한 한 또렷하고 완벽하게 설명해달라고 말했다. 그런 다음 첫번째 실험과 똑같은 사건을 제시해 다시 한번 1점부터 8점까지 점수를 매기게 했다. 첫번째와 두번째 평점을 비교 검토한 연구진은 실험 참가자들이 처음에 그런 일이 일어났을 가능성이 거의 없다고 답했던 사건을 머릿속으로 상상하자 실제로 일어났을지도 모른다고 더 믿게 됐음을 알게 되었다. 사건을 상상해보라는 지시를 받지 않았던 참가자들도 첫번째보다 두번째 실험에서 더 확신하게 됐지만, 이런 현상은 사건을 머릿속에 그려보라고 지시받은 사람들 사이에서 훨씬 더 흔했다.[8] 예를 들어 축제에서 봉제 인형을 상품으로 받는 장면을 상상해보지 않은 사람들 중에서 첫번째 실험 때보다 더 확신한 경우는 거의 20퍼센트였다. 반면에 이를 상상해본 사람들 중 30퍼센트가 그 일이 실제로 일어났다고 확신하게 되었다.

형사와 심리치료사 들은 상상 팽창이 허위 기억을 만들 수 있음을 진지하게 인식해야 한다. 형사들은 용의자에게 살인 사건을 머릿속에 떠올려보라고 말하곤 하는데, 그러다보면 기억에 없어도 자기도 모르게 실제로 살인 사건에 연루되었다고 믿게 되기도 한다. 마찬가지로 심리치료사들은 내담자에게 어린 시절 성적으로 학대당하던 모습을 떠올려보라고 말함으로써 실제로 일어나지 않았던 일에 대한 기억을 무심코 만들 수 있다.

그러면 가용성 휴리스틱과 상상 팽창으로 인한 오판을 하지 않으려면 어떻게 해야 할까? 가장 확실한 방법은 극적인 사건에 대한 확률을 가늠할 때 주의하는 것이다. 어떤 사건들에 대한 이미지가 쉽게 떠오르면, 직접 그 사건들을 경험해봐서인지 아니면 인터넷이나 텔레비전에서 본 적이 있어서인지를 자문해보라. 마찬가지로 어떤 사건에 대해 기억이 강렬하면, 실제로 일어났던 일이기 때문인지 예전에 그런 장면을 상상해봤기 때문인지 자문해보라.

이 전략은 상상 팽창의 기저에 깔린 '출처 혼동'이라는 기본 문제를 해결한다. 기억 오류의 일종인 출처 혼동은 정보를 어디에서 습득했는지, 특정 자극을 어디에서 받았는지 잘못 기억하는 현상이다. 어렸을 때 장난감을 잃어버린 모습을 상상하면 나중에 그 장면이 훨씬 쉽게 기억나는데, 이는 우리가 실제로 그런 일을 경험해서가 아니라 상상해보았기 때문이다. 항상 출처를 정확히 구분할 수는 없더라도 그렇게 하려고 시도하는 것만으로도 많은 도움이 된다.

가용성 휴리스틱 때문에 우리는 극적인 사건이 실제로 일어났을 가능성을 과대평가하기도 하고, 쉽게 떠오르지 않는 상황이 실제로 일어났을 가능성을 과소평가하기도 한다. 그러므로 휴리스틱 때문에 오판하지 않으려면, 극적인 사건이 실제로 일어났을 확률을 가늠할 때 주의해야 할 뿐 아니라 쉽게 생각나지 않는 상황이 실제로 벌어졌을 확률을 가늠할 때를 대비해야 한다. 어떤 사건이 머릿속에 잘 떠오르지 않으면, 정말로 그런 일이 일어난 적이 없어서인지 단순히 기억을 못하는 것인지를 자문해보라. 예를 들어 일부 정치인과 보안 전문가 들은 인터넷의 주요 기반시설인 사설 통신망과 서버팜(Server Farm, 한 위치에 집단적으로 수용되어 작동하는 서버 그룹—옮긴이)의 보안 실태에 대해 염려한다. 행여나 해커들이 북부 지역의 전기를 차단하는 방법을 알아내서 엄동설한에 노약자들이 동사하는 일이 발생하지 않을까 걱정하는 것이다.[9] 그러나 이런 해커들에 대해서나 화염에 휩싸이는 진주만을 묘사하는 할리우드 영화가 없다면, 미국은 지금처럼 사이버 공격에 대비하여 에너지를 비축하지 않았을지도 모른다.

희망적 관측

우리를 혼동시키는 또하나의 원인은 희망적 관측이다. 희망적 관측이란 바람에 영향을 받아 확신하는 것이다. "뿌린 대로 거두기를 바라는가? 그렇다면 카르마를 믿어라!" "당신이 응원하는 축구팀이 우승하길 바라는가? 그렇다면 그렇게 될 거라고 믿어라!" 물론 이런 말은 터무니없는 미신이고 위험지능의 적이다. 위험지능이 높은 사람들은 세상을 보고 싶은 대로 보지 않고 있는 그대로 본다. 무언가를 얼마나 간절히 원하는지와 상관없이 그들은 소망과 두려움이 확률 예측에 영향을 미치게 두지 않는다. 그들은 '확률-결과 독립의 원칙'이라는 의사결정론의 원리를 따른다. 확률-결과 독립의 원칙이란, 그 사건이 유쾌한 사건인지 불쾌한 사건인지와 상관없이 어떤 사건이 일어날 가능성을 예측해야 한다는 것이다.

이 원칙은 준수할 때보다 위반할 때 더 빛이 난다. 심리학자들은 사람들이 자기에게 긍정적인 사건이 일어날 가능성은 과대평가하고, 부정적인 사건이 일어날 가능성은 과소평가하는 경향을 자주 보인다고 이야기한다. 이것이 바로 앞에서 이야기했던 '낙관 편향'으로 어찌할 수 없는 편향에 속한다. 어떤 휴리스틱의 부산물이 아니라 환경과 상관없이 작동하는 인간 심리의 기본 특성이기 때문이다.

연구자들은 광범위한 상황에서 낙관 편향의 예를 찾아냈다.[10] MBA 재학생들은 졸업 후 제안받을 일자리 수와 초봉을 과대평가하는 경향이 있다. 일반적으로 학생들은 자신의 시험 점수를 과대평가한다. 이혼율이 어떤지 잘 알면서도 신혼부부 대부분은 자신의 결혼 생활이 영원할 거라고 예상한다. 투자 분석가들은 항상 기업의 수익을 과대평가한다. 흡연가 대부분은 다른 흡연가보다 자신이 흡연 관련 질환에 걸릴 위험이 낮다고 믿는다.

사람들이 의기소침해져서(심리학자들은 이런 현상을 '우울증적 현실주의'라고 한다) 편견 없이 판단을 내릴 수 있게 되면 낙관 편향이 사라진다는 연구도 있다.[11] 이 견해에 따르면 우울증에 빠지지 않는 한 우리는 자신이 다른 사람들보다 더 운이 좋을 거라고 믿는다.[12] 또다른 연구에 따르면, 우울한 사람들도 마찬가지로 희망적 관측을 하는 것으로 나타났다. 우울한 사람들이 평균보다 비관적인 예측을 하는 것은 사실이지만, 그들의 우울한 상황을 감안한다면 '충분히 비관적이지는 않'다.[13] 예를 들어 우울한 사람들은 집밖에 나가 새로운 친구를 사귈 가능성이 적고 스스로 고독과 고립을 자처한다. 하지만 그들은 미래를 전망할 때 자신의 자멸적인 행동이 어떤 영향을 미치는지 충분히 감안하지 않는다. 그 때문에 우울하지 않은 사람들에 비해 조금 더 우울한 예측을 하지만, 그들의 예측과 현실에는 상당한 괴리가 있다. 그들의 현실은 보통 사람들보다 훨씬 안 좋기 때문이다. 역설적이지만 우울한 사람들이 보통 사람들보다 희망적 관측을 하는 경향이 더 강하다.

2007년부터 자산 거품이 터지면서 이듬해에 세계 금융위기로 이어졌고, 여기에 낙관 편향이 중요한 역할을 했다는 점에는 의심의 여지가 없다. 채권자와 채무자 들은 자산 가치가 언제까지나 오를 거라고 망상에 가까운 확신을 했다. 비관론자들도 일부 있었지만 그들은 홍이나 깨는 사람이라고 조롱받기 일쑤였다. 2008년에 주식 시장이 붕괴되자, 사람들은 주가가 떨어질 것을 예상하고 미리 주식을 빌려 비싼 값에 판 뒤, 주가가 떨어지면 싼 값에 주식을 사서 갚아 차익을 노리는 단기 공매 전문가를 문제의 원흉으로 지목했다.

헤지펀드매니저 로버트 슬론이 『단기 공매 전문가들을 탓하지 마라 Don't Blame the Shorts』에서 지적했듯이 이런 경향은 하루아침에 생기지 않았다.[14] 1609년에 네덜란드 동인도회사는 암스테르담 증권거래소 문제로 단기 공매 전문가들에 대해 불평했다. 나폴레옹은 그들을 "국가의 적"이라 칭했고, 엔론 Enron(미국의 에너지 회사로 2010년 파산했다—옮긴이)의 최고 경영자였던 제프리 스킬링은 회사가 파산하기 직전까지 회계 문제를 의심한 한 악명 높은 단기 공매 전문가에게 "지겨운 놈"이라고 욕했다. 그러나 엔론의 사례가 보여주듯이 단기 공매 전문가들은 낙관 편향이라는 전염병에 유용한 치료법을 제공해준다. '닷컴 버블' 기간에 IT 관련 신생 기업들의 주식 중 주식 중개인들이 사라고 조언한 주식이 49개라면 팔라고 조언한 주식은 1개밖에 안 될 정도였다. 이런 선전을 믿지 않고 이들 기업의 수익이 좋지 않다는 사실에 주목한 이들은 단기 공매 전문가들밖에 없었다. 마찬가지로 단기 공매 전문가들은 서브프라임 주택 담보 대출이 호황일 때도 홀로 비관적인 목소리를 냈다. 실제로 서브프라임 대출은 과대평가되었고 단기 공매 전문가들은 그것을 현실적으로 조정하려 했을 뿐이다. 문제는 전년도의 '장기 매입'이었다. 주식 시장은 지나치게 낙관적이었고 '우울증적 현실주의'라는 약이 절실히 필요했다.

우리는 어떻게 낙관 편향을 극복할 수 있을까? 낙관 편향을 상쇄할 정확한 절차를 개발하는 것이 그 한 가지 방법이다. 예를 들어 영국 정부는 낙관 편향 때문에 사회기반시설 건설을 기획하고 예산을 짤 때 비용과 완공 시기를 낮춰 잡는다는 사실을 솔직히 인정했다. 정부의 모든 정책과 프로그램, 프로젝트와 의전에 대한 감정 및 평가를 위한 틀을 정리한 『그린 북The Green Book』에서도 "감정인은 낙관 편향을 감안해 자본 비용 예산을 조정해야 한다"라고 명시했다.[15] 이에 영국 교통부에서는 정확한 예산을 책정하고자 대형 수송 사업 계획을 수립할 때 기획자들에게 이른바 낙관 편향 상쇄라는 조치를 취하게 한다.[16] 낙관 편향을 상쇄하기 위해, 사업의 종류와 초과 비용이 발생하지 않을 거라고 얼마나 확신하는지를 감안해 초기 비용 견적을 몇 퍼센트나 올릴지 정하는 것이다.

우리도 임시변통이나마 낙관 편향을 상쇄시킬 수 있다. 예를 들면 학생의 경우, 에세이를 써야 할 때 예상 소요 시간을 처음보다 두 배로 잡으면 된다. 많은 사람들이 사업 계획서를 쓸 때 비용은 지나치게 낮게 잡고 수익은 지나치게 높게 잡으므로 수익 계획은 반으로 줄이고 창업비용은 두 배로 늘려야 한다. 물론 낙관 편향을 바로잡으려다 비관 편향에 빠져서는 안 되지만, 인간의 심리 특성상 비관적 사고 오류에 빠질 위험은 그리 크지 않다. 미래를 계획할 때 우리에게 필요한 것은 자신감이 아니라 냉수다.

출처의 신빙성

미국 드라마 〈24〉에서 연방수사관 토니 알메이다는 이렇게 말한다. "정보가 정확한지 아직 모르잖아." 이 드라마 속 독불장군 같은 주인공 잭 바우어는 테러범에게 정보를 얻기 위해 고문을 자주 활용한다. 이제까지 엉뚱한 사람을 고문한 적도, 고문 때문에 거짓말하는 사람을 본 적도 없는 바우어는 알메이다의 경고에 개의치 않는다. 하지만 고문으로 얻은 증거를 신뢰하기 어렵고 첩보원들도 종종 실수하는 현실에서는 알메이다의 격언이 제격이다. 우연히도 이 에피소드는 2002년 후반에 처음 방영되었다.[17] 미국과 영국의 정치 지도자들이 이라크가 대량 살상 무기를 보유하고 있다는 정보를 신뢰할 수 있을지 걱정하는 첩보원들에게 그런 걱정은 접어두라고 압박하던 무렵이었다.

이런 우려가 있었음은, 2002년 7월 23일에 있었던 비밀 회동 내용을 『선데이 타임스』가 3년 뒤인 2005년 「다우닝 가 메모」로 보도하면서 세상에 알려졌다.[18] 그날 영국 정부 고위 관료와 국방부, 정보부 인사 들이 이라크 침공을 논의하기 위해 다우닝 가 10번지에 위치한 영국 수상 관저에 모였다. 메모에 의하면 이 자리에서 정보기관인 MI6의 국장이 "정보를 바로잡는 중"이라는 견해를 밝혔다 했다. 외무장관 잭 스트로도 조지 부시 대통령이 무력 조치를 취하기로 이미 "결심을 했으나 근거가 약하다"라고 분명히 이야기했다.

많은 관료가 이라크 전쟁에 관한 정보가 잘못된 것은 아닌지 의심했지만, 세부 사항은 여전히 안개 속에 있었다. 영국의 정보 분석관들은 사담 후세인이 명령만 내리면 이라크군이 45분 안에 대량 살상 무기를 배치 가능하다는 주장을 뒷받침할 증거가 충분하지 않다고 지적했다. 하지만 정치권에서는 그런 염려는 접어두라고 압력을 넣은 듯하다. 그 래서인지 영국 정부가 사담 후세인의 위협을 위험하다고 판단한 근거 를 정리한 '9월 파일'은 평소 첩보원들의 어투보다 훨씬 단호하다.[19]

정치적인 의도는 충분히 이해할 만하다. 정부 각료들은 근거가 확실 하지 않다는 미묘한 설명이 모든 정보를 의심하게 하여 국민들 사이에 혼란을 일으키고 그로 인해 전쟁에 대한 국민들의 지지가 약해지는 않을까 걱정했을 것이다. 사실 이런 두려움이 터무니없는 것만은 아니 다. 대다수의 사람들이 불확실한 정보를 근거로 추론하는 일에 서툴다. 이 점을 감안할 때 국민들에게 전운戰雲을 자세히 설명해봤자 대 이라 크 무력 조치에 대한 지지를 주저하게 만들 뿐이라고 추정한 정치인들 의 판단은 옳았을지 모른다. 그러나 정보를 왜 공표했는지는 의문이다. 역사적으로 국방 정보는 극비 사안이고, 국민 설득의 일환으로 정보를 공개하는 건 전례 없는 일이다.[20] 불가피하게 불확실한 정보를 보고받은 정치인들이 이를 판단하기 어려웠다면, 대중에게 그렇게 해주기를 기 대하는 건 이치에 맞지 않는다. 비평가들은 영국 정부가 정보를 "그럴 듯해 보이게 꾸미고" 거짓말을 했다고 비판한다.[21] 영국의 시사 해설자 더글러스 머리는 이 일에 대해 "진짜 잘못은 대중에게 너무 많은 이야 기를 하고 역대 정부가 공개하지 않았던 정보를 공개하고, 이 과정에서 안보기관들을 위태롭게 한 데 있다"고 하였다.[22]

사담 후세인이 대량 살상 무기를 보유하고 있다고 서구 정보기관에게 알려준 몇몇 정보원이 있었다. 뒤늦게 밝혀졌지만 그들은 떠버리였다. 가장 확실하게 보인 정보원은 독일과 미국 정보국 관리들이 '커브볼'이라 부르던 이라크 망명자였다. 2000년, 일련의 미팅에서 커브볼은 '닥터 폴'이라는 독일 첩보원에게 사담 후세인이 휴대용 생화학 무기 실험실을 가지고 있다고 말했다.

10년 뒤 커브볼은 대량 살상 무기에 관한 이야기가 모두 거짓이었다고 고백했다.[23] 2007년 미국의 TV쇼 〈60분〉이 보도한 바에 따르면 커브볼의 본명은 라피드 알완 알 자나비였다. 그는 1995년에 독일로 망명했고 독일연방정보국BND은 자나비가 바그다드에서 훈련받은 화학기술자임을 확인했다. 독일연방정보국이 사담 후세인의 무기 개발 계획에 대한 내부 정보를 캐내려 자나비에게 접근하자 자나비는 그들이 듣고 싶어하는 이야기를 해주었다. 자나비는 나중에 『가디언』에 이렇게 말했다. "그들이 내게 기회를 줬습니다. 나는 이슬람 정권을 무너뜨리기 위해 정보를 날조할 기회를 잡은 거죠."

독일연방정보국은 미국 정보국에 이 군사 정보를 전달했고 미 국무장관 콜린 파월은 2003년 2월 5일 유엔에서 자나비의 증언을 근거로 그 다음달에 이라크를 침공할 기틀을 다지는 연설을 했다.[24] 훗날 파월의 비서실장 로런스 윌커슨은 CIA의 조지 테닛 국장과 존 매클로플린 부국장이 자나비의 주장을 왜 그리 쉽게 믿고, 왜 그렇게 "확고한 확신을 가지고" 파월에게 그 말을 전했는지 이해할 수 없다고 했다.

그들이 자나비의 말을 왜 굳게 믿었을까. 그 이유 중 하나는 데일 그리핀과 아모스 트버스키가 입증한 판단 오류다.[25] 이들은, 사람들이 증언의 위력은 지나치게 강조하고 그 신빙성은 간과하는 경향이 있다고 봤다. 그래서 출처에 대한 신빙성이 낮은 증언이라 해도 강력하게 한 가지 결론을 암시할 때 사람들은 자신감 과잉에 빠져 오판하기 쉽다.

증언의 위력은 하나의 가설을 뒷받침하는 한편 다른 가설을 반박하는 증거가 된다. 반면에 증언의 신빙성은 모든 가설에 힘을 보탠다. 예를 들어 인사 담당자는 지원자에 대한 추천서를 검토할 때 그 내용이 얼마나 긍정적인지와 추천인이 지원자를 얼마나 잘 아는지를 함께 고려해야 한다. 전자가 증언의 위력이나 극단성을 가리킨다면, 후자는 증언의 중요성이나 신빙성을 가리킨다. 그리핀과 트버스키에 따르면, 사람들은 증언의 위력에 먼저 주의를 기울이고 그후 증언의 신빙성에 따라 증언의 위력을 조정한다. 문제는 대개 이런 조정이 불충분하다는 데 있다. 긍정적인 추천서를 예로 들어보자. 따뜻한 추천사에 강한 인상을 받은 경우 고용주는 정작 추천인이 지원자를 안 지 몇 달밖에 되지 않았다는 사실은 충분히 고려하지 않는다.

커브볼의 사례에서도 똑같은 양상이 나타난다. 자나비의 발언은 사담 후세인이 대량 살상 무기를 소유하고 있다는 가설을 강하게 뒷받침했지만, 자나비를 정보원으로 믿을 수 있는지는 파월이 유엔에서 연설을 하기 전에도 미심쩍었다. 2000년 말엽, 영국과 독일 정보국 관리들은 두바이로 날아가 자나비가 이라크에 있을 당시 상관이었던 배질 라티프 박사를 면담했다. 그는 생화학 무기 트럭 이야기를 비롯해 자나비가 이야기한 것들을 의심했다. 미국 정보국 관리들도 이런 의혹을 알고 있었고 그 점을 고려했을 테지만, 충분히 신경쓰지는 않았다. 그들은 흥미진진한 자나비의 증언에 마음을 뺏겼다.

　사람들이 증언의 위력에 지나치게 마음을 빼앗기지 않도록 예방하고 출처의 신빙성에 좀더 주의를 기울이게 하려면, 절감 단서 기록이 한 방법이 될 수 있다. 예를 들어 정보 분석관들은 신빙성이 낮은 정보원의 증언을 평가할 때 증언을 듣는 사람이 그 타당성을 의심하게 하는 단서를 기록할 필요가 있다. 불행히도 이런 단서의 효력은 오래가지 못하는 것 같다. 한 연구에 따르면 사람들은 처음에는 그런 경고에 주의를 기울이고 신뢰할 수 없는 출처에서 나온 자료를 무시하지만, 시간이 지나 회의론이 고개를 수그리면 신뢰할 수 없는 자료를 곧이곧대로 받아들인다. 예를 들어 중요한 선거가 있을 때 부동층 유권자들은 특정 당이나 후보자에 관한 흑색선전을 접한다. 결국 유권자들은 반대편 후보자가 흑색선전을 주동했음을 알아챈다. 유권자가 흑색선전의 진실성에 의문을 품고 거기에 넘어가지 않는 게 당연해 보인다. 그러나 시간이 지남에 따라 흑색선전이 신빙성이 없다는 의심은 서서히 사라지고 그렇게 몇 주 후 유권자들은 흑색선전의 내용만 기억해 결국 흑색선전의 희생양이 된 후보자에게 불리하게 투표한다. 이런 태도 변화의 유형을 '수면자 효과'라고 하는데 이 주제를 두고 사회심리학자들은 반세기 넘게 머리를 쥐어짰다. 정보국 관리들이 처음에는 자나비를 의심했지만 그 의심이 차츰 사라진 다른 이유가 바로 이 수면자 효과다.[26] 이라크에 대량 살상 무기가 있다는 자나비의 주장은 몇 달 뒤 점차 설득력을 얻었고 결국 이라크 전쟁으로 이어졌다.

확증 편향

증거가 불확실한데도 정치인과 정보기관 고위 관리 들은 아마 확증 편향 때문에 이라크에 대량 살상 무기가 있다고 쉽게 믿었을 것이다. 확증 편향은 우리의 기존 신념과 일치하는 정보에는 주의를 기울이고 기존 신념과 모순되는 정보는 무시하는 성향이다. 마음을 정하기 전에 증거를 주의깊게 검토하는 게 아니라 성급하게 결론을 내린 다음 자기 생각이 옳은 이유를 찾아 인과관계를 짜맞추는 사람들이 많다. 이런 사람들은 먼저 도약한 다음에 주위를 살핀다. 따라서 확증 편향은 위험지능의 큰 적 중 하나다. 1620년에 영국의 철학자 겸 과학자 프랜시스 베이컨이 지적한 대로다.

> 일단 한 가지 의견을 취하고 나면 인지는…… 그 의견을 뒷받침하거나 그 의견과 같은 의견을 모두 끌어모은다. 반대 사례가 아무리 많고 중요해 보여도 그런 것들은 깡그리 무시하거나 멸시하고, 아니면 몇 가지 차이점을 들어 배제하거나 거부한다. 미리 정해둔 결론의 권위가 훼손되지 않게 하려는 것이다.[27]

확증 편향을 잘 보여주는 실험이 하나 있다. 바로 영국 심리학자 피터 웨이슨이 진행한 실험이다.[28] 웨이슨은 학생들에게 3개의 숫자로 된 수열(2, 4, 6)을 보여주고 이 수열의 규칙을 추리해보게 했다. 학생들은 3개의 수를 생성해서 자신의 가설을 검증하는 과제를 받았고, 웨이슨은 학생들이 숫자를 제시하면 그 수열이 자신이 만든 규칙에 맞는지 안

맞는지 알려주었다. 학생들은 자신의 수열이 확실하다고 느낄 때만 웨이슨에게 자신의 결론을 이야기했다. 그렇게 다들 규칙을 알아냈다고 자신해서 답했음에도, 수열의 규칙을 정확히 추리한 학생은 5명 중에 1명뿐이었다.

일반적으로 학생들은 초기 가설(이를테면, 2 단위로 증가하는 수열)을 하나 세운 다음 이 규칙에 맞는 수열(이를테면 6, 8, 10)을 검증했다. 즉, 학생들은 자신의 가설과 일치하는 증거만 찾고 모순되는 증거는 전혀 찾으려고 하지 않았다. 일례로 학생들은 5, 6, 7이나 2, 8, 9 같은 수열은 검증해볼 시도조차 하지 않았다. 만일 이를 검증해봤다면, 그 수열이 웨이슨의 규칙에 위배되지 않는다는 말을 듣고 깜짝 놀랐을 것이다. 사실 웨이슨이 만들어낸 규칙은 단순히 숫자가 차례대로 증가하는 수열이었다.

모순되는 증거를 찾는 일이 얼마나 중요한지는 이스라엘의 심리학자 아셰르 코리아와 그의 동료들이 1980년에 출간한 확증 편향 연구에 잘 나와 있다.[29] 코리아는 실험 참가자들에게 다음과 같이 '양자택일' 문항으로 구성된 2개의 위험지능 검사를 받게 했다.

사비나족은
(a) 고대 인도 부족이다. (b) 고대 로마 부족이다.

실험 참가자들은 둘 중에 어느 쪽이 맞다고 생각하는지 고르고, 선택한 답안에 얼마만큼 자신이 있는지를 0.5와 1 사이의 숫자로 점수를 매겼다. (답에 대한 자신감이 0.5 이하인 경우에는 다른 답안을 선택할 테니

표 1 **코리아가 사용한 표**

	답안 (a)	답안 (b)
유리한 근거		
불리한 근거		

0.5 이하의 숫자는 사용할 수 없었다.) 그런 다음 비슷한 검사를 또하나 받았다. 이번에는 답안을 고르고 그 답안이 정답일 확률을 예측하기 전에 각 답안에 유리한 근거와 불리한 근거를 가능한 한 모두 생각해본 뒤 표 1과 같은 표의 빈칸을 채우게 했다.

실험 참가자들은 4개의 빈칸을 모두 채우고 그 답변에 얼마나 자신이 있는지 진술해야 했다. 예를 들면 "확실히 알고 있다" "어렴풋이 기억난다"라는 식으로 말이다. 마지막으로 실험 참가자들은 자신의 답변이 얼마나 타당성이 있는지 1점부터 7점까지 점수를 매겼다. 타당성이 가장 낮으면 1점, 타당성이 가장 높으면 7점을 매겼다. 도표 11은 두 실험의 눈금 보정 곡선이다.

도표 11에서 알 수 있듯이 두번째 검사에서 응답자들의 위험지능이 향상되었다. 첫번째 검사의 눈금 보정 곡선은 완벽한 위험지능을 나타내는 대각선에서 한참 벗어나 있다. 대부분 대각선 아래쪽에 머무는데, 이는 응답자의 자신감이 과했음을 보여준다. 두번째 검사의 눈금 보정 곡선은 대각선에 훨씬 가까이 자리한다. 어떤 경우에는 여전히 과도한 자신감을 보이지만, 대부분 적중률이 상당히 높다.

코리아와 그의 동료들은 이 결과가 흥미로웠다. 두번째 검사의 눈금 보정 곡선은 그들이 이제껏 본 그 어떤 눈금 보정 곡선보다 완벽에 가까웠다. 연구진은 위험지능이 향상된 이유가 각 답안의 근거를 다양하게 생각해봐서인지, 불리한 근거보다 유리한 근거에 더 초점을 맞춰서인지 궁금해졌다. 그리고 유리한 근거보다는 불리한 근거에 초점을 맞추면 답을, 찾을 수 있을 거라는 예감이 들었다.

연구진은 두 가지 측면의 자료를 검토한 뒤 마침내 이런 결론을 내렸다. 첫째, 실험 참가자들은 불리한 근거보다 유리한 근거를 더 많이 기입했다. 둘째, 타당성을 평가할 때 불리한 근거보다 유리한 근거에 더 높

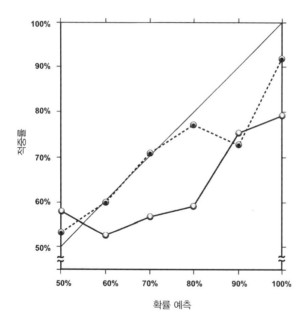

도표 11 **코리아가 실시한 첫번째 실험의 눈금 보정 곡선**
실선은 (근거를 요구하지 않은) 첫번째 검사. 점선은 (유리한 근거와 불리한 근거를 요구한) 두번째 검사. 눈금이 0퍼센트부터 100퍼센트까지가 아니고 50퍼센트부터 100퍼센트까지만 있는 것은 두 실험이 양자택일 문항이기 때문이다.

은 점수를 매겼다. 이는 곧 확증 편향이 작용했다는 증거다.

코리아는 유리한 근거는 물론이고 불리한 근거까지 적으라는 요구조건이 유리한 근거에만 초점을 맞추려는 인간의 자연스러운 성향과 충돌했으리라 추측했다. 하지만 '이것으로 놀랄 정도로 위험지능이 향상된 이유를 설명할 수 있을까?'라는 의문이 들었다.

이를 밝혀내기 위해 두번째 실험을 실시했다. 이번에는 실험 참가자들을 세 그룹으로 나누었다. 먼저 세 그룹은 앞서 시행한 실험처럼 단순히 확률을 예측하는 검사를 받았다. 그다음 자신이 선택한 답안에 근거를 제시하는 두번째 검사를 받았다. 그러나 이번에는 세 그룹에게 각기 다른 방식으로 근거를 제시하게 했다. 첫번째 그룹에게는 자신이 선택한 답안에 유리한 근거와 불리한 근거를 하나씩 적게 했다. 두번째 그룹에게는 자신이 선택한 답안을 뒷받침할 가장 타당한 근거만 요구하고 불리한 근거는 요구하지 않았다. 세번째 그룹에게는 자신이 틀렸을 거라고 생각하는 가장 타당한 근거만 상세히 기입하게 했다.

세 그룹의 눈금 보정 곡선은 도표 12a, 12b, 12c다.

실선은 근거를 요구하지 않은 검사이고 점선은 유리한 근거와 불리한 근거를 하나씩 제시하게 한 검사이다.

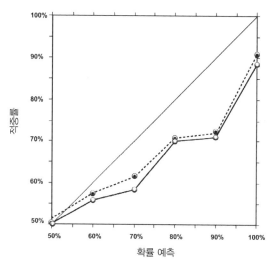

실선은 근거를 요구하지 않은 검사이고 점선은 유리한 근거만 제시하게 한 검사다.

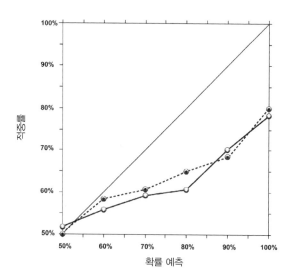

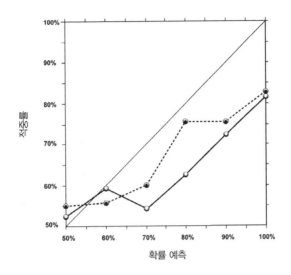

세 그래프를 보면 알 수 있듯이 반대 근거를 적었던 그룹만 두번째 검사에서 위험지능이 크게 향상되었다(도표 12c). 유리한 근거와 불리한 근거를 각각 적었던 그룹은 위험지능이 약간 향상된 반면(도표 12a), 유리한 근거만 적었던 그룹은 변화가 거의 없었다(도표 12b). 이는 아마도 머릿속으로 유리한 근거만 계속 생각했기 때문일 것이다. 코리아는 첫번째 실험에서 위험지능이 향상된 원인이 한쪽으로 치우치지 않고 자기의 선택에 반하는 근거도 찾아보았기 때문이라고 결론을 내렸다.

코리아의 연구는 좀더 다양한 의견, 특히 자신과 반대되는 의견을 찾는 것이 위험지능을 향상시킨다는 걸 보여준다. 신기하게도 정보를 손쉽게 접할 수 없었던 예전보다 인터넷이 발달한 요즘 같은 시대에 이런 일은 더 어려워졌다. 인터넷 초창기에 사이버 유토피아를 예상한 사람들은 온라인에서 사람들은 더 많은 정보를 얻게 될 것이고 그러면 사람들의 식견이 넓어질 거라고 예상했다. 그러나 시민운동가 엘리 프레이저가 『생각 조종자들 The Filter Bubble』에서 주장한 대로 인터넷은 정반대 결과를 몰고 온 듯하다.[30] 구글 같은 검색 엔진은 점점 개개인의 입맛에 맞는 결과를 뽑는 알고리즘을 사용해 같은 검색어를 입력해도 사용자에 따라 다른 결과가 나온다. 프레이저는 검색 엔진에서 같은 검색어를 입력했을 때 자유주의자가 받는 결과와 보수주의자가 받는 결과가 상당히 다르다는 사실을 알아냈다. 예를 들어 자유주의자가 'BP'(영국의 석유회사―옮긴이)라고 검색하면 멕시코 만 기름 유출에 관한 정보가 뜨지만, 보수주의자에게는 석유회사에 관한 투자 정보가 뜬다. 이런 알고리즘 편집은 눈에 보이지 않기 때문에 친구와 나란히 앉아서 같은 검색어를 입력하지 않는 한 결과가 다르다는 사실을 알아채기 어렵다. 당신은 무엇이 편집되었는지도 모를 뿐더러 자의로 결과를 선택할 수도 없다. 검색 엔진만 이런 필터를 사용하는 것은 아니다. 온라인 뉴스 사이트들도 개인 맞춤 서비스를 실험하고 있다. 프레이저는 온라인에서 이런 정보 필터링이 이뤄진 결과 우리가 반대편 입장의 목소리나 나와 다른 견해를 조용히 배제시키는, 자기만의 정보 세상에서 살게 되었다고 주장한다. 우리는 우리의 세계관에 이의를 제기하거나 세계관을 넓혀줄 수 있는 정보를 전보다 덜 접하고 있고 그 결과 점점 더 독단적인 시각을 가지게 된다.

이 책을 쓰면서 나는 2003년 이라크 전쟁과 관련해서 내가 무심코 정보를 편식해왔다는 사실을 깨달았다. 그때까지 이라크 전쟁에 관련해 읽었던 글은 모두 자유주의 진영과 영국에서 나온 것이었다. 그래서인지 나는 자유주의자들의 케케묵은 시각을 그대로 받아들이고 있었다. 예를 들면 부시 행정부가 이라크 전쟁을 끝낸 다음 이라크를 어떻게 점령할지에 대한 계획을 세우지 못했다거나, 미국의 이라크 침공은 사담 후세인이 대량 살상 무기를 사용하지 못하게 막으려는 것뿐이라고 생각했다. 이번 장, 특히 확증 편향에 관해 글을 쓰면서 내가 위선자처럼 느껴졌다. 그래서 내가 전하려는 내용을 나부터 실천해보기로 결심했다. 먼저 도널드 럼즈펠드의 자서전을 비롯해 보수 진영에서는 이라크 전쟁을 어떻게 해석하는지를 찾아봤다. 점차 내 관점이 미묘해졌다. 이라크 침공을 결정하기까지 내가 몰랐던 많은 요인이 작용했고, 이전에 나의 견해를 뒷받침해주던 일부 언론의 논평이 지극히 편향된 시각에서 나왔다는 것도 알게 되었다.

이 일은 자연히 내 주변의 자유주의 성향의 친구들을 불안하게 만들었다. 특히 한 친구는 이라크 전쟁을 촉발시킨 첩보 실패에 대해 토론하다가 내가 럼즈펠드의 자서전을 언급하자 무척 화를 냈다. 그 친구는 열을 내며 소리쳤다. "럼즈펠드의 말을 곧이곧대로 믿으면 안 돼!" 나는 이렇게 대답했다. "당연하지. 하지만 너는 그의 말을 전부 무시해서도 안 돼."

마찬가지로 보수주의자가 진행하는 라디오 방송에서는 자유주의자가 다른 프로그램에서 한 말 중에 문제가 될 만한 말만 콕 집어서 비난을 퍼붓고 있었다. 나는 아무 편견 없이 보수주의자들이 진행하는 라디오 방송을 듣기 시작했다. 자유주의자 입장에서 편견을 가지고 냉소적으로 보는 태도를 버리자 보수주의자들이 진행하는 몇몇 프로그램은 상당히 예리했고 대체로 아주 재미있다고 인정하지 않을 수 없었다.

포스트모던 사회의 혼란 속에서 모든 비판능력을 버려야 한다는 뜻이 아니다. 오히려 그 반대다. 흔히 "마음을 열되 느슨해질 정도로 열지 마라"라고 말한다. 건강한 수준에서 회의적인 시각을 유지해야 하지만 이런 태도는 정치적 스펙트럼의 모든 영역에 똑같이 적용해야 한다. 우리와 반대되는 입장에만 회의적인 태도를 취해서는 안 된다. 확률을 예측하거나 어떤 주장이 신뢰할 만한지를 판단할 때 양측 변호사의 변론에 똑같이 귀를 기울이는 현명하고 공정한 재판관이 되어야 한다. 그러나 우리는 확증 편향에 빠지기 쉽고 그렇게 되면 재판관이 아니라 변호사처럼 의뢰인에게 유리한 증거만 수집하고 불리한 증거는 경시하기 십상이다. 혹시 자신이 그런 오류에 빠졌다는 걸 알아챘다면, 일부러라도 반대되는 증거를 모으거나 주장이 반대인 사람을 찾아야 한다.

사후 과잉 확신 편향

확증 편향의 영향에도 불구하고 기존의 생각을 바꿔놓는 정보들을 접하게 되면 다른 문제가 발생한다. 이 경우 우리는 그 정보를 원래 알고 있었던 것처럼 말하고, 그로 인해 생각이 바뀌었다는 사실을 부인한다. 이런 현상을 '사후 과잉 확신 편향'이라고 하는데 내가 매우 기피하는 것 중 하나다.

사후 과잉 확신 편향은 우리가 실수를 통해 배울 기회를 막기 때문에 위험지능을 좀먹는다. 우리가 처음에 어떻게 생각했는지를 인정하지 않는데 어떻게 실수를 통해 교훈을 얻을 수 있겠는가? 그러나 사후 과잉 확신 편향이 야기하는 가장 애석한 결과는 놀라는 일이 줄어든다는 점이다. 무언가에 깜짝 놀라려면 예상했던 내용과 눈앞의 증거가 불일치한다는 사실을 알아차려야 한다. 그렇지 않고 이런 증거 역시 쭉 예상해온 것이라며 스스로를 기만하면, 예상치 못한 것을 경험하고 정신이 번쩍 들 수 없다. 이런 경험은 그 자체로 짜릿한 일일 뿐 아니라 무언가를 배우는 과정에서 반드시 필요하다.

한 친구가 보스턴에 야구 경기를 보러 갔을 때 사후 과잉 확신 편향이 심한 남자를 만나 짜증이 났던 경험을 들려주었다. 그 남자는 내 친구 뒷자리에서 경기가 하나씩 진행될 때마다 녹음기처럼 같은 소리를 반복했다. "내가 이럴 줄 알았어." 타자가 스트라이크 아웃을 당하면, 그 남자는 "저 선수가 타석에 들어올 때부터 이럴 줄 알았어"라고 말했다. 타자가 안타를 치면 "저 투수가 아무리 기를 써도 스트라이크를 던지긴 어려울 줄 알았어"라고 말하는 식이었다. 그러다 야구에서 정말 보기 힘든 무보살 삼중살이 나왔다. 이번에도 남자는 "그럴 줄 알았어"라고 외쳤다. 그 순간 참을 만큼 참았다고 생각한 내 친구는 뒤돌아 천리안을 자처하는 그 남자에게 말했다. "다음번에는 무슨 일이 벌어질지 얘기 좀 해보세요. 그리고 예상이 틀리면 남은 경기 동안 그 입 좀 다무시죠."

사후 과잉 확신 편향을 맨 처음 연구한 사람은 이스라엘의 심리학자 바루크 피셔호프와 루스 베스다.[31] 리처드 닉슨의 역사적인 중국 방문을 앞둔 1972년, 피셔호프와 베스는 지원자들에게 그때 일어날 법한 여러 가지 일, 이를테면 닉슨이 마오쩌둥을 만날 확률, 미국이 중국과 외교관계를 이어가기 위해 베이징에 대사관을 설립할 확률 등을 예측해보게 했다. 닉슨이 방중 후 돌아오자 피셔호프와 베스는 실험 참가자들에게 그들이 예측했던 내용을 다시 떠올려보라고 했다. 실험 참가자들은 그 사건이 실제로 일어난 경우, 자신이 원래 했던 예측보다 더 높게 가능성을 점쳤다고 기억하는 경향이 있었다. 반대로 특정 사건이 실현되지 않은 경우에는 원래 예측했던 것보다 가능성을 더 낮게 봤다고 기억하는 오류를 범했다.

근래에는 이 주제에 대해 개빈 카사르와 저스틴 크레이그가 초보 사업가 705명을 대상으로 연구를 진행했다.[32] 카사르와 크레이그는 초보 사업가들에게 이번에 창업한 회사가 제대로 된 사업체로 성장할 확률을 예측해보게 했다. 한참 후 사업에 실패한 198명에게 예전에 예측했던 확률을 기억해보게 했다. 이들 역시 사후 과잉 확신 편향을 보였다. 사업가들은 성공 확률을 평균 80퍼센트로 예측했으나 사업이 벽에 부딪히자 그들은 자신이 성공 확률을 50퍼센트로 예측했다고 주장했다. 흥미롭게도 이전에 창업 경험이 있는 사람들도 크게 다르지 않았다. 경험에서 아무런 교훈도 얻지 못한 셈이다.

정도의 차이가 있을 뿐 우리 모두 사후 과잉 확신 편향을 가지고 있다. 일부 평론가들은 그 당시에는 깜짝 놀랐으면서 이제 와서 2007~2008년도 금융위기가 거의 불가피했던 것처럼 이야기한다. 미국의 이라크 침공이 이라크에 빠르게 민주화 바람을 일으킬 것으로 자신했던 사람들 중 일부는 이제 와서 상황이 악화될 줄 알았다고 말한다. 그러나 이렇게 과거를 고쳐쓰다보면 실수를 통해 아무것도 배울 수 없다. 바루크 피셔호프가 1970년대 초, 사후 과잉 확신 편향에 대해 의아해하며 한 말이 떠오른다. "그렇게 선견지명이 있다면, 세상을 한번 멋지게 경영해보지그래?"[33]

캐스린 슐츠는 『실수하기Being Wrong』라는 책을 집필하면서 우리가 스스로 저지른 실수를 잘 기억하지 못한다는 증거를 여럿 찾아냈다.[34] 슐츠가 이런 내용의 책을 집필중이라고 이야기하자 많은 사람들이 이렇게 대꾸했다. "저를 인터뷰하세요. 저는 매번 틀리거든요." 하지만 슐츠가 예를 들어달라고 하자 다들 입을 다물고는 잠시 머리를 긁적인 뒤 생각이 안 난다고 털어났다. 한 사람은 이렇게 말했다.

재밌네요. "맙소사. 내가 틀렸어. 정말 당황스러워"라고 말한 적이 여러 번 있었고 잠도 설치고 밥도 거르고 걱정으로 밤을 샌 것도 기억나는데, 구체적으로 뭘 틀렸던 건지는 기억이 나지 않네요.

실수를 기억한다 해도 변명을 하느라 실수를 통해 배울 기회를 놓치곤 한다. 슐츠는 특히 두 가지 공통점에 주목했다. 먼저 '하지만'이라는 결정적인 단어를 집어넣는 습관이다. "내가 틀렸어. 하지만……" 하는 식으로 말이다. 두번째는 "실수가 벌어졌군" 같이 능동태보다는 수동태로 표현하는 습관이다. 실수를 축소하거나 스스로 실수와 거리를 둠으로써 우리는 실수를 통해 배울 수 있는 기회를 놓치곤 한다.

입사 면접에서 대답하기 어려운 질문 중 하나가 "전 직장에서 저지른 가장 큰 실수가 뭡니까?"일 듯하다. 실수를 전혀 기억하지 못하면, 면접관은 당신에게 통찰력이 부족하다고 판단할 것이다. 반대로 엄청난 실수를 털어놓으면, 면접관은 당신의 능력을 의심할 것이다. 2004년 4월에 있었던 한 기자회견에서 "지금껏 저지른 가장 큰 실수는 무엇이고, 거기서 어떤 교훈을 얻었느냐?"는 질문을 받은 조지 부시 대통령도 이런 딜레마에 빠졌다. 당황한 그는 이렇게 대답했다.

이 질문에 대한 답변을 준비할 수 있게 서면으로 먼저 질문해주셨으면 좋았을 텐데…… 음, 그러니까…… 역사가들이 훗날 과거를 돌아보고…… 에…… 뭐, 이건 이랬으면 더 좋았겠다, 저건 저랬으면 더 좋았겠다 하고 말할…… 제 말은, 에…… 분명히 기자회견 도중에 뭔가 떠오를 겁니다. 기억해보려고 애는 쓰는데, 글쎄 선뜻…… 그렇다고…… 제가 실수를 한 적이 없다는 말로 듣지 않으셨으면 좋겠습니다. 분명히 실수를 한 적이 있습니다. 이 자리에서 갑작스럽게 이야기하라고 하니까, 언뜻 떠오르지가 않네요. 하나쯤은 생각나야 하는데.

조지 부시처럼 말을 버벅대지 않으려면, 다음 면접 때는 이 질문에 대한 그럴싸한 답을 준비해라.

사후 과잉 확신 편향을 줄일 수 있는 방법은 없을까? 사람들에게 위험성을 경고하는 것만으로는 별로 효과가 없다. 가장 좋은 처방은 자신이 예측한 내용을 기록하고 그것을 자주 확인하는 것이다. 부록 2의 개인용 예측능력 검사가 바로 그런 방식으로 구성되어 있다. 어떤 예측이 실현됐고 어떤 예측이 빗나갔는지 기록해 적중률을 대조하면, 과거의 기억을 마음대로 고치기 어려워지고 실수를 통해 교훈을 얻기가 쉬워진다.

마음을 읽을 수 있다는 착각

위험지능을 개발하고 발휘하는 걸 방해하는 또하나의 인지 편향은 마음을 읽을 수 있다는 착각이다. 이것은 우리가 다른 사람들의 마음을 실제보다 잘 읽는다고 생각하는 특성이다. 가장 흔한 예를 들자면 많은 사람은 자신에게 거짓말을 간파하는 능력이 있다고 믿는다.

열일곱 살 때 나는 사람들의 마음을 읽을 수 있다고 생각한 선생님 때문에 희생양이 되었다. 당시 나는 학교에서 비행을 저질렀다 해서 교무실에 불려가 장시간 면담에 시달렸다. 그 과정에서 선생님이 던진 결정적인 질문에 대답하기 앞서 머뭇거리며 아래를 쳐다보았다. 그게 문제의 발단이었다. 면담이 끝날 즈음 선생님은 "찔리는 구석이 있는 듯한 내 시선"이 거짓말을 하고 있다는 결정적 증거라고 지적했다.

사실 나는 거짓말을 하지 않았지만, 아무리 항변해도 선생님은 꿈쩍도 하지 않았다. 그 선생님의 잘못된 판단을 근거로 나는 퇴학당했다.

많은 사람들이 그 선생님처럼 자신이 거짓말을 알아챌 수 있다고 자신한다. 그러나 많은 연구 결과가 증명하듯이 그런 확신은 대개 부적절하다. 대부분의 사람들이 거짓을 구분할 때 찾는 징후들은 믿을 만하지 않다.

통념과 달리 거짓말쟁이들은 시선을 마주치기를 어려워하지 않는다. 평소보다 많이 꼼지락거리거나 땀을 흘리지도 않는다. 연구 결과에 따르면 취조를 받을 때 죄를 지은 사람보다 결백한 사람이, 자신이 범죄를 저지르지 않았음을 입증하느라 더 불안해하는 경향이 있다.

뉴헤이번에 위치한 서던코네티컷 주립 대학교 법의학자 케빈 콜웰은, 사람들이 "불안을 나타내는 징후들을 기만을 암시하는 징후로 오해하고 있다"고 지적한다.[35] 〈볼티모어 선〉의 데이비드 사이먼 기자는 『살인Homicide: A Year on the Killing Streets』에서 이렇게 말한다.

초조, 공포, 혼란, 적개심, 번복되거나 모순되는 이야기. 이 모든 것이 취조실에 있는 그 남자가 거짓말을 하고 있다는 징후다. 특히 의심이 직업인 형사의 눈에는 그렇게 보인다. 그러나 유감스럽게도 이 모든 징후는 인간이 심한 스트레스를 받을 때 나타나는 증상이기도 하다.[36]

엉뚱하거나 오해의 소지가 있는 단서에 기댈 때 사람들은 실수를 저지르기 쉽다. 그러고는 거짓말을 잡아냈다고 자신한다.

그런 판단이 옳은 경우는 거의 없다. 대체로 완벽한 신뢰와 절대적인 불신 사이에 의혹이 자리한다. 다시 말해서 누군가 거짓말을 하는지 아닌지는 단순히 그렇다 아니다로 답할 문제가 아니라 확률을 예측해야 하는 문제다. 다른 모든 확률 예측과 마찬가지로 예측의 정확도는 위험지능 검사로 측정할 수 있다.

그동안 심리학자들은 사람들에게 거짓말을 탐지하게 하고 그 판단을 얼마나 자신하는지 묻는 연구를 수십 번 실시했다. 3천 명에 가까운 사람들을 연구한 결과를 바탕으로 한 1997년 자료에 따르면, 사람들이 자기 판단에 얼마만큼 자신 있어하는지와 예측의 정확도는 별개였다.[37] 한마디로 자신감이 과했다. 예측의 정확도에 비해 자신감이 부족한 경우는 찾아볼 수 없었다.

이 자료에 수록된 한 연구에서는 대학생과 신입 경찰관, 그리고 노련한 경찰관의 거짓말 간파능력을 비교했다.[38] 신입이든 경력자든 경찰관이 학생보다 자신감이 넘쳤지만 거짓말 탐지능력은 별반 차이가 없었다. 일을 시작한 지 5개월 정도 된 신입 경찰관들도 경력이 7년이 넘는 노련한 경찰관들 못지않게 자신감이 과했다. 형사 사법 제도 차원에서 이런 자신감 과잉은 심각한 결과를 유발할 수 있다.

심리학자 마크 프랭크는 이런 연구들 중 상당수가 실험실이라는 제한된 상황에서 들통나도 그만인 수준의 가벼운 거짓말을 하는 것에 집중하기 때문에 결함이 있다고 주장한다.[39] 프랭크는 이런 거짓말은 누구라도 탐지하기 어렵다고 말한다. 그에 비해 경찰관들이 조사하는 용의자들은 거짓말이 탄로났을 때 위험 부담이 크다. 거짓말에 성공하면 살인범이 되는 위기를 모면할 수 있지만, 걸리면 인생을 교도소에서 썩을지도 모르는 상황에 직면하면 대부분의 사람들은 감정이 격해지고 그러면 거짓말을 탐지하기 쉬워진다는 것이 그의 주장이다. 꽤 흥미로운 논리이긴 하나 아직은 좀더 확실한 검증이 필요해 보인다. 지금까지 모인 증거들을 토대로 내릴 수 있는 결론은, 우리가 스스로 거짓말을 탐지할 수 있다고 과신할 때가 많다는 것이다. 그러나 실제로 진실과 거짓을 분별하는 우리의 능력은 동전을 던져서 결정하는 수준과 다를 게 없다.

훈련이 상황을 더 악화시킬 수도 있다. 한 연구[40]에서 실험 참가자들을 두 그룹으로 나눠서 한 그룹에게는 진술자의 참 거짓 진술을 구별하는 능력을 향상시키는 것을 목표로 하는 '리드 테크닉REID Technique'[41]이라는 신문訊問 기법을 가르쳤다. 그런 다음 실험 참가자들에게 다양한 범죄에 연루된 의혹이 있는 8명의 용의자가 형사에게 신문받는 영상을 보여주었다. 실험 참가자들은 각 용의자가 거짓말을 하는지 진실을 말하는지를 판단하고, 그 판단을 얼마나 자신하는지 1부터 10까지 점수를 매겨야 했다. 그랬더니 훈련이 다소간 역효과를 냈다. 훈련을 받은 참가자들은 진실과 거짓을 구별하는 능력이 약간 떨어졌다. 훈련을 받지 않은 참가자들보다 정확도는 떨어지는데, 자기 판단이 옳다는 자신감은 오히려 더 높았다. 대부분 훈련을 받을 기회가 있었기에 반대 주장에 대한 근거에 대해서도 훈련을 받지 않은 사람보다 더 많이 제시했다.

실제로 리드 테크닉은 경찰관들의 위험지능을 갉아먹기 때문에 이를 감안할 때 경찰관들이 리드 테크닉에 크나큰 영향을 받는 현실은 우려할 만하다. 리드 테크닉은 기만의 징후에 관한 잘못된 이론을 퍼뜨려 이런 식으로 예상과 다른 영향을 끼친다. 예를 들면 나를 면담한 선생님이 그랬듯 거짓말쟁이는 시선을 피하는 경향이 있다는 식의 이야기를 강조한다. 앞에서 살펴보았듯이 시선 피하기 같은 비언어적 행동은 불안이나 괴로움을 드러내는 징후지 거짓말을 한다는 확실한 증거가 될 수는 없다. 이와는 반대로 어조가 올라가고 말을 더듬는 것과 같은 발성상의 단서는 실제로 기만과 관계되지만 노련한 형사와 정보기관 요원 들조차 이를 간과하곤 한다.

물론 기만을 암시하는 단어들을 더 정확히 분석해내는 훈련 기법이 있다면 거짓말 탐지에 도움이 될지도 모른다. 그러나 설사 그렇다 하더라도 그런 훈련으로 거짓말을 탐지하는 능력이 향상되었다고 과신하게 되면, 위험지능이 떨어지는 역효과가 초래된다. 적어도 거짓말을 탐지하는 영역에서만큼은 그렇다. 용의자를 신문하는 형사들에게는 거짓말을 탐지하는 훈련보다 위험지능을 끌어올리는 훈련이 훨씬 더 중요하다.

친구와 연인도 거짓말을 탐지하는 면에서는 법 집행관이나 대학생들과 별반 다를 게 없다.[42] 사람들은 관계가 발전하고 친밀감이 높아질수록 상대가 거짓말을 하는지 한눈에 알 수 있다고 자신한다. 교제가 길어질수록 실제로도 정직한지는 둘째치고 서로를 더 신뢰하고 서로를 좀더 믿게 된다. 근거가 없더라도 사람들은 관계가 오래되면서 점차 상대방이 정직하다고 확신함에 따라 그가 무슨 생각을 하는지 안다고 확신하게 된다. 이런 성향 때문에 수년간 함께 산 배우자를 속이는 것이 이제 막 교제를 시작한 연인을 속이는 것보다 쉽다. 교제 초반의 몇 주 또는 몇 달 간 사람들은 상대방이 무슨 생각을 하는지 알아내려고 애쓰지만 몇 년쯤 지나면 서로에 대한 판단은 굳어지고 거기에 감정이 섞여 판단력이 떨어진다.

이런 결론은 사람들이 일반적으로 서로의 이미지를 정확히 판단하는 데 능숙하지 않다는 인상 형성에 관한 다른 연구 결과와도 부합한다. 1995년에 텍사스 대학교 오스틴 캠퍼스의 윌리엄 스원과 그의 동료들이 인상 형성 연구를 진행했다.[43] 그들은 피실험자들에게 어떤 여성의 배경과 관심사에 관한 무해한 정보가 담긴 1분짜리 동영상을 보여주었다. 그러자 그녀가 에이즈 보균자일 거라고 예측하는 피실험자가 크게 줄어들었다. 스원은 위험한 성관계를 갖는 많은 사람들이 자기와 잠자리를 함께할 사람을 오래 알고 지내지 않았음에도 그를 잘 간파할 수 있다고 믿는다고 지적한다. 그들은 잠자리를 함께할 상대가 에이즈 보균자가 아니라고 확신하고 무방비 상태로 성관계를 갖는다.

'내 파트너를 잘 안다'고 자신하던 사람들의 믿음은 때로 끔찍하고 비참하게 어긋난다. 스티븐 킹이 2010년에 발표한 중편 소설 「행복한 결혼A good Marriage」에 이런 모습이 생생히 그려진다. 결혼한 지 27년이 된 다시는 남편 밥을 잘 안다고 생각한다.

> 그녀는 그의 모든 걸 알고 있었을까? 당연히 아니다…… 모든 걸 다 알 수는 없지만 27년을 같이 살면서 중요한 부분은 다 안다고 생각했다. 아주 운이 좋거나 끊임없이 노력해야 가능한, 행복한 결혼이었다. 길을 걸을 때 중력 덕분에 땅에 발을 붙이고 있을 수 있다고 믿듯이 한 치의 의심 없이 그렇게 믿었다.
> 그날 밤 차고에 가기 전까지만 해도……[44]

어느 날 저녁 차고를 뒤지던 다시는 자신의 확신이 얼마나 잘못됐는지 보여주는 무언가를 발견한다. 그녀가 전혀 몰랐던 남편의 모습이었다. 스티븐 킹의 소설답게 그것은 당연히 남편의 어두운 면이었다.

> 그녀는 내내 미치광이와 살았지만 어떻게 알 수 있었겠는가? 남편의 광
> 기는 깊은 바다와 같았다. 거기엔 암석층이 있었고 그 위에는 토양층이,
> 그리고 다시 암석층이 있었다. 거기서 꽃이 피었다. 매일 그 땅을 거닐
> 면서도 그 아래 광수狂水가 있는 줄 알지 못했다. 하지만 그것은 그곳에
> 있었다. 원래부터.

우리가 파트너에 대해 안다고 생각하는 것과 실제로 아는 것 사이의
간극이 이처럼 크고 끔찍한 경우는 드물다. 하지만 이런 간극은 현실에
만연해 있고 우리를 불안에 떨게 한다.

투명성 착각

우리는 실제보다 다른 사람의 마음을 잘 읽는다고 과신한다. 한편으
로는 다른 사람들이 실상보다 정확하게 우리의 마음을 잘 읽는다고 짐
작하기도 한다. 다시 말해서, 우리는 다른 사람의 마음을 읽을 수 있다
고 착각할 뿐 아니라 실수로 우리의 생각과 감정이 실제보다 더 '누출
됐다'고 믿는 '투명성 착각'에 빠지기도 한다.[45]

표도르 도스토옙스키의 『죄와 벌』에서 포르피리 페트로비치가 리자
베타와 알료나 이바노브나 살인 사건 수사로 라스콜니코프를 신문하는
장면에서 이런 착각이 잘 포착된다. 도스토옙스키는 독자가 라스콜니
코프의 입장에서 의구심을 품고 스스로 판단을 내리도록 포르피리 페

트로비치가 이 시점에서 라스콜니코프를 정말로 의심하는지 드러내지 않으려고 조심한다.

> 아까 포르피리가 나에게 윙크를 한 걸까, 아닐까? 분명히 아무것도 아닐 거야. 윙크를 뭐하러 하겠어? 내 신경을 건드리려고 그랬을까, 아니면 약을 올리려고? 모든 것이 신기루일 따름인가, 아니면 아는 건가……! 자묘토프도 뻔뻔스럽다…… 아니, 자묘코프가 뻔뻔스러운가? 자묘토프는 밤 사이에 생각을 바꿨다. 그럴 줄 알았어, 그런 예감이 들었거든! 이 녀석, 여기에 처음 왔으면서도 자기 집인 것처럼 행동하네. 포르피리도 이 녀석을 손님으로 생각하지 않는지 등돌리고 앉아 있네. 서로 비밀스레 얘기를 나눈 거야! 틀림없이 나 때문에 의견을 나눈 거다! 틀림없이 우리가 오기 전에 내 얘기를 했을 거야……! 그 집 얘기도 알고 있을까? 제발 빨리 좀……! 어제 내가 아파트를 얻으러 도망쳤다고 했을 때도 이놈은 그 이야기를 흘려들었어…… 아파트에 대해 언급한 건 잘한 거야. 나중에 쓸모가 있을 거야……! 제정신이 아니었다고들 하잖아……! 하-하-하! 이놈은 어젯밤 일을 모두 알고 있어!⁴⁶

포르피리가 자신의 내면을 꿰뚫고 있다는 라스콜니코프의 과장된 견해는 사실 꽤 일반적이다. 정작 집주인은 그 사실을 전혀 알아채지 못하는데도, 저녁식사에 초대받은 손님은 방금 식탁에 올라온 설익은 햄을 자기가 싫어한다는 사실을 집주인이 알아챌 거라고 확신한다. 몰래 짝사랑중인 사람은 상대방은 전혀 알지 못함에도 상대방이 자신의 마음을 눈치챘을 거라는 생각에 움츠러든다. 거짓말을 하는 사람들은 다른 이의 거짓말을 탐지하는 능력을 과대평가해서 그 때문에 초조해하다보니 본인의 예상대로 거짓말이 탄로 나기 일쑤다.

1998년에는 거짓말을 탐지하는 사람들의 능력을 과학적으로 검토한 연구 결과가 나왔다.[47] 토머스 길로비치와 그의 동료들은 실험 참가자들을 대상으로 한 사람이 진실이나 거짓을 이야기하면 나머지 사람들이 돌아가면서 거짓말을 탐지하는 게임을 했다. 참가자들은 "여행한 적이 있는 국가명을 말하시오." "평소에 쓰는 샴푸 브랜드는 무엇입니까?"와 같이 개인 정보에 대한 질문이 적힌 카드를 받았다. 각 카드에는 '진실' 또는 '거짓'이라는 글자도 쓰여 있었다. 각 참가자는 그들이 거짓말을 하는지 다른 사람들이 추측하는 동안 카드의 지시대로 진실 또는 거짓을 답하게 되어 있다. 연구진은 거짓말을 하는 사람에게 몇 명이나 그의 거짓말을 알아챌지 예측하게 했다.

실험 결과로 사람들이 투명성 착각에 빠져 있음이 입증되었다. 거짓말을 한 참가자는 나머지 참가자 중 절반 가량이 거짓말을 알아채리라고 예상했다. 그러나 실제로 거짓말을 탐지해낸 사람은 순전히 우연이라고 봐도 될 정도인 4분의 1에 불과했다. 아마도 거짓말을 한 참가자들은 자신의 초조함이 티가 났다고 느꼈거나 다른 사람들이 '자신의 속을 꿰뚫어볼 수 있다'고 생각했을 것이다. 연구진은 결과를 재확인하기 위해서 진실을 말한 사람들에게 참가자들 중 몇 명이 자신을 거짓말쟁이로 오인할지 예측하게 했다. 그러자 그들은 자신이 진실을 이야기할 때 거짓말을 하고 있다고 생각하는 사람은 소수일 것이라 예측했다. 실제로는 차이가 없었다. 참가자들은 상대방이 진실을 말하든 거짓을 말하든 똑같이 의심했다.

어떻게 하면 타인의 마음을 읽을 수 있다는 착각과 투명성 착각에 빠지지 않을 수 있을까? 가장 기본적이고 중요한 해결책은, 다른 사람들의 생각이나 감정에 대한 자신의 예감을 곧이곧대로 믿지 말고 의심해봐야 한다는 것이다. 다른 사람이 당신의 마음을 꿰뚫어볼 거라는 생각 역시 의심해볼 필요가 있다. 누군가 당신에게 거짓말을 한다는 생각 또는 내가 정직하다는 사실은 누구나 알 거라는 생각을 떨치기 쉽지 않지만, 연습하면 충분히 가능하다. 특히 경찰이 당신을 의심하는 상황에서라면 아무 말도 하지 말아야 한다. 당신이 결백한 경우 당신은 '누구라도 내가 결백하다는 걸 알 거야'라거나 경찰이 편견에 치우치지 않고 객관적으로 수사할 것이라고 바보같이 생각하기 쉽다. 설사 당신이 죄가 있다고 해도 경찰이 반드시 그 사실을 알아내지는 못할 텐데 굳이 위험을 감수할 이유가 뭐가 있는가?

이처럼, 불확실한 상황에서 훌륭하고 합리적인 판단을 내리지 못하게 방해하는 요인이 우리 내면에 도사리고 있다. 설상가상으로 사회적 요인들도 한몫한다. 다음 장에서는 이 부분에 대해 살펴볼 것이다.

5장

군중의 광기

인간은 집단적으로 사고한다.
집단적으로 미쳤다가
나중에야 하나둘 천천히 분별력을 찾는다.
_찰스 매카이

앞 장에서 우리는 과도한 자신감이 유발한 여러 가지 문제를 살펴보았다. 그렇지만 이런 문제만 있는 것은 아니다. 확실히 사회생활을 하다보면 과한 자신감 덕분에 이득을 볼 때도 있기 때문에 위험한데도 우리는 과도한 자신감을 버리지 못한다. 자신의 지식 수준을 과대평가하는 사람들이 위험지능이 높은 사람들보다 자주 오판을 하지만 그들은 다른 이들보다 더 카리스마와 권위를 갖춘 듯 보인다. 구경꾼들은 종종 자신감을 능력으로 착각하기 때문에 때로는 자신감이 넘치는 편이 나을 수도 있다. "확실하지는 않다"라고 말하는 리더를 과연 몇 명이나 신뢰할까?

최근에 승진한 한 회사 중역이 사장에게 좀더 자신감을 가지라는 지적을 받고 내게 조언을 구했다. 대화를 나눠보니 그는 위험지능이 높은 사람이라 모르는 것이 있으면 이를 솔직히 인정했다. 사장이 문제삼은 점이 바로 그 부분이었다. 의지가 강하고 카리스마가 넘치는 사장은 회사 중역이라면 항상 확실하고 분명해야 하고 혹여 의구심이 들어도 감출 줄 알아야 한다고 믿었다. 사회적 압력이 위험지능을 발휘하지 못하게 방해하는 이런 환경을 감안하면 우리 주변에 자신감이 과한 사람이 많은 이유도 충분히 이해할 만하다.

사려 깊은 리더보다 대담한 리더가 자연 선택으로 이어졌기에 사회적인 힘이 수천 년 동안 과도한 자신감을 갖도록 부추겼다. 누군가 자신을 더 믿을 만한 곳으로 인도해주기를 바랐던 우리 조상들은 신중하게 말하는 사람보다 자신 있게 말하는 사람을 신뢰했다.

싸움을 할 때도 자신감이 넘치는 쪽이 자연 선택되었다. 수컷들끼리 자주 싸움을 벌이는 종種은 싸우기 전에 힘을 과시하는 의식을 통해 먼저 상대를 평가한다. 이런 행위를 통해 정밀하게 자신이 이길 확률을 계산하는 것 자체가 분쟁을 해결하는 역할을 했다. 상대적으로 힘이 약한 수컷은 승산이 없어 보이면 항복 신호를 보내고 싸움을 피했다. 설사 싸움으로 이어져도 보통 어느 한쪽이 항복하면서 끝났다. 누구 하나가 죽을 때까지 싸우는 건 침팬지와 인간 들의 세계에서나 벌어지는 일이다. 이 두 종은 전쟁이라는 조직화된 집단 전투를 개발해서 살육을 완전히 새로운 수준으로 끌어올렸다.

왜 인간은 다른 생명체와 다른 걸까? 국제관계에서는 이를 '전쟁의 수수께끼'라고 부른다.[1] 합리적인 정책 결정자들이 이끄는 국가라면 상대적 국력을 근거로 전쟁 전에 협상을 진행해 전쟁의 비용과 위험을 피할 수 있기 때문에 절대 싸우지 않아야 한다. 다른 종들의 수컷이 직접 싸우지 않고 분쟁을 해결하는 것처럼 전쟁이 수반하는 비싼 희생을 치르지 않아도 전쟁을 치렀을 때와 같은 결과를 얻을 수 있다. 비단 현대 국가들 사이에서 벌어지는 전쟁만 수수께끼가 아니다. 아주 오래전 수렵채집인들 간의 사소한 충돌부터 시작해 이동하는 침팬지 무리 간의 충돌도 마찬가지로 이해하기 어렵다. 어떤 싸움이든, 양측이 승률을 예측하고 합의하면 유혈 사태를 피할 수 있는데 말이다.

전쟁의 수수께끼는 인간 집단 문제로 해석할 수 있다. 수렵채집인 무리든 현대 국가 무리든 인간 집단은 본디 자신의 힘을 과대평가한다. 물론 반드시 그런 것만은 아니다. 상대적으로 군사력이 약한 걸 알면서도 더 좋은 협상 조건을 얻어내고자 전쟁을 택하거나, 무릎을 꿇고 사느니 서서 죽는 쪽이 낫다고 생각해서 전쟁을 택할 수도 있다. 그러나 이는 어디까지나 이례적인 경우다. 두 국가가 전쟁을 개시할 때는 일반적으로 자국이 승산이 있다고 믿는다. 윈스턴 처칠이 말한 대로다. "당신은 당신네가 쉽게 이길 수 있다고 자신하지만, …… 상대국 역시 자기네들에게 승산이 있다고 생각하지 않는 한 전쟁은 일어나지 않는다."

낮은 위험지능이 전쟁을 발발하게 하는 핵심 요인인 셈이다. 왜 인간은 다른 동물들과 달리 승률을 잘 예측하지 못할까? 영국의 정치학자 도미닉 존슨에 따르면, 우리 선조들이 살아남는 데는 승률을 과대평가하는 성향이 상당히 유익했고, 그래서 계속 이런 성향이 발달했다고 한다.[2] 그는, 규모가 작고 낮은 수준의 싸움을 하는 초기 인류에게 과도한 자신감은 자연 선택적으로 필요한 요소였고, 이 때문에 인류가 그렇게 진화되었다고 보았다. 아마 이 때문에 전사들이 더 집요해지고 공격적이 되었을 것이다. 그러나 요즘처럼 첨단 무기가 동원되는 대규모 전투에서 과도한 자신감은 부적합하다. 자연 선택적인 진화의 흐름과 멀어진 현대전에서는 과도한 자신감이 점차적으로 축소되고 있다. 선조들이 영양가 높은 과일을 찾아다닐 때만 해도 단 음식을 좋아하는 입맛이 도움이 됐으나 곳곳에 패스트푸드점과 편의점이 즐비한 오늘날에는 이런 입맛이 비만을 불러오듯이, 과도한 자신감은 우리에게 더이상 무용한 진화의 잔재다.

현대전에 문제를 악화시키는 요소가 있을 수도 있다. 수렵채집인 무리가 싸우려 할 때 양측 전사는 다른 동물들처럼 먼저 힘을 과시하는 의식을 치렀다. 이를 통해 양측은 상대방의 실력을 가늠하고 겁이 나면 도망치기도 했다. 그러나 존슨이 지적한 대로 현대전에서는 그런 시각적 단서가 거의 없다. 원거리까지 공격 가능한 현대 무기의 성능과 작전 규모 때문에 "전투와 지휘, 계획이 훨씬 더 난해해졌고 직접적인 피드백을 받기 어려워졌다". 이런 상황에서는 과도한 자신감을 갖는 본성이 걷잡을 수 없어지기 마련이다.

수렵채집인 무리와 달리 현대군은 지휘 계통이 길다. 존슨에 따르면 그 지휘 계통 가운데 어느 위치에 있느냐에 따라 과도한 자신감의 장단점은 달라진다. 선조들이 수렵채집을 하던 시절에는 과한 자신감이 득이 되었던 것처럼 전방에서 싸우는 병사들에게는 이런 자신감이 이로울 수 있다. 하지만 후방에서 전략을 세우는 고급 장교가 자신감이 과도하면 자원을 잘못 배분하는 우를 범하기 십상이다. 반면에 정치 지도자들은 장교단보다 보병에 가깝다. 존슨은 국가 지도자들이 상대국에 해결 의지를 보이거나 엄포를 놓는 행위가 국제정치의 정수라 했다.

> 대중 연설, 교섭, 정치 협상, 외교, 동맹 및 합의 모색, 병력 개발 및 배치를 할 때, 심지어 의회에서 분란이 일어날 때조차 지도자들은 의식적으로 전략을 수립하는 동시에 확신과 자신감을 표출한다. 그런 자신감은 경쟁국뿐 아니라 자국민에게도 아주 중요한 메시지를 전달한다.

전장에서 싸우는 병사들이 그렇듯이 정치 지도자들에게도 어느 정도 과한 자신감이 이로울 수 있다. 그러나 여기에는 양면성이 있다. 결의와 엄포가 국가 안보를 강화할 때도 있지만, 가끔은 없었으면 좋았을 전쟁을 유발하기도 한다.

그러므로 위험지능은 정치 지도자나 병사 들보다 그 지휘 체계의 중간에 위치한 지휘관들에게 특히 더 중요하다. 후방에서 전략을 세우는 고급 장교들에게 과도한 자신감은 전혀 쓸모가 없고 피해만 초래할 뿐이다. 다행히 이들이 일하는 환경은 세심한 추론을 하는 데 도움이 되므로 장교들을 잘 관찰하면 높은 위험지능을 발견할지도 모른다. 레바논 출신의 미국인 투자전문가 나심 니콜라스 탈레브는 『블랙 스완 The Black Swan』에서 이를 뒷받침해주는 흥미로운 연구를 했다.

> 나는 [위험을 주제로 열리는 자유토론 자리에서] 국방부 소속 사람들이

철학자처럼 생각하고 행동한다는 데 깜짝 놀랐다. …… 옆자리에 앉아 있던 경제 관료 로런스에게 그 이야기를 했더니 로런스는 진짜 머리 좋은 사람들과 리스크에 대비할 줄 아는 사상가들이 가장 많이 결집되는 곳이 바로 국방 부문이라고 했다. 국방부 사람들은 위험인식론을 연구하려 한다고 했다.[3]

군 장성을 용맹무쌍한 독재자처럼 묘사하는 전쟁 영화에서는 이런 모습을 보기 어렵다. 지휘 계통 안에서 어떤 위치냐에 따라 과도한 자신감에 장단점이 있다는 존슨의 분석이 옳다면, 최전방에서 싸우는 병사들과 그들에게 급여를 주는 정치인들보다 장교들이 위험지능이 훨씬 높을 것이다. 하지만 적극적으로 전쟁을 밀어붙일 가능성이 큰 집단은 장교가 아니라 정치인이다.

너무 법석 떨지 마라

자신감이 위험지능을 억제한다는, 연구해봄직한 흥미로운 견해도 있다. 예를 들어 자신감 있게 행동하라고 사회적 압력을 받으면, 주어진 상황에서 증거를 세심하게 따지는 과정을 서둘러 매듭지을 가능성이 크다. 실제로 우리는 상황에 얼마나 기민하게 대응하느냐로 어떤 사람의 지능을 평가하는 경향이 있다. 질문을 받고 '재빨리 머리를 굴려' 대답하는 사람은 똑똑하다고 간주하고, 생각하느라 뜸들이는 사람은 좀 멍청하다고 여긴다.

텍사스 대학교의 심리학자 윌리엄 스원과 피터 렌트프로는, 다른 사람의 말에 얼마나 빠르고 과장되게 반응하는지를 측정하기 위해 언어적 비억제 척도 검사BLIRT를 개발했다.[4] 다음과 같은 문장에 얼마나 동의하는지 또는 그렇지 않은지를 답하는 검사였다.

- 나는 뭔가 할말이 있으면, 주저하지 않고 말한다.
- 내 의견을 어떻게 표현할지 생각하는 데 시간이 걸린다.
- 누군가의 말에 동의하지 않을 때는 조금 기다렸다 이야기하는 편이다.
- 나는 항상 내 생각을 이야기한다.

스원과 렌트프로는 답변을 분석해서 응답자들이 얼마나 '언어적으로 비억제'됐는지 채점했다. 이 연구에서 사람들이 언어적 억제도가 높은 사람과 낮은 사람에게 보이는 반응의 차이를 보면 매우 흥미롭다. 스원과 렌트프로는 학생들이 학기 초에는 빠르고 과장되게 반응하는 급우에게 좋은 인상을 받지만, 시간이 지나면서 호감이 줄어든다는 사실을 알아냈다. 스원은 이렇게 말한다. "학기 초에는 빠르고 과장되게 반응하는 학생들이 비교적 차분한 학생들보다 적극적이고 똑똑하고 유능해 보이기 때문에 다른 급우들에게 좋은 인상을 남기기 유리하다. 그러나 시간이 지남에 따라 이런 이점은 두 가지 이유로 차츰 사라진다. 첫째, 시간이 지나면서 교실이 좀더 익숙해지면 비교적 차분한 성향의 급우들도 처음보다 말을 더 많이 하기 때문이다. 둘째, 빠르고 즉각적인 반응과 지성은 아무 관련이 없고, 그 가운데 몇 명만이 풍부한 통찰력을 말로 드러낸다는 것을 급우들이 차츰 깨닫기 때문이다."[5]

이 연구는 사람들이 빠르고 과장된 반응의 실체를 결국에는 꿰뚫어 보지만, 그러기까지 시간이 걸린다는 사실을 보여준다. 낯선 사람들을 처음 만나는 자리에서는 빠르고 과장되게 반응하는 사람이 더 똑똑해 보이는 것이 사실이다. 이것은 분명 위험지능 개발의 의욕을 꺾는 요소가 된다. 다른 사람들이 당신을 멍청하다고 생각하면, 아는 게 아무리 많아도 소용없기 때문이다.

뉴멕시코 대학의 심리학자인 내 친구 제프리 밀러는 어느 날 한 기자에게 문의 전화를 받았다. 밀러는 그 기자의 질문에 생각할 시간이 조금 필요하니 며칠 뒤에 다시 전화해달라고 말했다. 기자가 다시 전화했을 때 밀러는 질문에 대해 오랫동안 열심히 생각해봤지만, 도움이 될 만한 답을 해줄 수 없다는 결론을 내렸다고 말했다. 위험지능을 제대로 발휘한 좋은 예였지만 그 기자는 장담컨대 밀러에게 다시 연락하지 않을 것이다. 대중매체는 생각이 깊고 말수가 적은 사람보다 장황하게 떠드는 바보를 더 좋아하니 말이다.

집단 의견 따르기

사회적 압력이 자기도 모르게 위험지능에 강력한 영향을 끼치는 방식이 또하나 있다. 바로 집단 의견을 따르는 성향이다. 비슷한 견해를 가진 사람이 여럿 모이면, 그들은 자기 강화 집단을 형성한다. 이때 그 집단 안에서 개개인의 신념은 다른 이들의 신념을 강화시키고 반대 증거는 완벽히 차단된다. 스코틀랜드의 기자 찰스 매카이가 1841년에 출

간한 책에서 묘사했던 '군중의 광기'가 생겨나기 딱 좋은 환경이다.[6]

출간된 지 150년이 지났지만, 매카이의 책은 여전히 읽는 재미가 쏠쏠하며, 2007~2008년에 일어난 금융위기를 고려할 때 거품경제에 관한 그의 해설은 그 어느 때보다 의미가 크다. 17세기 초 있었던 네덜란드 튤립 광풍을 예로 들어보자. 매카이에 따르면, 이 시기 각계각층의 투기꾼들이 터무니없이 비싼 값에 튤립 구근을 사고팔았기에 시장이 폭락하기 전인 1637년에 튤립 구근은 전 세계에서 가장 비싼 품목으로 떠올랐다. 매카이가 튤립 광풍의 규모와 영향을 조금 과장했지만, 그는 집단이 개인의 불합리성을 증폭시킬 수 있다는 사실을 생생히 보여주었다.[7]

매카이는, 17세기 초 튤립의 인기가 높아져 네덜란드 전체가 이를 주목했고, 1636년에는 네덜란드의 수많은 마을과 도시에서 튤립이 거래되었다고 했다. 매카이는 튤립 투기를 위해 자신의 소유물을 내다파는 사람도 허다했다고 설명했다.

> 튤립광이라는 유행병이 맹위를 떨쳐 투기 열기가 사람들의 가슴을 가득 채웠고 자신감이 하늘을 찔렀다. 황금빛 미끼가 매혹적으로 사람들 앞에 던져졌고, 꿀단지에 파리가 꼬이듯 사람들이 줄줄이 튤립 시장으로 몰려갔다. 다들 튤립에 대한 열광이 영원히 이어지리라 생각했고 전 세계에서 돈 좀 있다는 사람들은 네덜란드에 사람을 보내 부르는 대로 값을 치르고 튤립을 사들였다. 유럽의 부유층이 자위더르 해에 모여들었다. 귀족, 시민, 농부, 수리공, 선원, 하인, 하녀, 굴뚝청소부, 헌옷 장수

할 것 없이 튤립에 투자했다. 튤립 살 돈을 마련하기 위해 헐값에 집과 땅을 내놓았다. 외국인들까지 튤립에 미쳐서 사방에서 네덜란드에 돈이 쏟아질 정도로 이 병은 전염성이 강했다.

돈을 내고 튤립 구근을 사들이는 사람이 없어지면 광풍도 막을 내리게 마련이다. 1637년 2월, 튤립 구근 가격이 천정부지로 치솟자 더 이상 이를 사려는 사람이 없었다. 현실을 깨닫자 튤립 수요는 급감했고 투기 거품은 터져버렸다. 일부 상인은 시중보다 열 배 비싼 값에 매매하기로 한 계약이 아직 유효했지만, 대부분의 상인들은 비싼 값을 주고 산 튤립 구근의 가격이 폭락하는 모습을 손놓고 지켜봐야 했다.

튤립 광풍은 2007~2008년 금융위기와 비슷한 점이 많다. 금융위기가 닥치기 몇 년 전부터 많은 논객들은 부동산 가격이 계속해서 오를 것이라고 낙관했다. 이런 낙관론은 사람들과 은행들 사이에 퍼져나갔다. 군중의 광기에 관한 매카이의 논평은 150년 전뿐 아니라 오늘날에도 의미가 있다.

최근에는 '대중의 지혜'를 강조하는 정반대 견해가 인기를 얻고 있다.[8] 이 견해에 따르면, 때로는 대규모 집단이 소수의 전문가보다 영리하다. 자주 거론되는 고전적인 사례로 황소 무게 맞추기 대회가 있다. 1906년에 영국의 과학자 프랜시스 골턴은 시골 박람회에서 수백 명이 전시중인 황소를 요모조모 살펴보고 무게가 얼마나 되는지 가늠하는 모습을 목격했다. 나중에 보니 실제 황소 무게와 사람들의 평균 추정치가 거의 일치했다. 황소의 무게는 1198파운드, 사람들이 예측한 평균

값은 1197파운드였다.

그럴듯하게 들리지만, 사실 황소 이야기만으로는 아무것도 증명할 수 없다. 이 이야기가 일반적인 현상인지 요행에 불과한지 알려면, 많은 실험을 해봐야 한다. 안타깝게도 이를 증명하는 실험은 얼마 되지 않을 뿐더러 별로 설득력도 없다. 게다가 이런 실험에서 이야기하는 이른 바 현명한 대중은 진짜 대중이 아니라 개인의 무리다. 그룹에 속한 모든 사람이 스스로의 힘으로 추정치를 내야 비교적 정확한 평균값을 얻을 수 있다. 황소 무게 맞추기 대회에서 각 참가자는 황소를 보고 개인적으로 추정치를 뽑았다. 그러나 대회 참가자들이 의견을 나누기 시작하자 소문이 퍼지고 유행이 생기면서 집단 지성의 징후가 모두 사라져버렸다.

집단 표준에 맞추려는 인간의 본성 때문에 의견 교환은 평균 추정치가 좋게 나오는 데 필요한 독립적 사고를 방해한다. 이는 다른 사람들의 생각에 신경쓰지 않고 주변의 의견에 영향을 받지 않는 까다롭고 다루기 힘든 소수의 사람들만이 군중의 광기에 휩쓸리지 않는 이유를 설명해준다. 금융 전문 기자 마이클 루이스가 2010년 『빅 숏The Big Short』이라는 책에서 설명했듯이, 2007~2008년 금융위기에 앞서 몇 년 동안 집값이 치솟았지만, 몇몇 현명한 사람들은 대세를 거스르고 역발상 투자를 함으로써 부자가 되었다.[9] 마이클 버리는 담보저당채권(주택융자가 필요한 자금수요자에게 주택을 담보로 융자해주고 이를 저당으로 발행한 채권—옮긴이) 안내서를 이 잡듯 뒤져서 대출 기준이 대폭 낮아졌다는 결론을 얻었다. 찰리 레들리와 제이미 마이는 담보저당채권에 대한 신용부도스와프(CDS, 기업이나 국가가 파산해 채권, 대출 원리금을 돌려받지 못할 위험을 사고파는 신용파생 상품—옮긴이)가 엄청 싸게 책정되어 있는 것을 알아냈다.

루이스에 따르면, 위기를 예측하고 부자가 된 역投투자가들은 모두 괴짜이거나 아웃사이더이거나 아니면 그 둘 다였다. 버리는 다른 사람들과 마주치기를 꺼리는 아스퍼거 장애가 있는 외골수 펀드매니저였다. 레들리와 마이가 운영하는 콘월 캐피털은 월가에서 거들떠보지 않을 정도로 작아 콘홀Cornhole(콩주머니—옮긴이) 캐피털이라는 별칭으로 불렸다. 광기에 사로잡힌 군중을 정신 차리게 하려면 역설적이지만 소수의 '미친' 사람을 섞는 수밖에 없다. 확실히 위험지능이 높은 사람들은 기질이 별나거나 동료 집단의 사회적 압력에 굴복하길 거부하는 성향이 있다.

대중이 잘못된 결정을 내리게끔 압박할 때조차 옳은 결정을 내리는 좋은 예가 뉴잉글랜드 패트리어츠의 빌 벨리칙 코치다. 미식축구에서는 당신이 상대팀의 엔드존과 멀리 떨어져 있다면 포스다운에서 펀트킥으로 볼을 멀리 차서 공격권을 넘겨주는 것이 상례다. 그러나 통계상으로는 이런 상황에서는 '이판사판으로 해보는 편'이 낫다는 걸 알 수 있다.[10] 즉 퍼스트다운을 얻으려고 애쓰는 게 낫다. 벨리칙은 그렇게 했다. 포스다운에서 의례대로 공격권을 넘겨주는 대신 새로운 공격권을 얻으려는 시도를 누구보다 많이 했다.

벨리칙은 대세를 따르지 않는다고 비난받곤 했다. 2009년 11월 뉴잉글랜드 패트리어츠는 그때까지 무패 행진중인 인디애나폴리스 콜츠와 맞붙은 유명한 경기가 있었다. 4쿼터에 접어들어 34 대 28로 이기고 있는 상황에서 뉴잉글랜드 패트리어츠는 포스다운을 맞았고 28야드 라인에 두 선수가 나와 있었다. 벨리칙이 그의 공격수에게 가만히 있으라고 지시했을 때 많은 팬들은 놀랐다. 유감스럽게도 뉴잉글랜드 패트리어츠는 퍼스트다운을 획득하지 못했다. 공격권이 넘어갔다! 인디애나폴리스 콜츠는 공격권을 얻고 불과 몇 초 안에 전진해 나가며 터치다운에 성공해서 35 대 34로 뉴잉글랜드 패트리어츠를 눌렀다.

벨리칙은 미국 프로미식축구 리그에서 가장 존경받는 코치이고 통계적으로 봤을 때 그의 선택은 옳았지만 그는 '카우보이 전략'이니 '불필요한 도박'이니 하는 비난을 받았다. 하지만 빗발치는 비난에도 그는 동요하지 않았다. 그 바로 다음주 뉴잉글랜드 패트리어츠는 뉴욕 제츠와의 경기에서 비슷한 상황에 직면했다. 이번에도 벨리칙은 같은 전략을 썼다. 경기를 중계하던 해설자들은 벨리칙이 "한 주 전에 낭패를 보고도" 또다시 통념을 깨려 한다며 아연실색했다. 그러나 이번에는 뉴잉글랜드 패트리어츠가 퍼스트다운을 획득하는 데 성공했다. 벨리칙은 한 주 전에 받았던 비난만큼 칭찬을 받았을까? 당연히 아니었다. 영국의 경제학자 존 케인스의 말처럼 "평판을 위해서라면 인습을 깨고 성공을 거두는 것보다 인습을 따르다 실패하는 편이 낫다".[11]

위험에 관한 의견 교환

사회화과정은 위험에 관한 정보가 우리에게 전달되는 방식과 우리가 이를 특징지을 때 사용하는 관습과 관련해 또다른 방식으로 위험지능에 영향을 끼친다. 이 경우 선의로 한 노력이 역효과를 낳기도 한다. 예를 들어 위험에 관한 정보 전달을 위해 새로 마련한 시각적 포맷은 얼핏 이용자의 편의를 고려한 것처럼 보이지만, 실제로는 혼란만 가중시킬 때가 있다. 여기에 딱 맞는 사례가, 9·11 공격에 대한 대응으로 2002년 3월 11일 국토안보대통령령 3호로 마련된, 테러리스트의 위협을 색깔로 표시하는 테러 경보다. 이 체계는 "연방 정부와 주 정부, 지방 정부 그리고 미국 국민들에게 테러 위험 정보를 종합적이고 효과적으로 전달하고자" 마련되었으나 2011년에 국토안보부 장관인 재닛 나폴리타노가 이 경계 태세가 "현실성이 낮은 정보"를 전달한다고 발표한 뒤 폐지되었다.

이 체계는 테러 공격의 위험도를 '낮은' 등급부터 '심각한' 등급까지 다섯 등급으로 나누었고, 각 등급은 다른 색깔로 표시했다(도표 13 참조). 그러나 테러위험도에 대한 기준을 발표하지 않아서 현재 위험도가 정확한지 독립적으로 확인할 방법이 없었다. 게다가 가장 낮은 등급인 녹색(낮은 정도의 위험)과 청색(일반적인 수준의 위험) 등급은 한 번도 발령한 적이 없었고, 2005년 8월부터 테러 경계 등급이 폐지된 2011년 4월까지 6년 동안 내내 황색(다소 높은 위험) 등급이었다. 평론가들이 주시한 대로 "고정되어 있고 모호하고 특이하지도 않은 체계는 테러로부터 보호해야 할 국민들에게 되레 불확실함과 무관심만 야기했다".[12]

영국에서 사용하는 경계 등급도 헷갈리기는 마찬가지다. 예를 들어 2010년 1월 22일 금요일, 영국의 테러 위협은 "상당한" 수준에서 "심

각한" 수준으로 상향 조정되었다. 이런 경계 등급이 실제로 무엇을 의미하는지는 알 도리가 없다. 테러 "가능성이 꽤 높은" 수준이 아니라 "가능성이 다분한" 수준이라는 공식 설명도 모호하기는 마찬가지다. 작년 7월 이후 경계 등급은 계속 "상당한"이었는데 그 기간에 테러 공격은 없었다는 점을 감안하면 "가능성이 꽤 높은" 수준이란 테러 공격이 일어날 가능성이 1퍼센트 미만이라는 뜻이다. 그렇다면 공격의 "가능성이 다분하다"는 확률이 얼마나 높은 걸까? 2퍼센트인가, 5퍼센트인가? 누가 알겠는가?

경계 등급을 일상용어 대신 숫자로 바꿔도 그것만으로는 충분하지 않다. 지구 종말 시계를 예로 들어보자. 이 가상의 장치는 지구 종말의 위험을 계산한 과학자들이 이를 일반 대중에게 설명하기 위해 고안한 것이다. 원래는 핵전쟁을 염두에 두고 계산했으나 2007년부터는 기후 변화와 신기술 개발의 위험까지 반영했다. 종말의 가능성이 높을수록 시곗바늘은 자정에 가까워진다. 도표 14에서 볼 수 있듯이 국제적 사건에 맞춰 1947년부터 2010년까지 시곗바늘을 열아홉 번이나 다시 맞췄다.

그럼에도 지구 종말 시계가 위험을 전달하는 도구로 얼마나 가치가 있는지는 의문이다. 지구 종말 시계는 분침이 자정을 향하는 식으로 숫자를 사용하지만, 실제 확률 차원에서 이 숫자가 무엇을 의미하는지는 불분명하다. 11시 58분이면 지구가 멸망할 확률이 얼마나 된다는 말인가? 10퍼센트, 20퍼센트 아니면 그 이상? 그것도 아니면 5퍼센트 미만? 위험을 숫자로 표현한다고 해서 위험이 명확해지지는 않는다. 숫자

도표 14 **1947년부터 2010년까지의 지구 종말 시계**

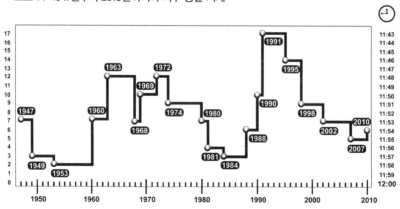

로 확률을 산출해야 비로소 위험은 명확해진다.

애매한 말과 모호한 표현

몇 년 전에 친구에게서 다음과 같은 이메일을 받았다.

안녕, 딜런

네가 나에게 처음 전화한 날 바로 전날 밤에 아버지가 뇌졸중으로 쓰러지셨어. 처음엔 상태가 조금 호전되는가 싶었는데 12월 26일에 아흔한 살의 나이로 돌아가셨어.

아버지가 돌아가시기 전에 뇌졸중 전문 간호사가 내게 아버지의 "예후를 지켜봐야 한다"고 말했었는데, 무슨 뜻인지 설명 좀 해주라. 구글을 샅샅이 뒤져봤지만 이 무의미한 말을 의미 있는 숫자로 바꾸는 데 실패했어.

간호사가 하는 불분명한 말에 당혹감을 느꼈을 친구를 충분히 이해한다. 왜 간호사는 좀더 분명하게 말하지 않았을까? 이런 일은 늘 일어난다. 내과 의사들이 치료 가능성에 관해 환자들에게 정보를 전달할 때 "효과적인"이라는 단어를 즐겨 쓰는데, 환자들은 수치로 이야기해주는 걸 더 좋아한다는 연구 결과가 1998년에 나왔다.[13] 농구 경기의 승패를 놓고 도박을 할 때도 조언가와 도박사 사이에서 비슷한 양상이 나타난다.[14] 조언가는 말로 확률을 이야기하는 경향이 있고 도박사는 수치로 이야기해주는 걸 더 좋아한다. 화자와 청자 간에 왜 이런 불균형이 일어나는지는 확실치 않지만, 서로 동기가 다르기 때문일지도 모른다. 청자는 정확한 정보를 원하지만, 화자의 동기는 좀더 복잡하다. 정보를 제공할 마음은 있지만, 잘못된 정보를 제시해서 난처해지고 싶지는 않기 때문이다. 그래서 화자는 조금 더 애매하게 정보를 전달하는 식으로 해석의 여지를 남겨두어 오류가 생겨도 콕 집어내기 어렵게 만든다.

이 문제를 확실히 해결하려면 말로 표현하는 방식을 아예 없애고 위험 예측을 수치로만 표현하게 하면 된다. 전혀 새로운 이야기는 아니다. 100년도 더 전에 웨스턴오스트레일리아의 천문학자 윌리엄 어니스트 쿡은 기상예보관들이 날씨를 예보할 때 확률을 수치화해야 한다고 주장했다. 현장에서는 일반 대중이 이해하기 복잡하다는 이유로 이 제안을 거부했다. 말도 안 되는 소리다. 미국기상청의 기상예보관들은 1965년부터 강수예보를 수치로 전하고 있고, 우리가 2장에서 살펴보았듯이 이런 방식에 꽤 익숙하다. 기상예보관들이 할 수 있다면, 우리라고 불가능할 이유가 있을까?

말로 하던 이야기에 숫자를 덧붙이는 것만으로는 불충분하다. 사람들은 수치를 들어도 수치는 무시하고 말만 자기 나름대로 해석하는 경향이 있으므로 언어적 설명을 아예 없애야 한다. 예를 들어 기후 변화에 관한 정부 간 패널IPCC은 지구 온난화에 관한 보고서에서 "~일 가능성이 적은"은 가능성이 33퍼센트 미만일 때 사용하고, "~일 가능성이 상당한"은 가능성이 90퍼센트 이상일 때 사용한다고 명시했다. 그런데도 IPCC의 보고서를 읽은 사람들은 이 표현을 각양각색으로 해석했다. 2009년에 출간된 과학 학술지 『사이콜로지컬 사이언스Psychological

Science』에 실린 연구에 따르면, "~일 가능성이 적은"이라는 구절을 66퍼센트 정도의 가능성이 있다고 해석하는 이들도 있었다.[15]

다양한 사람들이 동일한 표현을 저마다 다른 의미로 해석할 때 '의사소통 착각'이 발생한다. 사람들은 흔히 동일한 표현으로 특정 사건이 일어날 확률을 설명하면, 그 표현이 의미하는 바에 서로 동의했다고 생각한다. 그러나 동일한 표현을 각기 다른 확률을 생각하며 사용했다면, 서로 동의했다는 생각은 착각에 불과하다. 한 사람이 동일한 표현을 다른 문맥에서 쓰면서 확률을 각기 다르게 생각하는 경우 문제는 한층 복잡해진다. 한 실험에서 정보 분석관에게 그가 예전에 글에서 쓴 수식 어구를 수치 확률로 바꿔 쓰게끔 요청했다.[16] 첫번째 문장은 "현재는 정전(停戰)중이지만, 일주일 안에 전투가 재개될 수도 있다"였다. 정보 분석관은 일주일 안에 전투가 재개될 가능성이 대략 30퍼센트라는 의미였다고 말했다. 한편 그가 이런 분석을 할 때 도움을 주었던 또다른 정보 분석관은 전투가 재개될 가능성을 80퍼센트 정도로 생각했었다고 말했다. 이렇게 큰 차이가 나는데도 두 사람은 함께 보고서를 준비하면서 그 부분에 대해 서로 동의했다고 믿고 있었다.

CIA 국가정보판단실의 초대 실장이었던 셔먼 켄트는 의사소통에 문제가 발생하는 가장 큰 원인이 불확실한 상황을 애매하게 묘사하기 때문이라고 생각했다. 켄트는 정책 결정자들이 국가정보판단에 있어 '가능성이 상당하다'라는 표현을 각자 다르게 해석한다는 사실에 놀랐다.[17] 유감스럽게도 이런 의사소통 오류는 정보 분석관과 정책 결정자 사이에서는 물론이고 정보 분석관 사이에서도 흔하게 발생한다.[18]

모호한 언어적 표현은 금융 시장에도 혼동을 일으킨다. 금융 시장에서 혼동을 일으키는 주범은 정부 채권 및 그 밖의 공채의 신용 등급을 평가하는 무디스와 스탠더드앤드푸어스S&P 같은 신용등급평가원이다.[19] 신용등급평가원은 채무자가 채무를 이행하지 못할 가능성을 예측한다. 그런데 이때 수치 확률보다는 아리송한 표현을 즐겨 사용한다. 예를 들어 스탠더드앤드푸어스 사가 가장 높은 등급에 매기는 AAA 등급은 채무자의 "지불능력이 매우 뛰어나다"라는 의미다. 여기에서 채무를 이행하지 못할 가능성이 조금 높아지면 처음엔 AA+ 그다음엔 AA 그다음엔 AA-, A+ 순으로 등급이 잇따라 조절된다. 하지만 신용등급평가원은 채무를 이행하지 못할 위험이 어느 정도 커졌을 때 신용 등급을 내리는지 수치로 밝히지 않는다.

월가 투자자들은 신용등급평가원의 신용 등급을 조금이나마 이해하고자 오래전부터 신용 등급을 숫자로 바꿔서 인식해왔다.[20] 예를 들어 AAA 등급 채권은 발행 첫해에 채무 불이행 확률이 1만 분의 1 이하라고 간주하고 AA 등급 채권은 채무 불이행 확률이 1천 분의 1 이하라는 식이다. 그러나 2008년에 신용등급평가원은 자기네는 그렇게 정확한 수치로 등급을 매긴 것이 아니라고 주장했다. 신용 평가는 어디까지나 발생 위험을 등급 순으로 추측한 것뿐이라고 반박했다.

아무리 좋게 보려고 해도 솔직하지 못한 반응이다. 2000년대 들어서 3대 신용등급평가원은 금융 상품의 확실성을 조금 더 정확하게 평가하기 시작했다. 세 회사 모두 부채담보부증권의 위험 특성을 평가하는 소프트웨어를 개발했다. 예를 들어 스탠더드앤드푸어스 사가 2001년 도입한

표 2 부채담보부증권 평가 시스템이 3년 이내에 부도가 발생할 확률을 등급별로 추정한 값과 2005~2007년에 미국에서 발행된 자산담보부증권의 실제 부도율.[21]

	부채담보부증권 평가 시스템 3년 이내 부도율, 2006년 6월 기준(퍼센트)	2009년 7월 기준 실제 부도율 (퍼센트)
AAA	0.008	0.10
AA+	0.014	1.68
AA	0.042	8.16
AA−	0.053	12.03
A+	0.061	20.96
A	0.088	29.21
A−	0.118	36.65
BBB+	0.340	48.73
BBB	0.488	56.10
BBB−	0.881	66.67

부채담보부증권 평가 소프트웨어는 컴퓨터 시뮬레이션을 통해 각 포트폴리오의 부도율을 평가했다. 표2는 이 소프트웨어가 2005~2007년에 발행된 부채담보부증권에 매긴 등급별 부도 발생 확률을 보여준다. 부도 발생 확률은 자산담보부증권과 기업 부채의 차를 전체적으로 반영한 기업의 채무 불이행 수치(기업의 부도는 수치가 크기 때문에 통계적으로 예측하기 쉽다)를 통해 얻었다.

표2는 각 분야 자산담보부증권의 실제 부도율도 보여준다. 표를 확인해보면 알 수 있지만 실제 부도율과 예측 확률 사이에 상당한 차이가

있다. 신용등급평가원은 신용 상태가 최상AAA인 증권이 향후 3년 이내에 채무 불이행이 발생할 확률이 0.008퍼센트(즉 1만 분의 1 미만)라고 보았다. 그러나 실제 부도율은 0.1퍼센트(1천 분의 1)였다. 신용등급평가원은 부도 발생 확률을 열 배 이상 낮게 평가했다. A+ 등급을 매긴 증권은 문제가 훨씬 더 심각했다. A+ 등급 증권의 부도 발생 확률은 무려 삼백 배 이상 낮게 평가했다!

금융위기가 발생하기 앞서 10년 동안 주요 신용등급평가원들이 신용 등급을 대부분 매우 낙관적으로 매겼다는 사실은 이제 모두가 안다. 그러나 신용등급평가원들이 그동안 얼마나 자신감이 과했는지 정확히 파악하려면 애매한 표현을 정확한 숫자로 바꿔봐야 한다. 위험지능 검사 때처럼 표2의 추정값과 실제 부도율을 눈금 보정 곡선으로 그리면 위험지능이 아주 낮을 때 그렇듯 거의 수직에 가까운 선이 나올 것이다. 눈금 보정 곡선이 그래프의 세로축에 너무 가깝게 붙어 있기 때문에 실제로 이런 형태를 보기는 어렵다. 캘리포니아 공무원퇴직연금CalPers이 "대단히 부정확한" 신용등급평가 때문에 손실을 봤다고 무디스, 스탠더드앤드푸어스, 피치Fitch 등 3대 신용등급평가 업체를 제소했을 때 법원이 이를 받아들여 사기 소송을 진행한 것도 놀랍지 않다.

금융위기 전, 여러 투자 상품에 대한 신용 평가가 터무니없이 부정확했던 원인에는 과도한 자신감과 수상쩍은 동기가 한데 섞여 있었다. 예를 하나 들자면, 신용등급평가원이 서브프라임모기지 채권 등의 부채담보부증권에 등급을 매길 때 사용했던 모델은 월가의 똑똑한 채권 기획자들에게 이용당할 수 있는 결함 덩어리였다. 신용등급평가원은 그들이 평가하는 기관에서 수수료를 받기 때문에 이해관계의 충돌이 있을 수밖에 없었다. 은행은 새로운 금융 상품을 내놓을 때 그 상품에 가장 높은 등급을 매겨줄 곳을 선택하게 마련이다. 금융위기 이후 새로운 금융 상품의 신용 등급을 어떤 업체가 평가할지 증권거래위원회SEC에 결정을 맡겨야 한다는 금융개혁법안 수정안이 미국 상원에 제출되었다. 이에 증권거래위원회는 여러 업체에 교대로 맡기되 정확도가 떨어지는 업체에는 일을 덜 맡기게 했다.

이 수정안 또는 비슷한 안이 입법화되었다면, 평가의 정확도를 측정하는 수단을 규제 체계에 포함시킬 수 있었을 것이다. 그러나 측정은 본디 수량을 헤아려 정하는 과정이기에 정확도 측정은 신용 등급을 숫자로 매길 때에만 가능하다. 따라서 정확도를 측정하려면 표2에 나온 것처럼 신용 등급을 수치로 명확히 정의해야 한다. 예를 들어 AAA 등급은 3년 안에 부도가 날 확률이 0.001퍼센트라는 뜻이라고 명기해야 한다. 단순히 말로만 정의하는 지금의 기준에서 보면 엄청난 변화다. 현재 스탠더드앤드푸어스 사는 AAA 신용 등급이 "지불능력이 매우 뛰어나다"라는 의미이고, BB 등급은 채무자가 "가까운 시일에 문제가 생길 위험은 적지만, 현재 사업 및 금융, 경제 상황이 악화될 수 있는 불확실한 상황에 직면해 있다"라는 의미라고 말한다. 모호하기 짝이 없는 이런 식의 정의로는 신용 평가의 정확도를 측정할 수 없다. 신용등급평가원이 자사에서 매기는 신용 등급을 좀더 정확한 수치로 정의해야만 신용 평가에 대한 눈금 보정 곡선을 그릴 수 있고 위험지능을 측정할 수 있다.

이 글을 쓸 당시(2011년 9월)에는 이런 안이 전혀 논의되지 않았다. 전 세계 금융기관에 대한 광범위한 감독 기준을 만드는 바젤은행감독위원회에서 현재 바젤협정을 갱신하는 작업을 진행중이다. 바젤 II는 부도 발생 확률과 부도시 예상 손실을 수치로 평가하게 했다. 또한 신용등급평가원이 매기는 신용 등급에 전적으로 의존하는 것을 금하고, 일반적으로 제작된 컴퓨터 모델을 통해 확률을 추정하게 했다. 향후 갱신될 바젤협정에 은행원들의 위험지능을 검사하게 하는 조항을 포함시켜보는 것은 어떨까?

다양한 방법이 있을 수 있다. 기관 차원에서는 신용등급평가원이 매기는 신용 등급을 수치로 정의하도록 규정하는 방법이 있다. 이렇게 하면 각 업체의 위험지능을 객관적으로 비교할 수 있다. 개인 차원에서는 은행원과 거래자들로 하여금 특정 공채가 잘못될 확률이나 특정 거래가 이윤을 낼 확률을 예측하게 할 수 있다. 그후 그 데이터로 금융업자 개개인의 위험지능을 비교할 수 있는 눈금 보정 곡선을 산출할 수 있다. 조종사처럼 개인의 판단이 일반 대중의 목숨에 중대한 영향을 끼치는 직업 종사자에게 정기적으로 위험지능 검사를 받게 하면 어떨까? 물론 은행원도 예외가 아니다.

수치로 등급을 정의하면 의사소통이 원활해지는 효과도 있다. 투자자들은 투자 결정을 내릴 때 신용 등급을 참고한다. 따라서 신용 등급을 좀더 명확히 정의하면 많은 도움이 된다. 정크 채권은 투자 등급 채권보다 위험도가 높아서 수익률도 높지만 투자자는 해당 채권이 위험을 감수할 만큼 수익률이 높은지를 알려면 그 위험도를 알아야 한다.

적어도 신용등급평가원이 그 채권의 위험도와 수익률이 얼마나 높다고 생각하는지는 정확히 알아야 한다. 현재로서는 이 부분이 명확하지가 않다.

어디까지가 합리적 의심일까?

확률을 모호한 용어로 표현할 때 문제가 발생할 수 있는 분야 중 하나가 배심원단의 판결이다. 앞에서 살펴보았듯이 법은, 증거가 100퍼센트 확실해야만 하는 것은 아닐 뿐더러 각기 다른 상황에서는 증거의 기준도 달라야 한다. 많은 사법 관할 구역에서, 형사 재판에서는 "합리적 의심의 여지 없이" 유죄를 입증해야 하지만, 민사 재판에서는 "모든 가능성을 저울질할 때" 증거가 한 가지 결론을 가리킨다는 사실만 입증하면 된다. 눈을 가리고 저울을 든 정의의 여신을 떠올리게 할 뿐 아니라 증거의 '비중'이라는 직관을 환기시킨다는 점에서 후자의 은유가 더 적절해 보인다. 물론 그 밖의 기준도 있다. 예를 들어 일부 재판에서는 "명백하고 확실한 증거" 제시를 요구한다. 이는 "합리적 의심의 여지 없이" 입증하라보다는 덜 엄격하지만, "모든 가능성을 저울질하여"보다는 더 엄격한 기준이다. 판사가 볼 때 한쪽이 주장하는 내용이 진실이라는 확신이 들 정도여야 한다.

문제는 신용등급평가원이 매기는 신용 등급처럼 법적 기준도 다양한 의미로 해석될 수 있다는 점이다. 예를 들어 1971년에 발표된 한 연구에 따르면, 미국 배심원들은 상세한 지침이 주어졌을 때조차(지침은 주마다 다르다) "합리적 의심의 여지 없이"라는 구절을 다양하게 해석했다.[22] 이 구절은 "~할 것 같은"이나 "~일 개연성이 낮은" 같은 수식어가 붙은 문장처럼 상당히 모호하고 애매하다. 이 때문에 판사와 배심원 들은 이 구절을 다양하게 해석할 수 있고, 그 결과 법 앞의 평등 원칙과 정당한 법적 절차마저 위협하는 의사소통 착각이 발생한다.

"~할 것 같지 않은"과 같은 표현을 수량화하듯이 증거에 대한 법적 기준을 수량화함으로써 이 문제를 해결할 수 있을까? 피고인의 유죄를 의심하는 사람들에게 어느 정도의 증거를 제시하는 게 합리적일까?

이 질문에 대한 답을 찾기 위해 수많은 연구가 이뤄졌다. 예를 들어 1971년에 리타 사이먼과 린다 머핸은 배심원과 판사 들에게 다음과 같은 문장을 완성하게 했다.[23]

[합리적 의심의 여지 없이 유죄를 선고하려면] 피고가 범죄를 저질렀을 가능성이 열에 _____이라는 확신이 있어야 한다.

응답자의 3분의 1 이상이 열에 열이라고 답했지만 이런 결과는 응답자들이 5퍼센트 단위로만 답할 수 있었기 때문에 나왔다. 응답자들은 "합리적 의심의 여지 없이"라는 단서가 95퍼센트 이상 100퍼센트에 가까운 확신을 의미한다고 받아들였다. 판사들의 평균은 89퍼센트였고, 배심원들의 평균은 83퍼센트였다. 사이먼과 머핸은 판사와 배심원 들이 그 구절을 이해하는 방식에 상당한 차이가 있다고 결론지었다. 또다른 연구에서 사이먼은, 판사들은 자신의 지시에 따라 배심원들이 원고의 입증 책임을 정확히 고려했다고 믿는다고 했는데 이는 곧 의사소통 착각을 의미한다.[24] 판사와 배심원 들은 서로 같은 표현을 썼기 때문에 마음이 통했다고 생각하지만 각기 다른 확률을 떠올렸기 때문에 서로 동의했다는 생각은 착각에 불과하다.

세번째 연구에서 사이먼은 접근방식을 달리했다.[25] 우선 참가자들에게 재판을 하나 소개한 다음 실험 참가자 중 절반에게 피고가 유죄인지 무죄인지 판단하게 했다. 나머지 절반에게는 피고가 범죄를 저질렀을 가능성이 어느 정도라고 보는지 퍼센트로 답하게 했다. 그런 다음 사이먼은 유죄의 가능성이 가장 높은 경우와 유죄 판결을 연결시키고, 유죄의 가능성이 가장 낮은 경우와 무죄 판결을 연결시켰다. 사이먼은 무죄 판결과 연결지은 가장 높은 확률과 유죄 판결과 연결지은 가장 낮은 확률 사이 어디쯤에 합리적 의심의 기준이 있다고 가정했다. 그 결과 그가 인터뷰했던 판사들이 너무 낮은 기준이라고 여긴 70퍼센트와 74퍼센트 사이가 참가자들의 기준으로 드러났다.

사이먼은 배심원과 판사 들이 민사 재판에서 적용하는 기준인 "모든 가능성을 저울질하여"(또는 "증거 우위"의 원칙)라는 구절도 해석에 상당한 차이가 있음을 알아냈다. 엄밀히 말해서 이 기준은 유죄일 가능성이 50퍼센트를 넘으면 된다는 뜻이지만 실제로 판사들은 이를 61퍼센트는 되어야 한다는 뜻으로 해석했다. 배심원들은 유죄일 가능성이 75퍼센트 이상은 되어야 한다는 의미로 해석했다. 이는 민형사 재판을 엄격히 구분하는 판사보다 배심원이 형사 재판(합리적 의심의 여지 없이)과 민사 재판(증거 우위)의 유죄 입증 기준에 차이를 덜 둔다는 뜻이다.

이처럼 판사와 배심원이 각기 다른 입증 기준을 적용하면 적법 절차를 규정한 법리의 진실성이 위협받을 수밖에 없다. 배심원들에게 단순히 '유죄'인지 '무죄'인지를 선택하게 하기보다는 피고가 유죄라고 어느 정도 확신하는지를 보고하게 하는 것도 방법일 수 있다. 최종 판결을 확률 평가로 바꾸면 판사들은 그 확률의 평균을 낸 다음 그 결과가 해당 사건에서 요구하는 입증 기준에 따라 미리 정한 기준선을 넘는 경우에만 유죄를 선고할 수 있다. 이렇게 하면 배심원들 간에 의견이 엇갈려 판결을 유보하는 일도 없어지고, 재심도 줄어든다. 물론 배심원들이 수치 확률로 확신의 정도를 보고하려면 사전에 훈련을 받아야겠지만, 그것도 나쁘지 않다.

하지만 사이먼이 연구에 참가한 이들에게 이와 비슷한 제안을 하자 판사와 배심원 모두 반대했다. 한 판사는 이렇게 말했다. "유죄를 확정할 때 퍼센티지나 확률은 유무형의 요인을 모두 아우르지 못합니다. 그런 식으로는 증거를 평가할 수 없어요." 그러나 거듭 이야기했듯이 확신과 증거를 수량화해야만 좀더 합리적인 의사결정을 할 수 있다.

이번 장과 앞선 4장에서 살펴보았듯이 위험지능의 개발을 방해하는 요인은 다양하다. 자연 선택적으로 물려받은 인지적 정서적 메커니즘은 확률 평가시 우리를 혼란스럽게 한다. 우리는 사회적인 압력과 집단의 영향에 취약하며 모호하고 그럴싸한 말로 가능성을 이야기할 때가 많다. 그러나 한편으로, 사람마다 능력차가 있지만 우리의 뇌가 알맞은 조건에서 확률을 잘 평가할 수 있는 기본능력을 갖춘 것은 분명하다. 지난 몇 백 년 동안 우리는 통계와 확률 이론처럼 이런 능력을 강화하고 훌륭한 판단을 돕는 강력한 분석 도구를 개발해왔다. 이것이 다음

장의 주제다. 우리는 다음 장에서 17~18세기에 수학자들이 개발한 확률 이론이 어떻게 우리의 인지 도구를 확장하고, 발전된 휴리스틱을 보완·교정하는 데 필요한 새로운 자원을 안겨주었는지 살펴볼 것이다. 위험지능이 개발될 수 있고 새로운 자원을 통해 향상 가능하다는 사실은 위험지능이 안면 인식능력이나 운동능력처럼, 고정적이고 선천적 지능이 아니라는 뜻이다. 더 정확히 말하자면 위험지능은 문화적 도구의 영향을 많이 받는다. 당연히 이런 도구를 휘두르게 하는 기본 신경 기전이 있을 테지만, 위험지능은 순수하게 생물학적인 뇌의 특성이 아니라 생물학과 문화가 함께 만들어낸 합작품이다.

6장

숫자로 생각하기

진짜 학식 있는 사람들은
대개 통계에 마음이 크게 움직인다.
_조지 버나드 쇼

1682년, 야코프 베르누이라는 서른 살의 스위스인 수학자는 유럽 도시를 여행한 후 고향인 바젤로 돌아왔다. 유럽을 여행하는 동안 수학과 과학의 최신 이론을 섭렵한 그는 돌아오자마자 글을 쓰기 시작했다. 바로 그의 저술 중 가장 유명한 「추측의 기술The Art of Conjecturing」이라는 논문이다. (실제로 이 논문은 그가 죽은 뒤 8년이 지난 1713년에 출간되었다.) 베르누이는 이 선구적인 논문에서 모든 확률을 0과 1 사이의 숫자로 나타낼 수 있다는 사실을 입증했다. 오늘날 수학자들도 같은 방식으로 확률을 다룬다. 논리적으로 따지면 이 책에서 내내 얘기했듯이 퍼센티지로 확률을 이야기하는 것과 같지만 말이다.

베르누이 이전에는 확률을 숫자로 나타낼 수 있다고 생각하지 못했다. 수천 년 동안 늘 "~할 가능성이 있다" "~할 가능성이 적다"처럼 모호한 표현을 사용했다. 그러나 요즘에 우리는 "성공 가능성이 20퍼센트다"라는 식으로 확률을 확실한 숫자로 표현한다. 베르누이와 동시대인들에게 이는 엄청난 변화였다.

유명한 런던로이즈 사를 예로 들어보자. 유리로 된 열두 대의 엘리베이터와 반원통형의 유리 천장을 갖춘 초현대적인 오늘날의 로이즈 사 건물을 보면 1688년경 같은 이름으로 시작된 아늑한 커피하우스는 쉽게 상상이 되지 않는다. 사람들로 북적이는 가게에서 에드워드 로이드는 단골손님인 선원, 상인, 선주 들에게 맛있는 음료는 물론이고 난파, 전염병, 해적의 공격에 관한 최신 소식을 제공했다. 이런 정보는 17~18세기에 몹시 변덕스러운 해상 날씨와 통항량을 종합적으로 반영해 보험료를 책정해야 하는 보험업자들에게 요긴했다. 보험업자들도 수익을 많이 남기고 선주들도 이득을 보려면 합리적으로 보험료를 책정해야 했다. 그때만 해도 현대 보험 산업에서 활용하는 도구가 개발되기 전이었다.

로이즈 커피하우스에서 거래하던 당시 보험업자들은, 요즘 보험업자들이 사용하는 생명표生命表 같은 자료도 없고, 이런 자료를 처리할 때 쓰는 확률 미적분 같은 수학적 도구도 활용할 수 없었다. 오로지 직관적인 위험지능에만 의지하던 보험업자들은 사례별로 보험료를 각각 책정했다. 우리가 1장에서 살펴봤듯이 경마핸디캡전문위원이 경주에서 각 말의 특정한 형질을 가늠하는 것처럼 각 항해의 특수한 상황을 저울질해서 말이다.

오늘날에는 확률 이론에 바탕을 둔 공식을 활용해 화물의 가치와 사고 발생 확률이라는 정확한 수치를 따져서 보험료를 산출한다. 아마도 초창기 보험업자들은 무의식적이고 직관적으로 이런 방식을 사용했을 테지만 확률을 숫자로 나타내는 식의, 베르누이가 제시한 중요한 인지 도구가 없었으므로 방정식으로 자신의 생각을 명확히 표현할 수 없었을 것이다.

확률을 숫자로 표현하게 되자 이 엄청난 수학적 도구를 활용해서 확률의 추론도 가능해졌다. 베르누이의 논문이 나온 후 수십 년에 걸쳐 유럽 각국의 수학자들은 오늘날 확률 이론의 근간을 이루는 수치 확률을 체계화하는 데 필요한 형식 체계와 일련의 추론 규칙을 마련했다. 그렇다면 여기에서 얻은 통찰을 바탕으로 위험지능을 강화할 수는 없을까? 수학을 토대로 훨씬 효과적인 분석을 거쳐 통계 자료를 얻고, 더 나은 전산 모델을 구축할 수 있다면 더할 나위 없이 좋을 것이다. 이런 바람이 어느 정도는 현실이 되었기에 이번 장에서는 이에 대해 살펴보려 한다. 위험지능과 수학 원리를 함께 이해하면 자기 능력을 과신하다가 일을 망치는 일을 막을 수 있다.

지난 몇 세기간 확률 이론과 통계는 엄청나게 발전했고, 이런 발전이 과학과 사회에 끼친 영향은 가히 니콜라우스 코페르니쿠스와 찰스 다윈의 이름을 따서 명명된 급진적인 과학혁명과 견줄 만하다. 하지만 확률 혁명은 점진적으로 이뤄진다는 점에서 과학혁명과 차이가 있다.[1] 게다가 이는 여전히 진행중이다. 확률 이론에 관한 초기 연구는 대부분 동전 던지기와 주사위놀이같이 단순한 형태의 도박을 분석하는 데 초점이 맞춰졌기 때문에 수학자들은 정확한 승률을 계산할 수 있게 되었다. 확률 이론의 개척자들은 오래지 않아 그들이 개발한 도구들을 도박과 전혀 관련이 없는 분야에도 적용할 수 있음을 깨달았다. 오늘날 수학자들은 확률 이론을 암호 작성법과 양자역학처럼 다양한 분야에 적용하기 위해 계속 탐구중이다.

컴퓨터의 성능이 계속 향상되자 정부기관과 민간 기업 들이 다중회귀분석과 같은 통계적 방법을 다양한 분야에 도입하면서 예상치 못한 방식으로 통계가 활용되었다. 법학 교수 이언 에어즈는 2007년에 출간한 『슈퍼크런처Super Crunchers』에서 통계가 의학과 교육부터 오락과 와인 수집까지 다방면에서 활용되는 흥미로운 사례를 소개한다.[2] 여러 사례를 통해 에어즈는 어떻게 통계 모델이 인간의 직관을 보완하고 나아가 이를 대체할 수 있는지 보여준다.

보르도 방정식을 예로 들어보자. 1980년대에 경제학자 오를리 아센펠터는 생장기 평균 온도, 수확기 강수량, 겨울철 강수량 단 세 가지 변수를 분석해 보르도 와인의 가격을 예상할 수 있다고 했다. 와인을 맛보고 평가해 먹고사는 와인감정가 입장에서는 달갑지 않은 일이었다. 아센펠터의 방정식 때문에 갑자기 쓸모없는 존재로 전락할 위험에 처했으니 말이다.

첨단기술을 이용한 우승자 예측

전산 모델이 핸디캡전문위원들의 직관을 대체하는 일이 늘어나면서 경마장에서도 이와 비슷한 상황이 벌어지고 있다. 1장에서 핸디캡전문위원들의 직관이 얼마나 대단한지 살펴본 바 있다. 그러나 가장 뛰어난 핸디캡전문위원도 잘 설계된 전산 모델을 당해낼 재간은 없다.

스티븐 세시와 제프리 라이커가 핸디캡전문위원들에 관한 연구를 발표했는데 그해에 우연히도 우승마 예측을 연구한 또하나의 논문이 출간되었다.[3] 세시와 라이커와 달리 이 논문의 저자는 직접 핸디캡전문위원을 인터뷰하지 않았다. 대신에 루스 볼턴과 랜들 채프먼은 자동으로 우승마를 예측해내는 수학적 모델을 제시했다. 다시 말해서 경기에 참가하는 경주마에 관한 정확한 데이터만 있으면, 그들의 방정식에 데이터를 입력해서 각 경주마의 승률을 예측할 수 있었다.

이런 발상이 전혀 새로운 것은 아니다. 1979년에 윌리엄 퀴린이라는 수학 교수가 『경마에서 이기기Winning at the Races: Computer Discoveries in Thoroughbred Handicapping』에서 우승자를 예측하는 수학적 모델에 대해 논의한 바 있었고 그 이듬해에는 일류 프로그래머인 스티븐 브레셔(훗날 포커 선수가 되어 2009년 WPT 베이 101 슈팅스타 토너먼트에서 우승해 100만 달러 이상을 손에 쥐었다)가 쓴 『컴퓨터와 함께 경마에서 이기기 Beating the Races with a Computer』가 출간되기도 했다. 두 책 모두 컴퓨터의 도움을 받아 방정식을 개발해서 자동으로 우승마를 예측하는 방법을 보여줬지만, 볼턴과 채프먼의 논문은 어떻게 그런 일이 가능한지를 더 자세하고 정확하게 설명했다.

볼턴과 채프먼의 논문을 읽고 프랭크 싱어(본명은 아니다)는 수학적 예측 모델이 지닌 잠재력을 한눈에 알아보았다. 카지노 도박꾼 싱어는 카드카운팅 기술을 이용해 블랙잭 게임에 참여해 가장 성공한 블랙잭 선수가 되었다. 몇 년 지나지 않아 대형 카지노에서 더이상 그를 입장시키지 않았고, 1986년에 그는 새로운 수입원을 찾고 있었다. 그러다 우승마 예측 모델을 보고 눈이 번쩍 뜨였다.

싱어는 친구들에게서 80만 달러를 투자받아 자신만의 방정식을 개발하기 위해 홍콩으로 갔다. 홍콩은 미국 같은 여타 시장에 비해 세 가지 이점이 있었다. 첫째, 전 세계를 통틀어 한 경기에 가장 많은 돈을 걸 수 있는 곳이었기 때문에 싱어는 배당률을 과도하게 바꾸지 않고 한 경기에 수십만 달러를 걸 수 있었다. 둘째, 비영리 단체인 홍콩기수클럽은 고지식할 정도로 정직해서 경주마의 이력이 성적 예측의 좋은 길잡이가 되었다(승부 조작은 경주마의 이력과 승률의 상관관계를 약화시킨다). 무엇보다 홍콩에서는 매 시즌 경기에 참가하는 경주마가 1천 마리 정도밖에 되지 않아서 7만 마리 이상이 참가하는 미국보다 데이터 입력이 수월했다. 온라인으로 데이터 입력이 불가능하던 시절이라 모든 숫자를 직접 컴퓨터에 입력해야 했기 때문이다.

싱어는 홍콩에 도착해서 처음 2년간 데이터베이스를 구축하고 몸무게, 지난 2년간의 우승 횟수, 지난해 경기에서 받은 상금 액수 등 경주마와 기수의 특징을 집약한 백여 가지 조건을 방정식에 대입해 경마 모델을 개발했다. 그런 다음 이 모델을 이용해 '아웃레이' 즉 마권업자들이 가치를 과소평가해 능력 대비 배당이 큰 경주마를 찾아 돈을 걸었다. 처음에는 별 성과가 없었지만 예측 모델을 수정하는 데 필요한 데이터가 계속 쌓이자 1990년대 중반에는 30퍼센트가 넘는 수익을 냈다. 아웃레이를 찾아 경기당 수십만 달러를 꾸준히 배팅한 결과 한 해에 수백만 달러를 벌었다. 가장 많이 번 해에는 수익이 수천만 달러를 상회했다.

그후 싱어는 미국으로 돌아왔는데 "최근에는 사업을 다각화하고 있다"고 말하지만, 여전히 대부분의 수입을 도박으로 벌고 있다.

1990년대 우승마예측시스템 덕분에 몇몇 사람이 큰돈을 벌었지만, 이 시스템이 배팅 시장을 지배하기까지는 그로부터 10년이 더 걸렸다. 2000년 6월에 문을 연 벳페어Betfair라는 온라인 배팅 거래 업체가 결정적인 계기였다. 정해진 배당률로 경마 도박꾼들에게 내기를 거는 마권업자와 달리 온라인 배팅 업체는 고객들이 내기에 응할 수도 내기를 걸 수도 있게 했다. 벳페어는 내기를 거는 사람과 내기에 응할 마음이 있는 사람을 연결해주고 중계 수수료를 챙겼다. 따라서 마권업자와 달리 벳페어 입장에서는 돈을 잃을 위험이 없었다.

벳페어는 놀랍게 성장했다. 10년 만에 영국에서 가장 큰 온라인 배팅 회사이자 세계에서 가장 큰 배팅 거래 회사가 되었다. 회원 수는 200만 명이 넘고 주간 매출액은 5천만 파운드가 넘었다. 무엇보다 벳페어는 마권업자들이 일하는 방식까지 바꿨다.

기존 마권업자들은 이런 변화가 탐탁지 않았다. 2010년 5월 어느 화창한 날, 아일랜드 남동부에 있는 웩스퍼드 경마장의 내기 판을 어슬렁거리다 이익을 내려 분투하는 베테랑 마권업자를 만났다. 마지막 레이스가 끝나자 마권업자 프랜시스 하이랜드는 커피를 마시며 한탄했다. "온라인 배팅 업체들 때문에 죽을 맛이네. 마권업자들이 계속 살아남을 수 있을지 모르겠어."

그전까지 인간의 판단력에 의존하던 분석과정에 수학적 모델을 도입하는 사례가 갈수록 늘어나 와인 가격이나 경기 결과를 예측하는 일은 빙산의 일각에 불과하다. 물론 기업들은 매출 증가와 생산성 향상을 위해 오랫동안 자료를 뒤져왔다. 하지만 페이스북과 같은 소셜네트워크가 엄청난 인기를 끌면서 사회적 유대관계 모델링 같은 새로운 기회가 열리고 있다. 일부 회사에서는 인사 관리를 위해 직원들의 이메일을 자동으로 분석하는 시스템을 활용한다. 예를 들어 동료들에게서 조언을 구하는 메일을 자주 받는 직원은 다음번 승진시 유리하다.

금융 회사들이 사기꾼을 적발할 때도 네트워크 분석법이 활용된다.[4] 이를테면 소셜네트워크와 국세청 기록을 조사해서 불량대출자를 파악하는 식이다. 어떤 사람이 인맥이나 학력, 업무 경력, 여행 이력 등과 전혀 관계없는 사업을 시작하려고 대출을 신청했다면 그는 대출금을 상환하지 못할 위험이 크거나 사기꾼일 수도 있다. 2009년에 미국 경기회복 투명성 및 책임 위원회RATB에서는 네트워크를 분석하는 소프트웨어를 사용해서 7800억 달러를 쏟아부은 경기부양안이 부적절하게 사용되지는 않는지 조사했고 이를 토대로 12개월 동안 약 250번의 범죄수사와 400번의 회계감사가 실시됐다.

쓰레기를 넣으면 쓰레기가 나온다

분석하기 힘든 분야에 전산 모델을 활용하는 정책은 박수를 받아마땅하다. 컴퓨터는 인간의 뇌보다 복잡한 수식 처리에 능할 뿐 아니라 4장과 5장에서 살펴보았던 편향이나 사회적 압력에 시달릴 위험도 없다. 정교한 전산 모델이 이를 도입하려는 회사에게 이점이 많은 것은 사실이나 그렇다고 인간의 인지과정이 완전히 대체되지는 않을 것이다. 1장에서 살펴보았듯이 월가에 전산 모델이 널리 보급되자 사람들의 위험 인지능력이 약해지는 심각한 문제가 발생했다. 어떤 경제학자들은 지나치게 전산 모델에 의존하면 2007~2008년에 왜 금융 시스템이 붕괴되다시피 했는지 또는 어떻게 하면 이를 되풀이하지 않을지 같은 중요한 문제들을 진지하게 고민하기 힘들어진다고 걱정한다. 경제학자 로버트 실러에 따르면, 엄청난 데이터가 축적되자 경제학자들은 "금융이 과학화되었다"고 믿었다.[5] 실러는 새롭게 등장한 실증주의자들에게는 투자 및 금융 시장, 그리고 이 시장의 취약점에 관한 전통적 견해가 구시대적 발상처럼 보인다고 말했다. 그는 대학 경제학과가 "많은 데이터를 다룸으로써 전문가가 된다고 생각하는 어리석은 학자를 양산한다"고 걱정한다. 금융위기를 예측하려면 "옛날처럼 역사를 돌아보고 제도와 법률을 공부하는 것이 더 나을지도 모른다. 우리는 할아버지와 이야기를 나눠야 한다".

수학적 모델의 결함을 파악하지 못해서 비참한 결과를 초래한 것은 금융 업계만이 아니다. 질병 확산을 예측하는 유행병학 모델도 그 한계를 제대로 이해하지 못하면 문제가 야기될 수 있다. 2001년 영국에서 발생한 구제역을 예로 들어보자. 구제역은 소, 양, 염소, 돼지 그 밖의 발굽이 갈라진 동물들에게 발생하는, 심하면 죽음에 이르는 치명적인 바이러스성 질환이다. 전염성이 높은데다 감염된 동물의 호흡이나 오염된 농장 설비에 접촉하거나 그 포식자에 의해 전염될 수 있기에 농장 입장에서는 심각한 전염병이다.

2001년 2월, 잉글랜드 에식스 주에 있는 도살장에서 구제역에 걸린 돼지가 처음 발견되었다. 그로부터 나흘 만에 에식스 지방에서 구제역 감염 사례가 속속 발견되었다. 유럽연합에서는 영국산 가축과 육류, 동물성 제품의 수출을 금지했다. 전통적인 구제역 관리법은 감염된 동물과 감염 위험이 있는 동물을 신속히 파악하는 것이다. 2001년 유행 때는 여기에 더해 검증되지 않은 예측 모델로 도태 정책이 실시되었다.[6]

도태 정책을 뒷받침한 전산 모델은 당시 유행중인 구제역 바이러스에 익숙한 전문가가 아니라 구제역에 대해 잘 모르는 유행병학자와 생물수학자 들의 이론이었다. 영국 정부 산하 동물건강연구소에서 일하는 폴 키칭 박사는 이런 접근법을 강도 높게 비판했다.[7] "이 모델을 만든 사람들은 아주 매력적인 도표를 만들어냈습니다. 문제는 실제로 무슨 일이 일어날지 예측 가능한 모델은 거의 없다는 데 있습니다. 이번 구제역 예측 모델도 마찬가지입니다. 입력할 수 있는 데이터가 없는데다 전문가들에게 조언을 구하지도 않았기 때문입니다." 이런 결함에도 구제역 예측 모델은 도태 정책을 이끌어내는 데 중요한 역할을 했다. 약 1천만 마리의 동물이 도살되자 혐오감이 널리 퍼졌고, 향후 전염병 관리를 위해 예방접종의 실시 등 정치적인 대책이 세워졌다. 영국의 이런 사례는 전산 모델이 과학계 기회주의자에 의해 오용될 수 있다는 교훈을 전한다.

키칭의 지적대로 전산 모델은 입력하는 데이터의 질이 좋아야만 가치가 있다. 옛말에 있듯이 "쓰레기를 넣으면 쓰레기가 나온다". 우리가 확률을 계산하고 판단을 내릴 때 사용하는 통계는 완벽하지 않거니와 그조차 사용하지 못할 때도 있다. 예를 들어 구제역 예측 모델에 입력된 자료는 영국 모든 농장의 데이터베이스 구축을 위해 다양한 곳에서 다급하게 수집해 전환한 것이었다. 일부 데이터는 지도 좌표, 주소, 우편번호, 지방정부당국, 자치주 같은 주요 정보가 한참 뒤처져 있었다. 영국의 유명한 유행병학자 로이 앤더슨의 말처럼 공식적인 수치에 따르면 상당수 농장이 "북해에 자리했다". 게다가 처음에는 많은 지방 당국에서 컴퓨터 시스템을 사용할 수 없었기에 경험이 부족한 직원들을 차출해서 배트넷VetNet 추적 조회 시스템에서 모든 데이터를 복사하게 했다. 정확성을 기해 데이터를 점검해야 하는데, 이 절차도 불충분했다. 모든 게 엉망진창이었다.

이용할 수 있는 데이터가 풍부할 때에도 판단과 예측과정을 배제해서는 안 된다. 정교한 모델과 성능이 빼어난 컴퓨터가 충분히 갖춰져 있어도 위험지능은 필요하다. 진정한 위험지능은 단순한 수학적 계산만으로 얻을 수 있는 것이 아니다.

확률의 위험성

사람들이 위험을 좀더 명확히 이해하게끔 도와준다는 책들은 대부분 확률을 수학적으로 이해하는 법을 훈련하는 분석적인 퍼즐에 초점을 맞춘다. 예를 들면 다음과 같다.

프레드는 매일 아침 8시 버스로 출근한다. 버스가 일찍 와서 8시 전에 출발하는 경우가 10퍼센트다. 버스가 아주 늦게 와서 8시 10분이 지나 출발하는 경우도 10퍼센트다. 나머지 80퍼센트의 경우 8시에서 8시 10분 사이에 출발한다. 어느 날 아침 프레드는 버스 정류장에 정확히 8시에 도착해서 버스를 기다렸는데 10분이 지나도 버스가 오지 않는다. 버스가 아직 도착하지 않았을 확률은 얼마인가?[8]

이런 퍼즐은 푸는 재미가 쏠쏠하고 답을 얻으면 뿌듯하기도 하지만 확률 이론을 터득하는 것만으로 위험지능을 개발할 수 있는 것은 아니다. 위험지능이 매우 높은 사람들 중에도 확률 미적분을 전혀 모르는 사람도 있으니 반드시 이런 능력이 필요한 것도 아니다.[9] 예를 들어 우리가 1장에서 살펴보았던 핸디캡전문위원들은 대부분 확률을 예측할 때 순전히 직관에 기댔다. 확률 이론을 터득하는 것만으로 위험지능이 충분히 갖춰지는 것은 아니다. 이는 숫자는 빠르게 처리하지만 신뢰할 만한 확률 평가나 예측을 내놓지 못하는 바보들이 존재한다는 사실로 증명된다.

확률 이론이 가장 빛을 발하는 곳은 카지노다. 카지노에서는 게임의 규칙만 알면 게임을 할 수 있기 때문이다. 그 어떤 데이터도 수집할 필요가 없고 실제로 게임이 어떻게 진행되는지 관찰할 필요도 없다. 규칙에 대한 안내서만 읽고도(컴퓨터가 있다면 더 좋겠지만) 종이와 펜을 들고 최적의 전략을 짤 수 있다.

그러나 경마장에서는 정보 책자만으로는 승률을 예측하기 어렵다. 경기에 참가한 경주마와 기수, 경주로, 경기일의 예상 날씨에 관한 자료를 많이 모아야 하고 그 외에도 알아야 할 것이 많다. 이런 자료를 모으는 방법은 다양하다. 경주마들의 '기량'을 보도한 신문기사를 읽을 수도 있고, 직접 경주마를 세심하게 살펴볼 수도 있고, 정보원과 이야기를 나누거나 일기예보에 귀기울일 수도 있다. 그런 다음에 모든 자료를 종합해서 각 경주마의 승률을 예측해야 한다.

앞에서 살펴보았듯이 컴퓨터로 데이터를 분석하는 것도 한 방법이다. 그러나 컴퓨터가 정보를 다 분석해준다고 위험지능이 필요 없는 것은 아니다. 우리의 뇌가 데이터를 분석할 때 위험지능이 관여한다. 당신은 읽고 보고 들으면서 데이터를 흡수한 다음 머리를 써서 곰곰이 생각해 특정 경주마의 승산이 얼마나 되는지 예측한다.

조금 전에 카지노에서 확률 이론이 유용하다고 말했지만, 사실 카지노에서도 확률 이론이 완벽하게 들어맞지는 않는다. 실제 카지노는 교과서에 나오는 이상화된 모습과 상당히 다르기 때문이다. 개성 강한 투자전문가 나심 니콜라스 탈레브가 그의 통찰력 있는 저서 『블랙 스완』에서 이 점을 제대로 짚어냈다.

실제 현실에서는 확률 계산을 해낼 수 없다. 확률을 찾아낼 필요가 있지만, 불확실성의 출처도 손에 잡히지 않는다. 프랭크 나이트는 알려지지 않은 불확실성의 중요성을 재발견함으로써 많은 시사점을 던져주었지만, 그 스스로는 어떤 위험도 감수하지 않았다. 기껏해야 카지노 근처에서 산 정도였다. 그 이후 경제학자들은 비전문가가 발견한 것은 쓸모없다고 여기며 '나이트적 위험(계산 가능한 것)'과 '나이트적 불확실성(계산 불가능한 것)' 사이에 인위적인 경계선을 긋는다. 나이트가 재정이나 금융상의 모험을 감수하는 일을 실생활에서 시도해보았다면, 현실에는 '계산 가능한 위험'이란 거의 존재하지 않는다는 사실을 절감했을 것이다. 계산 가능한 위험이란 실험실에서만 포착되는 것이다![10]

계산 가능한 위험은 "실험실에서만 포착된다"라고 한 탈레브의 말은, 카지노가 물리학 실험실에서 아주 잠깐 동안만 존재하는 불안정 원소처럼 무균 상태에서 의도적으로 만들어야 하는 인공적인 환경이라는 의미다. 고대 로마에서 사용했던 불규칙한 형태의 지골距骨과 고대 인도에서 사용했던 비브히다카vibhidaka 열매가 수천 년에 걸쳐 발전되어, 구멍을 파고 아세트염으로 같은 밀도로 평평하게 색을 채워서 6개의 숫자가 똑같은 확률이 도출되는, 오늘날 카지노에서 사용하는 주사위가 나왔다. 공정한 룰렛 휠을 만드는 데도 엄청난 공학 기술이 필요했다. 룰렛 휠 제조업자들은 정말로 숫자가 무작위로 나오는지 검증하기 위해 정교한 실험을 진행하지만 그래도 결함을 잡아내지 못할 때가 있다. 그래서 일부 영악한 사람들은 '편향된 룰렛 휠 공략'으로 큰돈을 따곤 한다. 예를 들어 1873년에 랭커셔 출신의 엔지니어 조지프 재거는 몬테카를로에서 편향된 룰렛 휠을 찾아내서 하루에 7만 달러 상당의 돈을 땄다.

탈레브는 확률 교과서에 나오는 이상적인 카지노와 사람들이 게임하러 가는 실제 카지노가 얼마나 다른지 예를 하나 들려준다. 라스베이거스에 있는 한 카지노에서는 위험에 대해 만반의 대비를 갖췄다고 생각했다. 운 좋은 도박꾼에게 타격을 입을 염려를 하지 않도록 다양한 테이블이 마련되어 있었다. 속임수를 잡아내는 최신식 감시 시스템도 갖추고 있었다. 그러나 지난 몇 년 동안 카지노가 직면한 4대 위험은 위험 관리 체계와 전혀 동떨어진 부분에서 발생했다. 예를 들어 실력 있는 도박사가 눈앞에서 '타이거'로 약 1억 달러를 딴 적도 있다.

물론 확률 이론과 위험에 대한 고려가 전혀 상관없지는 않다. 일상 생활에서 판단을 내려야 하는 문제들은 대부분 고차원적인 수학적 계산이 필요 없을 뿐더러 수학적 논리는 위험지능이라는 방정식의 한 부분일 뿐이다. 진정한 위험지능에는 합리적 수리 계산과 직관적 감정이 오묘하게 섞여 있다.

지식에 관한 느낌

프랑스 철학자 르네 데카르트보다 이에 대해 더 잘 아는 사람도 없다. 훌륭한 수학자이기도 한 데카르트는 서양 철학사에서 '지식 주장'의 논거를 '옳다는 느낌'에서 찾은 최초의 인물일 것이다. 철학자 로널드 드 수자Ronald de Sousa가 지적했듯이 데카르트의 명언인 "나는 생각한다, 고로 나는 존재한다Cogito ergo sum"라는 명제는 느낌에 대한 주장이 바탕에 깔려 있다.[11] 사실 데카르트가 자신이 존재한다고 그렇게 확실히 느낄 수 있었던 이유는 존재에 대한 생각이 아주 분명하고 뚜렷하게 들었기 때문이다.

수자는 확실하다는 느낌을 지식과 관련된 감정 중 하나로 보고 이를 '지식에 관한 느낌'이라고 지칭했다. 의심과 인지도 지식에 관한 느낌에 속한다.[12] 예를 들어 지인을 알아보는 과정에는 인지적 요소와 감정적 요소가 함께 관여한다. 카프그라 증후군Capgras syndrome 환자들은 머리로는 사람들의 얼굴을 인지하지만, 일반적으로 지인을 볼 때 동반되는 친밀감을 전혀 느끼지 못한다. 눈앞에 있는 여자가 틀림없이 아내의 얼굴을 하고 있는데도 아내를 볼 때 느껴야 할 감정이 일지 않는다. 그 결과, 카프그라 증후군 환자들은 자신의 아내나 부모 또는 친한 친구가 얼굴이 같은 가짜로 바뀌었거나 변장한 외계인이라고 생각한다.

지식에 관한 느낌은 이성과 감정의 전통적인 구분의 경계를 흐릿하게 만든다. 확실한 감정이 없다면 이성은 제구실을 할 수 없다. 위험지능도 예외가 아니다. 지식에 관한 느낌은 위험지능에서도 중요한 역할을 한다. 확률을 잘 가늠하는 과정에는 의식적인 요소와 무의식적인 요소가 함께 관여하고 지식에 관한 느낌은 이 둘 사이에 커뮤니케이션이 잘 이뤄지게 한다. 어떤 일이 일어날 가능성을 높이거나 낮추는 요소를 고려할 때 이런 생각은 의식적 자각 속에서 이뤄진다. 우리는 각각의 요소에 이름을 붙일 수 있고, 각각의 요소가 왜 확률과 관련이 있는지도 설명할 수 있다. 그러나 모든 증거를 종합하고 데이터를 처리하는 과정은 무의식적으로 이뤄진다. 1장에서 만난 핸디캡전문위원들과 초창기 로이즈 사의 보험업자들은 자기도 모르게 다중 회귀 분석을 하고 일차 방정식을 풀었다. 그들은 그 모든 일을 본능적으로 해냈다. 그들의 무의식적인 계산 결과가 지식에 관한 느낌인데 그 강도는 전혀 모르겠는 상태부터 정말 확실하다고 느끼는 상태까지 다양하다. 그들은 확률 예측을 위해 느낌의 강도를 숫자로 바꾸어야 했다.

따라서 위험지능은 다음 두 가지 요소에 달려 있다.[13]

1. 눈금 보정이 잘된 지식에 관한 느낌.
2. 지식에 관한 느낌을 숫자로 바꾸는 능력.

특정 주제에 대한 지식 수준을 정확히 반영해야 지식에 관한 느낌이 잘 보정된다. 그 주제에 대해 정말 잘 몰라서 관련 진술이 참인지 거짓인지 자신이 없는 거라면, 당신의 느낌은 보정이 잘된 것이다. 잘 아는 주제인데 관련 진술이 참인지 거짓인지 자신이 없는 경우라도 해당 진술에 유리한 증거와 불리한 증거가 팽팽하게 맞서는 경우라면, 역시 당신의 느낌은 보정이 잘된 것이다. 이와 비슷하게 해당 사건이 일어날 거라고 강한 암시를 주는 정보가 많을 때 그 사건이 일어날 거라고 자신하면, 역시 느낌이 잘 보정된 것이다. 반대로 해당 주제에 대해 잘 모르는데도 확실하다고 느끼거나 관련 지식이 많고 그 지식이 확실한 방향을 가리키고 있는데도 자신이 없으면, 지식에 관한 느낌이 잘 보정되지 않은 것이다.

지식에 관한 느낌이 잘 보정되었어도 이런 느낌을 구체적인 수치 확률로 표현하는 데 서툴면, 위험 수준을 정확히 판단하지 못할 것이다. 내가 개발한 위험지능 검사가 이런 적성을 알아보는 데 중점을 두는 것도 이 때문이다. 7장에서 지식에 관한 느낌을 세밀하게 보정하도록 돕는 몇 가지 도구와 일상에서 확률을 잘 가늠하도록 돕는 확률 이론의 기본 개념을 살펴볼 테지만 그전에 당신이 이런 수학적 사고에 얼마나 익숙한지 파악해야 한다.

위험지능은 어느 정도의 산술능력을 필요로 하기에 위험지능 향상을 위해서 우리가 수학적 지식을 어느 정도 갖췄는지 알아야 한다. 숫자를 다루는 능력이 어느 정도인지, 수학적 도구와 개념에 얼마나 친숙한지 파악해야 한다는 말이다. 숫자를 좋아하는 사람이 있는가 하면 싫어하는 사람이 있다. 스펙트럼의 한쪽 끝에는 폴 호프먼이 쓴 헝가리 수학자 폴 에르되시Paul Erdos의 전기 제목처럼 "숫자만 사랑하는 사람"이 있다.[14] 폴 에르되시는 역사상 수학 논문을 가장 많이 발표한 인물로 그는 학술회의를 찾아다니고 다른 수학자들의 집을 전전하며 인생 대부분을 방랑자로 살았다. 예고도 없이 불쑥 동료의 집에 찾아가 "내 머리는 열려 있네" 하고는 논문 한두 편을 열심히 쓰다가 며칠 뒤 기진맥진한 동료를 뒤로하고 떠났다. 평생 결혼도 하지 않았고 아이도 없었다.

스펙트럼의 반대쪽 끝에는 숫자와 전혀 안 맞는 사람들이 있다. 데이비드 보일은 『숫자의 횡포The Tyranny of Numbers』라는 재미난 책에서 이런 유의 사람들을 괴롭히는 숫자의 특성을 잘 포착했다.

> 새로운 통계가 나올 때마다 삶의 풍성함과 신비로움이 소멸돼버리는 것만 같다. 결혼 통계가 각양각색의 격정과 배신의 이야기를 감추고, 육 600만이라는 숫자가 홀로코스트의 온전한 의미를 앗아가듯이 말이다. 이는 인간의 감정과 현실로부터 멀어지게 하는 일종의 방음 장치다.[15]

더 큰 문제는 스펙트럼의 양극단에 위치한 사람들이 대화할 때 오해할 여지가 다분하다는 점이다. 숫자에 익숙한 사람들은 그렇지 않은 사람들이 조리가 없고 애매하다고 여긴다. 반대로 숫자를 싫어하는 사람들은 그렇지 않은 쪽이 차갑고 매정하다고 생각한다. 숫자를 좋아하는 사람과 싫어하는 사람이 나눈 대화를 예로 살펴보자.

A 왜 딸이 공원에서 못 놀게 해?

B 공원에 소아성애자가 많아!

A 뭐? 너희 동네에?

B 아니, 일반적으로.

A 이 도시가 그렇다는 거야?

B 아니, 일반적으로 그렇다고.

A 우리나라가 그렇다는 거야?

B 어, 그래, 맞아, 우리나라가 그래.

A 얼마나 많은데?

B 몰라, 그냥 많아.

A 대략이라도. 1만 명? 10만 명? 100만 명?

B 모른다고!

A 좋아, 그럼 상하한선이라도 말해봐. "많다"는 게 어느 정도인지 궁금해서 그래.

B 나치스 당원처럼 숫자 운운하지 좀 마!

물론 스펙트럼에 사람들이 고르게 분포되어 있지는 않다. 숫자를 싫어하는 사람이 숫자를 좋아하는 사람보다 많다. 일례로 미국에서 유해 폐기물 처리의 위험성을 통제 연구한 논문에서 몇 가지 유해물의 증거가 발표되었을 때 지역보건부는 일반 대중의 두려움을 진정시키려고 애썼으나 별 효과가 없었다. 보건부에서 제시한 수치가 대다수 사람들에게는 "아무 의미가 없었기" 때문이다.[16] 도리어 수치가 공포를 키우는 듯했다. 이혼 후 병치레가 잦은 아이 셋을 키우는 한 여성은 수치를 보고 히스테릭하게 울음을 터트렸다. "이러니 아이들이 아프지. 난 이제 어떡해? 앞으로 내 아이들은 어떻게 되는 거야?"

숫자에 대한 주관적 느낌은 당연히 객관적 수리능력 검사와 밀접하게 관련된다. 연구자들은 이 사실을 이용해 객관적 검사보다 더 빠르고 덜 부담스러운 주관적 수리능력 검사를 개발했다.[17] 객관적 검사는 사람들에게 수학 문제를 풀게 하지만 주관적 검사는 그저 수학 문제 풀이를 얼마나 잘하는지, 수치 정보를 접하면 기분이 어떤지만 묻는다. 예를 들어 앤절라 파게린과 그녀의 동료들이 개발한 주관적 수리능력 검사는 8개 문항만으로 구성되어 있는데도 수험자의 객관적 수리능력에 대한 신뢰할 만한 결과를 내놓는다.

처음 네 문항은 수학 문제를 얼마나 잘 푸는지를 묻는다. (전혀 못하면 1점, 아주 잘하면 6점으로 1부터 6까지 스스로 등급을 매긴다.)

1. 분수 문제를 잘 푸는가?
2. 백분율을 잘 다루는가?
3. 15퍼센트의 팁을 줘야 할 때 쉽게 계산하는가?

4. 셔츠 한 벌이 25퍼센트 할인된다고 할 때 쉽게 계산이 되는가?

나머지 네 문항은 수치 정보에 대한 선호도와 이를 접할 때 느낌을 1부터 6까지 등급을 매기게 한다.

5. 신문을 읽을 때 기사에 포함된 표와 그래프가 도움이 되는가? (1=전혀 도움이 안 된다, 6=아주 도움이 된다.)
6. 사람들이 당신에게 어떤 일이 일어날 가능성을 이야기한다고 가정할 때 그들이 말로 이야기하길 바라는가("그런 일이 일어날 가능성은 거의 없어"), 숫자로 이야기하길 바라는가("그런 일이 일어날 가능성은 1퍼센트야")? (1=항상 말을 선호한다, 6=항상 숫자를 선호한다.)
7. 날씨 예보를 들을 때 퍼센티지를 제시하는 예보가 좋은가("오늘의 강수 확률은 20퍼센트입니다"), 말로만 하는 예보가 좋은가("오늘 비가 올 가능성이 조금 있습니다")? (1=항상 말을 선호한다, 6=항상 퍼센티지를 선호한다.)
8. 수치 정보가 유용하다고 느끼는 때가 자주 있는가? (1=그런 적 없다, 6=매우 자주 있다.)

8개 문항에 대한 답변의 평균을 계산하면, 주관적 수리능력 검사에서 당신이 몇 등급에 속하는지 알 수 있다. 평균 점수가 3.5점 이하라면 수리적 사고력이 있는 편은 아니다. 영국에서는 수를 셀 줄 모르는데도 5점이 나온 적도 있다.

많은 이들이 문맹처럼 묘사되는 것이 싫어서 수학적 사고력이 부족하다는 결과를 곧이곧대로 받아들이지 않는다. 심지어 언어능력이 떨어지는 것보다 수학을 조금 못하는 게 낫다고 비뚤어진 자부심을 느끼기도 한다. 그러나 어느 쪽이든 능력이 떨어지는 것은 문제다. 수리능력이 좋은 사람은 수리능력이 떨어지는 사람보다 채용될 확률이 두 배는 높다.[18] 수리능력이 떨어지는 사람들은 약을 복잡하게 처방하면 이를 따르기 어려워서 건강이 나빠지기도 한다. 수리능력이 떨어지는 남자들은 상사와 문제가 생길 가능성이 크고, 수리능력이 떨어지는 여자들은 집 없이 떠돌 가능성이 높다.

위험지능을 높이기 위해 반드시 확률 이론을 심도 있게 공부해야 하는 것은 아니지만, 수학적 사고를 불편해하는 자신의 성향을 직시하는 것은 중요하다. 그렇게 해야만 확률을 가늠할 때 빠지기 쉬운 함정을 피하는 데 도움이 되는 최소한의 기본 개념과 방법을 조금이나마 편하게 받아들일 수 있기 때문이다. 7장과 8장에서 이를 살펴볼 것이다. 앞으로 살펴볼 방법들 중에 복잡한 수학적 계산이 수반되는 것은 전혀 없다. 일상에서 높은 위험지능을 발휘하는 데 즉효가 있는 사고방식과 인지 도구 몇 가지를 소개할 생각이다.

그전에, 앞에서 제기했던 버스 문제를 해결해보자. 기억을 상기시키고자 다시 한번 소개한다.

프레드는 매일 아침 8시 버스로 출근한다. 버스가 일찍 와서 8시 전에 출발하는 경우가 10퍼센트다. 버스가 아주 늦게 와서 8시 10분이 지나

출발하는 경우도 10퍼센트다. 나머지 80퍼센트는 8시에서 8시 10분 사이에 출발한다. 어느 날 아침 프레드는 버스 정류장에 정확히 8시에 도착해서 버스를 기다렸는데 10분이 지나도 버스가 오지 않는다. 버스가 아직 도착하지 않았을 확률은 얼마인가?

오슬로 대학교 심리학과 학생들에게 이 문제를 풀게 하자 대부분 난감해했다. 일부 학생들은 프레드가 제시간에 정류장에 도착했기 때문에 버스가 아직 안 지나갔을 확률이 90퍼센트라고 주장했다. 또다른 학생들은 버스가 10분 이상 오지 않았기 때문에 버스가 아직 지나가지 않았을 확률이 10퍼센트밖에 안 된다고 주장했다. 사실, 양쪽 다 틀렸다. 정답은, 버스가 아직 안 지나갔을 확률은 50퍼센트다.

프레드는 10분을 기다렸지만 그 시간 동안 버스는 오지 않았으니 8시에서 8시 10분 사이에 버스가 도착할 확률 80퍼센트를 배제할 수 있다. 이제 두 가지 확률만 남았다. 버스가 예정보다 빨리 도착했거나 10분 이상 늦게 도착하거나. 둘 다 흔치 않은 경우지만, 어쨌거나 둘 다 가능성이 같으니 똑같은 확률을 부여해야 한다. 두 가지 결과가 상호배타적이기 때문에 다른 가능성은 없으므로 각각의 확률이 50퍼센트라고 보아야 한다.

답을 맞히지 못했다고 걱정하지 마라. 말했듯이 일상생활에서 위험지능을 발휘하기 위해 반드시 분석 퍼즐을 푸는 능력이 필요한 것도, 분석 퍼즐을 잘 푼다고 높은 위험지능을 발휘하는 것도 아니다. 그보다 우리가 7장과 8장에서 살펴볼 기본 원리와 방법을 아는 것이 훨씬 중요하다.

7장

확률 가늠하기

어려운 확률 문제가 어렴풋 생각나네요.
여섯 남자는 흰색 모자를 가지고 있고
여섯 남자는 검정색 모자를 가지고 있습니다.
당신은 모자를 섞는 경우의 수를 계산해야 합니다.
머리를 굴려 이 문제를 한번 풀어보세요.
그러면 기분 전환이 될 겁니다. 제가 장담하죠!
_애거서 크리스티, 『깨어진 거울』

치료의 일환으로 의사가 확률 문제를 풀어보라고 권할 때든 스스로 확률을 예측할 때든 사람들은 확률을 어떻게 이용해야 할지 어려워한다. 누군가 당신에게 오늘 오후에 비가 올 거라고 말하면, 간단히 당신은 외출할 때 우산을 챙기면 된다. 그러나 강수 확률이 70퍼센트라고 하면, 우산을 챙길지 말지 선뜻 판단이 서지 않는다.

확률을 이용해 더 좋은 결과를 끌어내는 방법을 모르면 위험지능 향상은 아무 의미가 없다. 그런데 학교에서는 어떤 행동을 취할 때 확률 정보를 어떻게 활용할 수 있는지 가르쳐주지 않는다. 그래서 이번 장과 다음 장에서는 한계점의 설정과 배팅 금액 결정부터 다양한 상황에서 확률을 고려하는 방법을 구체적으로 살펴보려 한다.

확률을 고려해서 의사결정을 하는 가장 간단한 방법은 한계점 설정이다. 예를 들어 나는 강수 확률이 65퍼센트 이상일 때에만 우산을 챙기기로 결정했다. 비 맞는 것을 얼마나 싫어하는지와 얼마나 우산을 가지고 다니기를 싫어하는지에 따라 저마다 한계점을 다르게 정할 수 있다.

다른 예를 들자면, 군 지휘관의 경우 특정 건물의 폭격 여부를 결정할 때 민간인이 아니라 반란군이 건물을 사용할 확률이 80퍼센트 이상이라는 첩보가 있을 때에만 폭격하기로 한계점을 설정할 수 있다. 물론 얼마나 반란군을 제거하고 싶은지와 얼마나 민간인 사상자를 피하고 싶은지에 따라 지휘관마다 한계점을 다르게 정할 수 있다.

한계점 설정은 확률을 바탕으로 의사결정을 하는 간단하면서도 유용한 방법이다. 일례로 방글라데시 홍수 예보 및 경보 센터FFWC는 2007~2008년에 주민들에게 홍수 경보를 발령할 때 이 방법을 활용했다.[1] 방글라데시는 갠지스 강과 브라마푸트라 강과 메그나 강이 벵골 만으로 흘러가는 도중에 만나서 형성된 갠지스 강 삼각주에 자리한다. 대부분의 지역이 해발 12미터가 채 되지 않아 홍수에 취약하다. 1998년에 갠지스 강과 브라마푸트라 강의 수위가 최고조에 달해 방글라데시 현대사에 남을 규모의 큰 홍수가 발생했다. 방글라데시의 3분의 2가 넘는 지역이 3개월 동안 물에 잠겼고, 약 1천 명이 익사하고 100만 명이 집을 잃었다.

이 대참사를 계기로 미국국제개발처USAID에서는 방글라데시에 계절적 척도에 맞춘 홍수 경보 시스템 마련 사업을 지원했다. 우선 사업팀은 확률에 따라 지역별로 필요한 조치를 취할 수 있도록 홍수 예보에 확률을 도입했다. 이에 따라 방글라데시 수자원개발위원회 소속 홍수

예보 및 경보 센터에서는 전산 모델이 계산한 홍수 발생 확률이 80퍼센트 이상일 때에만 홍수 경보를 발령하기로 결정했다. 홍수 경보가 발령되면 지역 센터로 휴대폰 문자 메시지가 전송되고, 이것이 다시 깃발 경보로 지역 주민들에게 전달된다.

마을 대표들은 주민들에게 명확히 전달할 수 있도록 지역의 주요 지형지물을 기준으로 홍수 예보를 이해하고 해석하는 훈련을 받았다. 지방 관리들도 마을 주민들이 확률 예보를 잘 이해할 수 있도록 도왔다. 한 성직자는 기도 시간에 사원에서 확률의 개념을 소개하기까지 했다. 그 결과 주민들이 홍수 경보에 주의를 기울이게 되었을 뿐 아니라 위험이란 개념을 더 잘 이해하고 폭넓게 논하게 되었다. 먹고사는 데 급급한 사람들이 위험을 잘 이해하고 확률 예보를 적극 활용하게 되었다. 방글라데시의 한 농부는, 전부터 그들 나름의 확률과 지역 지식을 토대로 일했지만 확률 개념이 작업방식을 명쾌하게 변화시켰다고 이야기했다.

이 책을 쓰던 중 한 영국 기상청 관리가 이메일을 보내왔다. 그는 자신의 경험상 일반 대중은 확률 예보를 싫어하는 것 같다고 말했다. 그러나 방글라데시 홍수 경보 사업에서 확인했듯이 사람들을 확률에 익숙해지게 만드는 것은 그리 어렵지 않다. 이 부분과 관련해 기상예보관들은 대중을 지도해야 하는 독특한 위치에 있다. 실제로 확률 예보를 오래 들으면 들을수록 확률을 잘 이해한다는 증거도 있다.[2]

얼마를 걸지가 중요하다

한계점 설정 외에 배팅 규모를 결정할 때 확률을 고려하는 다른 간단한 방법이 있다. 어떤 내기이건 배팅 금액을 잘 정해야 한다. 희대의 바람둥이이자 상습적인 도박꾼이었던 자코모 카사노바도 한순간에 빈털터리가 된 것처럼 제아무리 노련한 도박꾼이라도 배팅 금액을 결정할 때 실수할 수 있다.[3]

1753년, 카사노바는 베니스에 위치한 리도토 카지노에서 17세기 후반 프랑스에서 처음 시작된 파로라는 카드 게임에 빠져 며칠 만에 금화 5천 세퀸을 잃었다. 늘 그랬듯이 카사노바는 잃은 돈을 금세 회수했지만 몇 달 뒤에 다시 돈을 모두 잃었다. 이번에는 그의 애인(M. M.이라는 이니셜의 수녀)이 자기가 가지고 있던 다이아몬드를 팔라고 전부 내주었다. 카사노바는 그길로 다시 카지노로 달려갔고 또다시 돈을 모두 잃었다. 덕분에 M. M.도 수중에 500세퀸밖에 남지 않아 수녀원을 탈출하려던 계획을 포기할 수밖에 없었다.

카사노바는 마틴게일이라는 배팅 전략을 따르다가 빈털터리가 됐다. 마틴게일 전략은 영국의 한 도박장 소유주인 헨리 마틴게일의 이름에서 따온 것이나 사실 헨리가 태어나기 전부터 유명했다. 마틴게일 전략은 이븐 머니 내기에서 사용하는 점진적인 배팅 전략이다. 게임 참가자는 이길 때까지 계속해서 잃은 돈의 두 배를 건다. 그러다 이기면 다시 원래 걸었던 금액을 배팅한다. 이 전략을 활용하면 참가자는 이길 때마다 그전에 잃은 돈을 모두 회수하고 처음에 건 배팅 금액만큼 돈을 딸 수 있다.

마틴게일 전략은 참가자가 금세 거액을 배팅하게 된다는 치명적인 결함이 있다. 카사노바가 두 번이나 빈털터리가 된 것도, 악덕 주식 중

개인 닉 리슨이 베어링 은행을 파산시킨 것도 이 때문이다. 매번 손실액의 두 배를 걸어야 하기 때문에 단시간에 빈털터리가 되기 쉽다. 마틴게일 전략으로 수익을 낼 수 있는 경우는 수중에 가진 돈이 무한하고 카지노가 배팅 금액을 제한하지 않을 때뿐이다. 바로 이게 문제다. 카사노바처럼 상습적으로 도박판을 기웃거리는 아마추어와 달리 전문 도박사들은 자신이 가진 돈이 한정적이라는 사실을 절대 잊지 않는다. 그래서 그들은 '켈리 기준'처럼 배팅 금액을 적절히 조절하는 다양한 전략을 활용한다.[4] 켈리 기준에 따르면 참가자는 현재 보유한 일정 금액 이상 배팅해서는 안 된다. 또하나 쓸 만한 전략은 자신감에 준하여 배팅 금액을 조절하는 것이다. 자신이 있으면 그만큼 배팅 금액을 상향하면 된다. 블랙잭에서 카드 카운팅을 할 때도 같은 방식을 쓴다. 참가자는 테이블에 카드가 공개될 때마다 새로운 데이터를 업데이트해서 다음에 나올 카드를 계산해서 머릿속으로 합계를 생각한다. 예를 들어 0에서 시작해서 로우 카드(2부터 6까지)가 나올 때마다 1을 더하고 10, 잭, 퀸, 킹, 에이스가 나올 때마다 1을 뺀다. 중간 카드(7부터 9까지)는 무시한다. 그렇게 나온 숫자를 근거로 배팅 금액을 결정한다. 총계가 0 또는 마이너스면, 카지노가 허용하는 선에서 최소 금액을 배팅한다. 총계가 플러스면 더 많은 금액을 배팅하고 총계가 클수록 배팅 금액도 올라간다. 이런 시스템을 이용해서 전문 블랙잭 플레이어들은 한 해에 수백만 달러를 벌기도 한다.

주식 시장에 투자할 때도 비슷한 전략을 활용할 수 있다. 특정 기업이 좋은 실적을 낼 거라는 확신이 들면, 그에 준하여 매입할 주식의 양을 정하는 것이다. 야코프 파스토르라는 한 재능 있는 고등학생이 '무엇이 초보자와 전문 투자자를 구분하는가'에 대한 흥미로운 연구를 진행했다.[5] 그는 외국 금융옵션에 배팅하는 웹사이트에서 뽑아낸 데이터를 분석했다. 특정 주식이나 주식 시장 지수가 단기간에 상승할지 하락할지를 두고 내기하는 이원옵션 거래 사이트였다. 이원옵션 가운데 가장 인기 있는 내기는 2분에서 45분 사이(평균 소요 시간은 8분)에 끝나는 '패스트 머니fast-money'였다. 사람들은 시간과 재무 변수를 선택하고 그 시간 안에 주가가 상승할지 하락할지 내기했다.

파스토르는 데이터에서 패스트 머니 내기에 참여한 100명을 무작위로 추출했는데, 그들은 총 16377번 배팅했다. 만일 참가자들이 무작위로 어느 한쪽을 선택했다면 확률적으로 8218번(50.2퍼센트) 정도 이겨야 맞는데 실제로는 8739번(53.4퍼센트)이나 이겼다. 꽤 큰 차이였다. 이는 곧 이들이 '마켓 비팅'(시장 평균 수익율 초과 달성―옮긴이) 정보를 알고 있었다는 뜻이다. 흥미롭게도 참가자들은 가치 있는 정보를 동등하게 공유하고 있지 않았다. 가장 많은 수익을 낸 8명을 표본에서 제외하자 나머지 92명의 실적은 우연인지 실력인지 단정하기 어려웠다. 그리 놀랍지는 않았다. 대부분의 주식 시장에서 전문가는 소수이고, 뇌동매매하는 투자자는 다수다. 중요한 것은 전문가들도 실수할 수 있다는 점이다. 파스토르의 분석에 따르면, 패스트 머니 내기에서 56퍼센트가 이겼는데도 전문가 8명 중 2명은 돈을 잃었다. 배팅 금액을 잘못 결정한 것이 화근이었다. 단순하게 매번 같은 금액만 배팅했어도 두 사람은 978파운드를 잃는 대신 1282파운드를 땄을 것이다. 정보의 정확성에 비례해 배팅 금액을 정했다면, 그보다 더 많은 돈을 땄을 것이다. 즉 그들은 정반대로 배팅했기 때문에 돈을 잃었다. 다시 말해 정보가 적을 때 배팅 금액을 올린 것이다.

배팅 규모를 정할 때의 타당성을 일상생활의 위험지능에 활용할 수는 없을까? 이 원리는 투자를 잘할 수 있게 도와줄 뿐 아니라 지원한 여러 직장 중 어디에 더 집중해야 할지 시험 준비에 얼마나 시간을 쏟아야 할지 등의 선택을 돕는다. 구직 활동을 예로 들어보자. 배팅 금액을 정할 때처럼 승산이 있는 면접을 준비하는 데 시간을 더 투자하는 것이 옳다. 그러나 시험을 대비하는 경우에는 상황이 조금 더 복잡하다. 통과할 수 있을지 불안한 과목보다 통과할 게 분명한 과목에 더 힘을 쏟는 것은 현명하지 못하다. 이는 오히려 시간 낭비다. 이 경우에는 공부를 하면 결과가 달라질 거라고 더 자신하는 과목에 집중하는 것이 옳다.

지식에 관한 느낌 보정하기

배팅 금액을 잘 결정하려면, 그 내기에 얼마나 자신이 있는지부터 점검해야 한다. 바로 이 과정에서 위험지능이 필요하다. 특히 6장에서 살펴보았던 '지식에 관한 느낌'을 잘 보정해야 한다. 이 능력을 어떻게 향상시킬 수 있을지 이해를 돕기 위해 지식에 관한 느낌을 온도계의 수은으로 비유해보겠다. 온도계가 잘 보정돼 있다면 수은이 오르내리는 것처럼 특정 문제를 얼마나 아는지에 비례하여 지식에 관한 느낌을 확대하거나 축소해야 한다. 이런 보정 작업을 잘 하려면 세로칸에 확률을 등급별로 기록해두는 것이 좋다. 고정 눈금이 없으면, 지식에 관한 느낌을 정밀하게 보정하지 않을 테니 말이다.

0퍼센트부터 100퍼센트까지 확률 등급을 떠올리고 가능한 구체적으로 확률을 가늠하는 것이 가장 좋다. 예를 들어 어떤 일이 일어날 가능성이 50퍼센트 이상 80퍼센트 미만이라는 생각이 들면, 예상치를 좀 더 좁히려고 노력해야 한다. 그러다보면 결국 "72퍼센트의 확률이 있다"라는 식으로 확률을 구체적으로 예측할 수 있을 것이다.

개중에는 72퍼센트처럼 숫자로 확률을 표현하는 것이 정확하다는 인상을 주기 때문에 괜한 오해를 일으킬 수 있다고 생각하는 이도 있다. 어떤 회사가 파산할 확률이나 어떤 경주마가 우승할 확률이 72퍼센트라는 정보를 알고 있다면 그렇게 말해도 된다. 하지만 막연히 생각뿐이라면 어떨까? 이런 경우에는 솔직하게 그 모호함을 인정하고 모호한 말로 표현하는 것이 더 정직하지 않을까? 그래도 꼭 숫자로 표현해야 한다면, 상태에 대한 추정치를 상하한선으로만 제시하는 것이 낫지 않을까?[6] 예를 들면 "그 경주마가 우승할 확률은 60퍼센트에서 80퍼센트 사이 어디쯤이야"라는 식으로 말이다.

일면 타당하게 들리지만, 사람들이 이런 주장을 하는 이유는 확률의 성질을 근본적으로 오해하고 있기 때문이다.[7] 우리는 우리가 아는 지식이 완전하지 않기 때문에 수치 확률을 이용한다. 수치 확률은 그 자체로 이런 불완전함을 드러낸다. 점 추정치("72퍼센트의 확률이 있다")로 이야기하면 사람들이 이 확률을 정밀하다고 오해하기 쉽지만, 구간 추정치("60퍼센트에서 80퍼센트의 확률이 있다")가 오히려 정밀도에 대한 그릇된 인상을 심어준다. 상하한선을 둠으로 정밀한 추정치를 제공하니 말이다. 그러나 추정치가 확실하다고 누가 자신할 수 있는가? 더구나 그 추정치가 얼마만큼 불확실한지 확실하지 않다는 점을 인정한다면, 어떻게 거기서 멈출 수 있겠는가? 추정치가 얼마만큼 불확실한지 확실하지 않고, 얼마나 확실하지 않은지도 확실치 않다는 사실을 계속 인정해야 할 테니 말이다. 따라서 상한선과 하한선이 있는 구간 추정치를 제시하고 나면, 당연히 거기에 대한 구간 추정치도 계속 제시해야 한다. 파멸로 내달리는 이 비탈길이 얼마나 비합리적인지 이제 분명히 이해했을 것이다.

이런 상황은 온도나 질량 같은 물리적 크기를 측정할 때 일반적으로 점수값으로 이야기하는 것과 비슷하다. 엄밀히 말하면 우리가 측정한 값이 정밀하지 않은데도 말이다. 누군가의 몸무게가 63킬로그램이라고 이야기한다면 우리는 적당히 부정확한 범위 내에서 충분히 정밀한 결과를 제시하는 이상적인 형태를 취하는 셈이다. 확률 예측도 마찬가지다. 내일 비가 올 확률이 65퍼센트라고 말할 때 사실상 우리는 그에 대해 얼마나 자신 없는지 이야기하는 셈이다. 욕실에 있는 작은 체중계부터 유럽원자핵공동연구소CERN 뮤온 분광계에 이르기까지 크기나 무게를 측정하는 모든 기기 그리고 우리의 뇌는 오차 범위를 가진다. 뮤온 분량계는 우리 머리카락 너비보다 작은 원자 구성 입자를 추적할 수 있지만 점수값이 확실치 않다.

2010년에 발표한 한 연구에 따르면, 복잡한 구간 확률을 이용한다고 많은 것을 얻는 것은 아니다.[8] 연구진은 실험 참가자들에게 워싱턴 D. C.에 대한 테러 공격의 위험을 알리는 모의 예보를 전달했다. 한 예보에서는 점 추정치로만 이야기했다. "우리는 향후 6개월 안에 테러 공격이 일어날 확률을 5퍼센트로 추정한다." 또다른 예보에서는 구간 확률로 이 정보를 보충했다. "우리는 향후 6개월 안에 테러 공격이 일어날 확률을 5퍼센트로 추정하지만 확률은 최소 1퍼센트에서 최대 10퍼센트다." 그런 다음 연구진은 실험 참가자들에게 위험이 아주 낮으면 0점, 아주 높으면 10점으로 테러 공격의 위험을 가늠하게 했다.

연구진은 추가 정보가 위험 인식에 그 어떤 영향도 끼치지 않음을 알게 되었다. 구간 확률로 위험 정보를 제공받은 사람이나 점 추정치로 정보를 제공받은 사람이나 위험 수준을 똑같이 평가했다. 무엇보다 중요한 것은 구간 확률이 정보를 제시하는 방식에 오해의 소지가 있다는 점이다. "우리는 향후 6개월 안에 테러 공격이 일어날 확률을 5퍼센트로 추정한다" 같은 진술에서는 확률 예측의 주관적 성질이 명확히 드러난다. 그러나 구간 확률로 정보를 추가해서 "테러 발생 가능성은 최소 1퍼센트에서 최대 10퍼센트다"라고 말하면, 온도나 질량을 측정할 때와 마찬가지로 우리가 불완전하게 가늠한 확률이 주관적인 판단이라기보다 객관적인 사실처럼 들린다. 확률은 본래 주관적인 불확실성의 표현이므로 이는 명백한 오도다.

다시 가상의 수은 온도계 얘기로 돌아가보자. 우리가 이 온도계의 확률을 얼마나 정밀하게 보정할 수 있느냐는 세로칸에 얼마나 많은 눈금을 표시하느냐에 달려 있다. 눈금이 몇 개밖에 없으면 10퍼센트나 20퍼센트 단위로만 확률을 예측할 수 있다. 눈금이 많을수록, 오랜 시간 연습하면 할수록 더 세밀하게 차이를 구분할 수 있다. 예컨대 60퍼센트 확실한 것과 63퍼센트 확실한 것이 어떻게 다른지 설명할 수 있게 된다.

심리학자들은 위험지능의 이런 측면을 '해결resolution'이라고 부른다. 우리가 위험지능을 얼마나 정밀하게 조율할 수 있느냐, 즉 지식에 관한 느낌을 표시하는 온도계에 얼마나 많은 눈금을 새겨 인식할 수 있느냐는 미결 문제다. 실제로, 확률의 작은 차이를 인식하는 능력은 정신물리학의 연구 대상이다. 정신물리학은 인간의 감각의 한계를 연구하는 심리학의 한 분야로서 심리학 연구과정에 최초로 과학 실험을 도입했다. 예를 들어 1840년대에 독일 심리학자 에른스트 베버는 눈가리개를 한 남자에게 역기를 들게 하고 그 무게를 점차 늘려가며 그가 언제 처음 무게가 늘었다고 느꼈는지 확인했다. 이 실험을 통해 에른스트 베버는 처음에 드는 역기의 무게에 따라 변화를 인지하는 무게차가 달라진다는 사실을 알아냈다. 다시 말해 최초에 드는 역기의 무게가 두 배로 늘어나면 피실험자가 차이를 인식할 수 있는 한계점도 두 배로 증가한다.

대니얼 카너먼과 아모스 트버스키는 위험지능도 이와 비슷한 방식으로 작동한다고 말한다. 확률의 차이를 분간하는 능력은 확률이 극단적이냐 아니냐에 따라 달라진다. 위험 수준을 저울질할 때 이 점을 항상 명심해야 한다. 중간 확률보다 극단적인 확률에 변화가 생길 때 쉽게 알아채는데, 이 때문에 잘못된 결정을 내리기도 한다. 예를 들어 10퍼센트와 11퍼센트의 차이보다 0퍼센트와 1퍼센트의 차이가 훨씬 커 보이고, 89퍼센트와 90퍼센트의 차이보다 99퍼센트와 100퍼센트의 차이가 훨씬 더 크게 다가온다. 그 결과 우리는 확률이 극단적일 때는 작은 변화에도 과잉 반응하고 그렇지 않을 때는 미온적인 반응을 보인다. 예를 들어 우리는 생존 가능성이 10퍼센트에서 11퍼센트로 늘어나는 수술보다 0퍼센트에서 1퍼센트로 늘어나는 수술에 더 관심을 가진다. 또한 당첨 확률이 89퍼센트에서 90퍼센트로 높아진 복권보다 99퍼센트에서 100퍼센트로 커진 복권에 더 관심을 보인다.

0퍼센트나 100퍼센트에 가까운 확률에 사소한 변화가 생길 때 과민 반응하는 이런 성향은 경마에 배팅할 때도 여실히 나타난다.[9] 대부분의 아마추어들은 거의 승산이 없는 경주마는 실적 대비 과대평가하지만 우승 후보는 실적 대비 과소평가한다. 그래서 결국에는 우승 후보에게 배팅할 때보다 이길 가망이 거의 없는 경주마에 배팅해 더 큰 손해를 본다. 승산이 거의 없는 경주마가 우승할 때 마권업자들이 반색하는 이유도 여기에 있다. 이때 마권업자는 최고의 수익을 얻기 때문이다.

이런 승산 없는 것을 선호하는 편향은 1949년 심리학자 리처드 그리피스가 처음 언급했다.[10] 그후 전 세계 경마장과 그 밖의 스포츠 배팅 시장에서 이런 편향이 나타나는 것을 입증하는 연구가 많이 이뤄졌다. 실제로 이 편향은 스포츠 도박 시장에서 가장 많이 언급되는 경험 규칙으로 100편이 넘는 체계적인 논문에서 이 편향을 다루고 있다.

이 때문에 확률을 고려해 결정을 내릴 때 명심해야 할 법칙 하나가 대두했다. "스펙트럼의 양끝에 있는 확률차를 지나치게 과대평가하지 않도록 주의하고, 중간 범위의 확률차를 충분히 고려했는지 확인하라." 설사 그게 그른 것 같아도 가능성이 5퍼센트에서 10퍼센트로 늘어나는 것에 신경쓰는 만큼 가능성이 45퍼센트에서 50퍼센트로 늘어나는 것도 신경써야 한다. 예를 들어 당신이 두 과목을 시험볼 예정이라고 치자. 한 과목이 다른 과목보다 어렵지만, 두 과목 모두 중요하다. 쉬운 과목 시험을 통과할 가능성은 45퍼센트지만, 어려운 과목은 통과 가능성이 5퍼센트밖에 안 된다고 생각한다. 당신은 재정적으로 한 과목의 가정교사만 채용할 여유가 있다. 그리고 그 가정교사가 시험 통과 가능성을 약 5퍼센트 끌어올려줄 수 있다고 생각한다. 그렇다면 당신은 어느 과목에 돈을 써야 할까? 어려운 시험 준비에 돈을 쓰는 것이 나을 거라는 직감이 든다면 직감을 조금 더 단련할 필요가 있다. 위험지능이 높은 사람은 그렇게 생각하지 않는다. 위험지능이 높은 사람은 어느 쪽에 돈을 쓰건 중요하지 않다고 생각한다. 가능성이 5퍼센트 올라가는 것은 어느 쪽이나 매한가지이기 때문이다.

100퍼센트 원칙

확률을 생각할 때 우리가 흔히 범하는 또하나의 오류는 100퍼센트 원칙을 어기는 것이다. 이 규칙에 따르면 모든 확률은 상호 배타적이라 총합이 100퍼센트 이상이 될 수 없다. 예를 들어 경기에 참가한 경주마가 넷인데 무승부가 날 가능성이 없다면, 각 경주마의 우승 확률을 30퍼센트로 추정하는 것은 말이 안 된다. 만일 그렇게 추정했다면 경주마를 세심히 비교하고 거기에 맞춰 예측치를 보정했는지 확실히 해야 한다. 전체 퍼센티지가 100퍼센트라는 원칙을 염두에 두면, 더 엄격하게 확률 예측을 할 수 있고 새로운 정보가 들어올 때마다 예측치를 알맞게 조정할 수 있다.

사람들이 모인 한 장소에서 살인 사건이 벌어졌다. 손님 중에서 누가 범인인지 추리해보자. 애거서 크리스티의 『오리엔트 특급 살인』처럼 등장 인물의 전부 또는 일부가 살인을 공모했을 가능성을 배제한다면, 각각이 살인자일 확률을 모두 더한 값이 100퍼센트가 되어야 한다. 조사를 거쳐 용의선상에서 1명씩 지워나가면, 용의자 수는 줄어들지만 확률의 합은 여전히 100퍼센트이므로 남은 용의자가 살인자일 확률은 커진다. 너무나 당연한 말 같지만, 심리학자들이 사람들에게 비슷한 살인 사건을 풀게 하자 대부분 100퍼센트 원칙을 지키지 못했다.[11]

연구진은 실험 참가자를 먼저 두 그룹으로 나누었다. 두 그룹 모두 0에서 1사이에서 확률을 예측하게 하고(0에서 100사이에서 확률을 예측하는 것과 별 차이가 없다), 확률을 예측하는 몇 가지 연습을 하게 했다. 여기에 더해 두번째 그룹에 속한 참가자들에게는 100퍼센트 원칙을 알려주었다. 연구진은 100퍼센트 원칙에 대해 특별히 훈련받지 않은 사람들도 이 원칙을 자연스럽게 따르는지 알아보기 위해 첫번째 그룹에 속한 참가자들에게는 이에 관해 어떤 정보도 주지 않았다.

그런 다음 연구진은 실험 참가자들에게 살인 사건을 들려주었다. 상황 그리고 피해자와 5명의 용의자를 소개한 몇 백 자 분량의 짧은 시나리오였다. 간단히 말해서 용의자 5명 중 1명이 가해자로 공모는 없었다고 했다. 단독 범행이었다. 그 시점에서 실험 참가자들은 0(가능성 없음)부터 1(확실함)까지 이어진 검정 선의 어느 지점에 사선을 그어 각 용의자가 범인일 확률을 추정해야 했다. 처음에 각 용의자에게 배정한 이 확률은 '사전 확률'이 된다.

그다음에 연구진은 특정 용의자가 범인이라는 단서 또는 결백하다는 단서를 읽어준 뒤 실험 참가자들에게 각 용의자가 범인일 확률을 다시 추정하게 했다. 연구진은 총 열세 가지 단서에 대해 같은 과정을 반복했다. 그중 두 가지는 한 용의자에게 확실한 알리바이인 단서라 그 사람은 용의선상에서 제외되었다. 이 단서는 각각 열한번째, 열세번째 단서로 상당히 늦게 나왔다. 최종적으로 연구진은 범인이 누구인지 밝혔다.

결과를 분석하자 두 그룹 사이에 상당한 차이가 있었다. 100퍼센트 원칙에 대해 듣지 못한 그룹에서 각 용의자가 범인일 것으로 추정한 확률의 총계는 대개 1이 넘었다. 이와 대조적으로 100퍼센트 원칙을 숙지한 사람들이 추정한 확률은 총계가 1이었다.

100퍼센트 원칙을 염두에 두면 여러 가지 가능성을 일관성 있게 따져보는 데 도움이 된다. 그렇다고 이 원칙이 추가 정보로 어떻게 확률을 재평가해야 하는지 구체화하는 것은 아니다. 하지만 이 원칙에 기반해 제2의 탐정이 되어 새로운 정보가 들어올 때마다 각 용의자가 범인일 확률을 재고하면서 이야기를 따라가면 추리소설을 훨씬 재미있게 읽을 수 있다. 이런 과정은 확률 이론이 베이스 정리bayes's theorem라는 유용한 도구를 제공해준 덕분이다.

베이스 정리

새로운 정보가 들어오는 경우, 우리는 확신을 얼마나 키우거나 줄여야 할까? 놀랍게도 이에 대한 수학 공식이 있다. 이 공식은 18세기 영국의 장로교 목사가 처음 발견했다. 여가 시간을 수학에 몰두한 토머스 베이스가 발견한 이 정리는 여전히 그의 이름을 따서 불린다. 베이스 정리는 다음과 같이 요약할 수 있다.

$$P\ (H|E) = \frac{P\ (E|H)\ P(H)}{P(E)}$$

여기서 H는 가설을 E는 증거를, P는 '확률'을 나타낸다. 베이스 정리를 말로 풀면 이렇게 설명할 수 있다.

새로운 증거(E)가 주어졌을 때 가설(H)의 확률(P)은 가설에 대한 증거의 확률에 가설의 확률을 곱하고 증거의 확률로 나눈 값과 같다.

명확하게 설명하자면, 좌측에 있는 P(H|E)는 당신이 새로 등장한 증거(E)를 고려한 이후에 가설(H)을 얼마나 확신하게 되었는지를 나타낸다. 새로운 증거가 나오기 전에 해당 가설을 얼마나 확신했는지 나타내는 '사전 확률'과 달리 새로운 증거를 고려한 다음에 갖게 된 확신도確信度이기 때문에 이를 '사후 확률'이라 부른다. 베이스 정리에 따라 새로운 증거(E)를 고려한 이후에 가설(H)에 대한 확신이 얼마나 더 강해지거나 약해져야 하는지를 알아내려면, 먼저 다음 세 가지를 알아야 한다.

- P(H): 처음에 추정한 사전 확률. 새로운 증거를 고려하기 전에 가설을 얼마나 확신했는가?
- P(E|H): 가설에 따르면 새로운 증거는 얼마나 타당한가?

- P(E): 가설과 상관없이 새로운 증거는 얼마나 타당한가?

이 기본 공식 활용법을 이해하기 위해 살인 사건 추리 실험을 다시 떠올려보자. 실험 참가자들은 5명의 용의자가 있다는 말을 들었지만 처음에는 누가 범인인지 아무런 단서가 없었다. 증거가 없는 상태에서는 각 용의자가 살인자일 확률을 똑같이 배당해야 한다. 따라서 각 용의자가 범인일 확률은 똑같이 20퍼센트다. 베이스주의자들의 말을 빌리면, 이것이 각 가설의 사전 확률이다.

이제 조사를 거쳐 그린 목사가 용의선상에서 제외되었다는 첫번째 단서가 나왔다고 가정해보자. 다른 용의자들에 대한 정보는 아직 전혀 없다. 그린 목사가 범인일 확률은 0퍼센트까지 떨어지고, 100퍼센트 원칙에 따라 다른 4명의 용의자가 범인일 확률은 각각 25퍼센트로 증가한다.

두번째 단서로 머스터드 대령이 살인자일 수 있다고 지적하지만 다른 용의자들에 대한 정보는 아직 없다. 머스터드 대령이 살인을 저질렀을 확률이 40퍼센트라고 추정한다고 치자. 그러면 나머지 세 용의자가 범인일 확률은 각각 20퍼센트로 감소한다.

마지막으로 공작부인에게 확실한 알리바이가 있다는 세번째 단서가 나왔다고 가정해보자. 공작부인이 범인일 확률은 0퍼센트까지 떨어졌다. 그러면 100퍼센트 원칙을 감안해 나머지 세 용의자가 범인일 확률을 어떻게 조율해야 할까? 각 용의자가 범인일 확률을 똑같이 6.6퍼센트씩 올릴 수도 있지만, 베이스 정리가 알려주는 방법은 이와 다르다.

도표 15 추리소설 속 용의자에게 품는 의혹

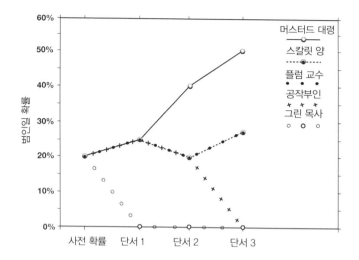

이런 상황에서 확신도를 조율하는 정확한 방법은 남은 용의자가 범인일 확률에 비례해 그들에게 확률을 배당하는 것이다. 머스터드 대령 (40퍼센트)은 현재 다른 두 용의자(각각 20퍼센트)에 비해 범인일 확률이 두 배나 되는 유력한 용의자이기 때문에 이번에도 다른 두 사람보다 확률을 두 배로 올려야 한다. 조사를 거쳐 공작부인이 용의선상에서 제외된 이후에 머스터드 대령이 범인일 확률은 10퍼센트 증가해서 50퍼센트가 된다. 반면 스칼릿 양과 플럼 교수가 범인일 확률은 각각 5퍼센트씩 증가해서 25퍼센트가 된다. 용의선상에 올랐던 5명에 대한 의혹이 발전하는 과정을 그래프로 그리면 도표 15와 같다.

이 그래프가 반직관적으로 보일 수 있다. 공작부인이 용의선상에서 제외된 이후에 왜 공작부인에게 배당된 확률을 남은 용의자들에게 똑같이 배분하지 않고 각 용의자의 현재 확률에 비례하여 증가분을 조율하는가? 이에 대한 답이 베이스 정리 첫 부분에 나온다. 새로운 증거(E)가 주어진 가설(H)의 새로운 확률(P)을 구하기 위해서는 먼저 가설에 주어진 증거의 확률에 가설의 사전 확률을 곱해야 한다. 공작부인에게 철옹성 같은 알리바이가 있다는 단서를 발견하기 전에도 머스터드 대령이 살인을 저질렀을 확률은 스칼릿 양이 살인자일 확률보다 두 배나 높았다. 따라서 공작부인이 용의선상에서 제외된 이후에 확률을 수정할 때도 머스터드 대령의 혐의는 스칼릿 양의 두 배로 증가해야 한다.

타고난 베이스주의자?

베이스 정리는 새로운 증거를 고려하여 확신을 어떻게 조율해야 하는지 보여주지만, 이 처방을 따르고자 의식적으로 공식을 적용할 필요는 없다. 심지어 이 공식을 몰라도 된다. 인지과학자들은 사람들이 '타고난 베이스주의자'라는 문제에 대해 수십 년간 갑론을박해왔다. 즉 확률 이론을 공부한 적이 없는 사람들도 베이스 정리대로 가설에 대한 확신을 자동적으로 갱신하는지 각기 다르게 주장했다. 1970년대와 1980년대에 이뤄진 1차 연구에서는 그렇지 않다는 주장이 우세했다. 당시 사람들에게 베이스 정리를 무시하는 경향이 있다는 연구 결과가 다양한 방식으로 나왔다. 그중 하나가 이른바 '기저율 오류'다.

당신이 어떤 질병에 관한 검사를 받았는데 양성 반응이 나왔다고 가정해보자. 당신이 실제로 그 병에 걸렸을 확률은 어느 정도일까? 지난 몇 년간 베이스 정리를 가르칠 때 의대생 수백 명에게 이 질문을 던졌다. 대부분은 계산을 틀렸다. 많은 이들이 질문 자체가 잘못됐음을 알아채지 못하고 확률이 상당히 높다고 생각했다. 대답을 하려면 더 많은 정보가 필요하다고 정확하게 답한 사람은 소수였다. 이 질문에 답하려면 검사가 얼마나 믿을 만한지 그리고 당신처럼 이 병에 걸린 사람이 얼마나 되는지 알아야 한다. 그러나 베이스 정리에 대해 알거나, 최소한 베이스 정리의 논리를 모른다면 어떤 추가 정보가 필요한지는 고사하고 추가 정보가 필요하다는 사실조차 알아채지 못할 것이다.

내가 에이즈 검사에서 양성 반응이 나왔다고 가정하자. 이 정보를 활용하기 위해서는 먼저 나 같은 에이즈 감염자가 얼마나 되는지 알아야 한다. 물론 '나 같은'이라는 표현은 모호하다. 나와 얼마나 비슷해야 하는 걸까? 머리색이 갈색이어야 할까? 철학자들이 '준거 집단 문제'라고 부르는 이 문제는 쉽지 않다. 임시변통으로 선택을 해보자. 논의를 위해 여기서 나의 준거 집단이 '영국 남자'라고 명기할 것이다. 다시 말해서 성적 취향이나 마약 복용 전력, 그 밖의 요소는 고려하지 않기로 결정했다. 이런 요소들은 나중에 준거 집단에 추가로 포함시킬 수 있다.

영국 남성의 약 0.2퍼센트가 에이즈 보균자라고 해보자. 이것이 바로 기저율이다. 따라서 내가 남자이고 영국인이라는 사실만을 고려한다면, 검사 결과를 받기 전 양성 반응이 나올 확률은 0.2퍼센트라고 가설을 세워야 한다. 앞에서 살펴보았듯이 베이스주의자들은 이것을 가설의 사전 확률이라고 부른다.

증거가 나오기 전, 즉 양성 반응이라는 결과를 받기 전 알아야 할 정보는 기저율뿐만이 아니다. 이 검사가 얼마나 믿을 만한지도 알아야 한다. 즉 적중률과 오경보율을 모두 알아야 한다는 말이다. 100퍼센트 정확한 검사는 없다. 누군가 바이러스에 감염되었을 때 특정 검사에서 양성 반응이 나올 확률이 99퍼센트라고 가정해보자. 이것이 적중률이다. 누군가 바이러스에 감염되지 않았는데 검사 결과 양성 반응이 나올 확률이 5퍼센트라고 가정해보자. 이것이 오경보율이다.

이 모든 정보를 모두 베이스 정리에 집어넣으면, 사후 확률을 계산할 수 있다. 즉 검사 결과 양성이라는 새로운 증거를 고려할 때 내가 에이즈 보균자일 확률을 구할 수 있다는 말이다. 계산 결과 확률은 단 4퍼센트 미만이 나온다. 다시 말해서 양성 반응이 나온 뒤에도 내가 실제로 에이즈 보균자일 확률은 아주 낮다.

학생들에게 베이스 정리를 이용한 계산법을 상세히 설명했음에도 많은 학생이 이 결과에 깜짝 놀랐다. 이는 곧 많은 사람이 기저율 오류에 빠져 있다는 의미다. 이미 여러 연구를 통해 사람들이 사전 확률을 충분히 고려하지 않거나 심지어 기저율을 완전히 무시한다는 사실이 증명되었다. 양성인 검사 결과는 내가 에이즈 보균자일 확률을 0.2퍼센트에서 약 4퍼센트로 엄청나게 끌어올렸다. 거의 2천 퍼센트 상승한 수치다! 그러나 애초에 사전 확률이 아주 낮았기 때문에 절대치로 보면 사후 확률도 여전히 낮다. 만일 기저율이 더 높았다면, 상황은 크게 달라졌을 것이다. 예를 들어 내가 2008년 기준으로 에이즈 유병률이 26퍼센트 이상인 스와질란드에 사는 성인이라면 양성이라는 검사 결과는 내가 에이즈 보균자일 확률을 87퍼센트 이상으로 끌어올렸을 것이다. 질병 검사 결과를 해석할 때 기저율을 아는 것이 왜 중요한지와 기저율을 무시하면 왜 베이스 정리를 위반하게 되는지 이제 확실해졌으리라.

사람들이 타고난 베이스주의자인가에 관한 논쟁은 조금 다른 방향으로 흘러가기 시작했다. 지난 수십 년간의 연구는, 사람들이 기저율 오류를 초기 연구에서 시사했던 것처럼 그렇게 깊게 신경쓰지 않음을 보여주었다. 일부 연구에서는 정반대 오류를 보여주는 사례가 발견되기도 했다.[12] 이들 연구에서 사람들은 기저율에 너무 신경쓴 나머지 가설에 대한 확신을 조율할 때 새로운 정보를 충분히 고려하지 않았다. 다른 연구에서는 사람들이 양극단의 오류에 빠지지 않고 새로운 증거와 기저율을 정확히 반영하는 배경을 밝혀냈다.

2006년, 인지과학자 토머스 그리피스와 조슈아 테넌바움은 사람들에게 인간의 평균 수명이나 영화 흥행 정도처럼 익숙한 내용에 대해 예측하게 하면 오류가 사라진다는 사실을 알아냈다.[13] 그리피스와 테넌바움은 실험실에서 이뤄진 연구가 대체로 피실험자들의 일상적인 경험과 동떨어진 판단을 다뤘기 때문에 이전 연구자들이 기저율 오류가 널리 퍼져 있다고 결론지은 것은 성급했다고 지적한다. 사람들에게 좀더 친숙한 문제를 예측하게 하면, 기저율을 훨씬 더 잘 고려해 판단한다.

그리피스와 테넌바움은 피실험자에게 다음과 같은 질문을 던졌다.

- 친구네 집을 불쑥 방문했다고 하자. 친구는 당신이 도착하기 30분 전부터 영화를 보고 있었다고 한다. 이 영화는 총 몇 분짜리일까?
- 어떤 영화가 매표 수익이 1천만 달러에 달한다고 들었다고 가정해보자. 하지만 이 영화가 상영된 기간이 어느 정도인지는 모른

다. 이 영화의 총 매표 수익은 얼마나 될까?

　단편적인 정보만으로 무언가를 예측해야 하기 때문에 까다로운 질문처럼 보일 수 있다. 그러나 일상생활에서 늘 이와 비슷한 상황에 부딪힌다. 제한된 데이터만으로는 정확한 답을 계산할 수 없지만, 상식에 맞게 적어도 합리적인 추측을 해야 하는 상황 말이다.

　그리피스와 테넨바움은 그들이 제시하는 정보값에 변화를 주었다. 예를 들어 영화 상영 시간을 물을 때는 친구가 영화를 30분 동안 보고 있었다고 똑같이 명시하지 않았다. 60분, 80분, 95분, 110분 등으로 다르게 이야기했다. 흥행 수익을 물을 때도 마찬가지였다. 때로는 이미 100만 달러를 벌어들였다고 명시했고, 때로는 600만 달러, 4천만 달러, 1억 달러로 명시했다.

　그리피스와 테넨바움은 기저가 되는 분포를 달리해서 질문하려 했다. 예를 들어 영화 상영 시간은 수학자들이 '가우스 분포'라 칭하는 평균을 중심으로 무리짓는 분포를 따른다. 이와 달리 흥행 수익은 대부분의 관측값이 아주 작고 소수의 관측값만 큰 멱함수 분포를 따른다(도표 16 참조). 다시 말해서 영화 상영 시간과 흥행 수익은 기저율이 다르다. (베이스주의자들의 표현대로라면 '사전 확률'이 다르다.) 그러므로 사람들이 기저율을 고려한다면, 그리피스와 테넨바움의 질문에 대한 답도 패턴이 달라질 것이다. 실제로도 그러했다. 다시 말해 사람들은 답을 예측할 때 영화 상영 시간과 흥행 수익에 관한 통계가 서로 성질이 다름을 인지하고 그 지식을 활용했다. 적어도 실험실 밖에서 사람들은 심리학자

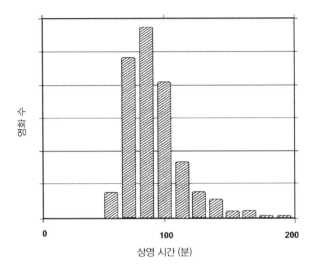

상영 시간 (분)

영화 수

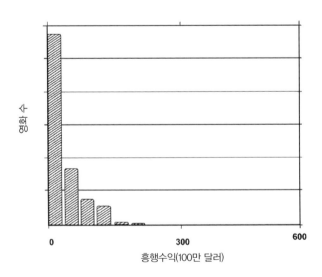

흥행수익(100만 달러)

영화 수

들이 이전에 생각했던 것보다 베이스주의자에 더 가까웠다.

　이런 것들이 위험지능에 어떻게 도움이 될까? 맨 먼저 강조해야 할 것은 위험지능 개발을 위해서 베이스 정리의 복잡한 수식을 익힐 필요는 없다는 점이다. 물론 베이스 정리에서 얻은 반직관적인 결론을 명심하고, 임시변통으로 이러한 통찰을 적용하는 것이 도움이 될 수는 있다. 예를 들어, 공작부인을 용의선상에서 제외한 이후 남은 용의자가 범인일 확률을 현 확률에 비례하여 조율한 사실을 떠올려보라. 이 간단한 경험 법칙은 일상 속 다른 문제에도 적용할 수 있다. 이를테면 회사 부장이 퇴직할 때 동료 중 누가 승진하게 될지를 예상하거나 당신에게 밸런타인데이 카드를 보낸 사람을 알아내야 할 때처럼 말이다. 이때에도 특정 예감에 대한 확신이 줄어들면, 사전 확률에 비례해 다른 예감들에 대한 확률을 조율해야 한다. 밥이 부장으로 승진할 가망이 더이상 없다고 생각되면, 100퍼센트 원칙에 따라 밥에게 배당했던 확률을 다른 후보들에게 재분배해야 한다. 그렇다고 밥에게 배당했던 확률을 다른 후보들에게 똑같이 분배해서는 안 된다. 이미 셰릴을 우승 후보라고 점찍어뒀다면, 다른 경쟁자보다 셰릴에게 확률을 더 많이 배당해야 한다.

　마찬가지로 기저율도 간과해서는 안 된다! 보고서를 쓸 때든 새로운 운송 체계를 구축할 때든 낙관 편향에 빠지면 과제 완수에 걸리는 시간을 낮춰 잡기 일쑤라는 사실을 이미 앞에서 살펴보았다. 그러나 우리가 실제보다 일을 빨리 끝낼 수 있다고 생각하는 이유─심리학자들은 이를 '계획 편향'이라 한다─는 낙관 편향 때문만이 아니라 기저율 오류 때문일 수 있다.[14] 우리는 새로운 사업 완수에 걸리는 시간을 추정할 때 그 사업의 세부 사항에만 초점을 맞추고 이전의 유사 경험은 무시하는 경향이 있다. 수년 동안 나는 처음에 예상했던 시간 안에 연구 과제를 완성하지 못했으면서도 계속해서 터무니없이 낙관적인 마감 시한을 잡았다. 마감 시한을 맞춘 적이 거의 없다는 걸 충분히 경험했으면서 아무 교훈도 얻지 못한 것이다. 그래서 예전에 비슷한 연구 과제를 진행할 때 나온 증거를 계속 무시하고, 가능성이 거의 희박한 날짜에 연구를 마무리할 것으로 예측했다.

대니얼 카너먼과 아모스 트버스키는 이런 계획 오류의 극복을 돕는 '준거 집단 예측'이라는 기법을 개발했다. 이 기법은 이전의 비슷한 경험을 토대로 과제 완수에 소요되는 시간을 명쾌하게 추정하게 해준다. 예를 들어 상사가 당신에게 작성하라고 지시한 신규 마케팅 계획안을 언제 받을 수 있는지 알고 싶어한다고 가정해보자. 예전에 마케팅 계획안을 써본 적이 있다면 먼저 이전 계획안을 마무리하기까지 얼마나 걸렸는지 기억해야 한다. 그러나 이전에 마케팅 계획안을 작성해본 적이 없다면 어떻게 할까? 이 경우에도 가능한 한 예전 경험을 떠올리려고 애써야 하지만 그러려면 다른 준거 집단을 찾아야 한다. 예를 들면 대학생 때 보고서를 쓰던 경험을 떠올리고, 찾아야 할 자료의 희귀성이나 예상 분량 등을 감안해야 한다. 이때 새로운 과제의 성격에만 온전히 집중하고 예전 경험은 깡그리 무시하는 일은 절대로 하지 말아야 한다. 예전에 했던 비슷한 경험은 모두 쓸모가 있다. 당신은 예상 문제를 추리하고 이전 경험을 활용함으로 당면 과제에만 초점을 맞출 때보다 훨씬 정확하게 추정할 수 있다.

이번 장에서 우리는 확률 이론을 알면 확률을 예측할 때 빠지기 쉬운 오류를 피할 수 있다는 사실을 알게 되었다. 또한 한계점을 설정하고 배팅 액수를 정하는 등의 단순한 전략을 활용해 어떻게 현명한 결정을 내릴지도 살폈다. 그러나 이런 방법들은 한계가 있을 수도 있고, 여러 가지 기준과 목표를 고려해야 하는 환경에서 우리가 직면하는 중요한 결정과 별 관련이 없을 수도 있다. 이런 상황에서는 좀더 정교한 접근이 필요하다. 이에 이어지는 8장에서는 기대 효용 이론이라는 매우 효과적인 의사결정 기법을 살펴보려 한다. 여기에 더해 확률 이론이 발전하기까지 많은 부분 이바지한, 도박 연구를 통해 현명한 결정을 내리는 데 도움이 되는 교훈들도 좀더 살펴볼 것이다. 대부분의 사람들은 도박을 패가망신의 지름길로 여기지만, 도박을 연구하는 과학자나 전문 도박사 들은 가능성을 저울질한다는 점에서 우리에게 많은 것을 가르쳐준다.

8장

도박을 하는 방법과
이기는 법

많은 윤리학자가 복권 산업을 비난하고
평범한 도박사의 열정을 고귀하게 여기지 않는다.
일부 무신론자들이 종교를 비판할 때처럼
도덕주의자들의 비판은 과한 면이 있다.
_찰스 램

아리스토텔레스의 운동 이론을 실험해보고 싶어진 갈릴레오가 목판에 홈을 파고 이를 비스듬히 받친 뒤 놋쇠공을 굴렸다. 아리스토텔레스는 공의 속도가 일정하리라 예상했지만, 실제로는 비탈면을 굴러가면서 속도가 증가했다. 아이작 뉴턴이 나중에 밝혀냈듯이 중력 때문에 공에 가속도가 붙어서였다.

갈릴레오가 한 실험은 마찰처럼 관심이 없는 요소는 제거하고 자기가 관심이 있는 현상만 별도로 연구했다는 점에서 천재적이다. 갈릴레오의 경사면 실험이 중력 연구로 이어진 것처럼 의사결정 연구에서 도박도 중요한 역할을 한다. 도박은 관련없는 인자를 모두 제거하고 핵심적인 영향력만 선명하게 단순화한 '모형 세상'을 제공해준다. 도박판에서는 의사결정이 매번 가장 기본적인 핵심으로 압축되어 이뤄지고 이는 수학적으로 분석할 수 있는 수량의 형태로 표현된다. 더구나 조건 유지가 쉬워서 실험을 여러 번 반복할 수 있다.

사실, 의사결정 이론의 기원은 블레즈 파스칼을 비롯한 17세기 수학자들의 '낙관적 도박 행동' 분석까지 거슬러올라간다. 갈릴레오도 주사위놀이에 관해 짧은 논문을 쓴 적이 있다. 의사결정 이론에서 가장 중요한 책은 1944년에 출간된, 존 폰 노이만과 오스카 모르겐슈테른의 『게임 이론과 경제 행동The Theory of Games and Economic Behavior』이다.[1] 이 책에서 두 사람은 포커 게임 분석을 통해 많은 내용을 이끌어냈다. 과학적 중요도나 천재성 면에서 이 책의 견해는 알베르트 아인슈타인의 일반 상대성 이론과 맞먹는다. 그러나 아인슈타인과 달리 폰 노이만과 모르겐슈테른은 그리 유명하지 않고 이들의 이론을 대충이라도 아는 사람도 드물다.

조금 더 비교해보자면, 아인슈타인이 공간과 시간, 중력 분야에서 놀라운 업적을 남겼듯이 폰 노이만과 모르겐슈테른은 합리성 분야에서 그랬다. 다시 말해서 두 사람은 합리적 선택에 관한 엄격한 수학 이론을 정립했다. 이 이론이 최적의 도박 게임 행동 분석에 기초한다는 사실에 충격을 받은 사람들도 더러 있다. 많은 이들이 도박을 기껏해야 시시한 오락거리로 여기고, 최악의 경우에는 근절해야 한다고 여긴다. 그러나 내 생각은 다르다. 도박은 합리적 의사결정 연구에 활용할 수 있는 좋은 과학적인 도구 중 하나다.

폰 노이만과 모르겐슈테른이 개발한 이 이론의 핵심은 기대 효용이라는 개념이다. 여기에는 기본적인 계산이 포함된다. 우승 확률에 잠재 이익을 곱하고 패배 확률에 잠재 손실을 곱한다. 이 두 결과를 더한 값이 도박을 할 때의 기대 효용이다.

예를 들어 300달러를 딸 확률이 60퍼센트인 내기를 한다고 가정해 보자. 이 내기의 기대 효용을 계산하기 위해서 300달러에 60퍼센트를 곱하면 180달러가 나온다. 당신이 그 내기에 400달러를 걸었다고 치면 당신의 잠재 손실은 400달러다. 이제 이 숫자에 패배 확률 40퍼센트를 곱하면 160달러가 나온다. 마지막으로 이 내기의 기대 효용을 계산하기 위해 두 숫자를 더하면(혹은 180달러에서 160달러를 빼면) 20달러가 나온다.

도박은 기본적으로 기대 효용이 플러스인 내기에만 돈을 걸어야 한다.[2] 따라서 전문 도박사라면 위에서 예로 든 내기에 돈을 걸 것이다. 대부분의 카지노 게임과 국가에서 운영하는 복권은 기대 효용이 마이너스이므로 재미보다 수익이 목적이라면, 하지 않는 것이 최선이다.

그렇다면 조금 전 살펴본 사례처럼 기대 수익이 20달러라면 위험을 무릅쓸 가치가 있을까? 게임에서 지면 400달러를 잃게 될 텐데 말이다. 만약 전문 도박사라면 앞으로 이와 비슷한 내기를 계속 할 것이고, 이 계산법은 게임을 무한히 계속한다는 걸 전제로 하기 때문에 그럴 만한 가치가 있다. 기대 효용 이론에는 우리가 도박을 영원히 계속한다는 수학적 가정이 깔려 있고, 전문 도박사들은 기대 효용에 가까운 결과를 얻을 정도로 게임을 자주 한다.

얻을 수 있는 최대 수익이나 최대 손실에 초점을 맞추는 대신 기대 효용에 초점을 맞춤으로써 전문 도박사들은 더 장기적인 맥락에서 게임에 임할 수 있다. 그렇기 때문에 그들은 초보 도박사들이 저지르기 쉬운 실수 즉 손실을 메우기 위해 위험이 큰 내기에 돈을 거는 실수를 피할 수 있다. 경마 전문가인 아일랜드인 J. P. 맥머너스의 이야기에 따르면, 오전 내내 경마장에서 돈을 잃은 초짜들은 집에 가기 전 한 번이라도 돈을 따보려고 필사적이기 때문에 그날 마지막 경기에 출전한 듣도 보도 못한 경주마에 모든 돈을 건다. 반면에 맥머너스는 언제든 경기를 접고 일어설 줄 안다. "경주는 얼마든지 있다." 이것이 그의 좌우명이다.

그러나 알다시피 아무리 자주 도박을 하는 사람이라도 전문 도박사들처럼 계속해서 도박을 하지는 않는다. 게다가 우리가 일상에서 위험을 감수하고 내려야 하는 결정은 대부분 돈이나 승패와 관련이 없다. 바로 여기에서 기대 효용 이론의 진가가 발휘된다.

훌륭한 과학 이론들이 다 그렇듯이 폰 나우만과 모르겐슈테른의 이론은 단순하면서도 아주 강력한 개념이 핵심이다. 살면서 선택해야 하는 많은 문제들, 특히 위험이 따르는 문제에 대해 도박을 할지 말지 결정하듯이 선택할 수 있다. 어느 쪽을 선택하느냐에 따라 지금보다 상황이 좋아질 수도 나빠질 수도 있다. 위험이 따르는 이런 선택에는 네 가지 요소가 작용한다(도표 17 참조).

1. 현재 상황: 우리가 처한 현 상황으로 도박을 하지 않기로 선택하면 이 상황은 그대로 유지된다.

도표 17 폰 노이만과 모르겐슈테른의 이론에 따른 도박 구조. 도박을 할지 말지 선택할 수 있지만, 도박의 결과는 확률에 의해 결정된다. P는 승률을 나타내는데 여기에서는 승률을 0에서 1 사이의 숫자로 표현했다. 따라서 100퍼센트 원칙에 의거해 패배 확률은 1-P가 된다.

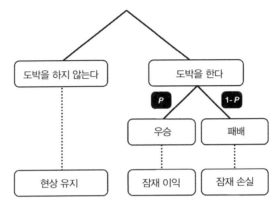

2. 잠재 이익: 도박에서 이기면 받을 보상을 가리킨다. 보상을 받으면 당연히 현재보다 상황이 나아진다.

3. 잠재 손실: 도박에서 지면 잃을 것을 가리킨다. 손실을 입으면 당연히 현재보다 상황이 나빠진다.

4. 승률: 도박에서 이길 확률을 가리킨다(승률을 알면 도박에서 질 확률도 알 수 있다).

어느 쪽을 선택하든 기대 효용 추산을 위해서는 잠재 이익과 잠재 손실을 계산한 다음, 잠재 이익에서 잠재 손실을 빼야 한다. 계산값이 플러스라면 이론상 도박을 해도 좋다. 그러나 계산값이 마이너스라면 현상을 유지하는 편이 낫다.

기대 효용의 관점에서 룰렛과 복권을 분석해보는 것도 좋다. 그러나 결정 이론의 요점은 도박과 별로 상관이 없거나 무관해 보이는 일상에도 정량 분석을 적용할 수 있고 적용해야 한다는 것이다.

기대 효용 이론을 비금전적 손실 및 이익이 따르는 의사결정에 적용하기 위해서는 숫자 대신 행복, 건강, 고통 같은 추상적인 가치를 대입시켜야 한다. 어떤 이들은 이런 개념을 수량화할 수 없다고 반대한다. 그러나 어떤 면에서 우리 뇌는 이미 눈에 보이지 않는 대상의 상대적 가치를 항상 판단하고 있다. 유일한 문제는 우리가 이 과정을 명쾌하게 밝힐 마음이 있느냐 없느냐다.

오스카 와일드는, 냉소주의자에 대해 세상만사 가격은 모르는 게 없지만 가치에 대해서는 전혀 모르는 사람이라고 말했다. 그러나 냉소주의자든 아니든 모든 것에 값을 매기려고 노력하지 않는 한 훌륭한 도박사가 될 수 없다. 우리는 '효용'이라는 가상의 화폐로 가격을 측정할 수 있다. 효용이라는 개념으로 돈이 수반되는 개념이든 건강이나 행복처럼 눈에 보이지 않는 개념이든 모든 잠재 이익과 손실을 수량화할 수 있다. 아인슈타인은 "의미가 있다고 모두 셀 수 있는 것은 아니다"라고 했지만, 이는 틀린 말이다.

이런 상황을 한번 가정해보자. 같은 반 학생 중에 꽤 매력적이나 대화는 잘 안 통하는 사람이 있다. 그 사람과의 데이트 효용은 약 10점이다. 그 사람에게 데이트를 신청했다가 거절당했을 때 경험하는 어색함과 불쾌함의 효용은 −20점이다. 그가 데이트 신청을 받아들일 확률은 약 30퍼센트다. 그러면 다음과 같은 기대 효용이 나온다.

- 데이트를 성공했을 때 효용 10점에 성공 확률 30퍼센트를 곱하면 성공에 대한 기대 효용은 3점이다.
- 거절당했을 때의 효용 -20점에 거절당할 확률 70퍼센트를 곱하면 실패에 대한 기대 효용은 -14점이다.
- 따라서 이 도박의 기대 효용은 3과 -14의 차인 -11이다. 기대 효용 값이 0보다 작으므로 당신은 그에게 데이트 신청을 하지 않는 편이 낫다.

지나치게 합리적인 것 같은가? 바로 그게 핵심이다. 이 책은 좀더 합리적인 결정을 내릴 수 있도록 돕기 위해서 쓰였다. 비합리적인 결정을 하고 싶다면 당장 책을 덮고 나가서 룰렛 한 판에 노후 자금을 몽땅 걸거나 눈을 감고 길을 건너는 식의 무분별하기 짝이 없는 행동을 하면 된다.

직감은 어떨까? 사실 기대 효용 이론은 느낌을 배제하지 않는다. 오히려 잠재 이익과 잠재 손실의 효용을 추산하는 과정에서 느낌이 반드시 필요하다. 효용은 완전히 주관적이므로 각 개인은 자신의 느낌과 가치, 선호를 감안해서 효용을 계산한다.

해나의 선택
물론 우리가 잠재 이익과 잠재 손실에 대입하는 구체적인 숫자는 대강의 근사치지만 전체 손실과 이익을 생각하고 손익을 저울질하고 확률을 가늠하려고 애쓰면 아주 명확해질 수 있다. 이런 결정방식이 얼마나 효과가 있는지 확인하기 위해 해나 존스의 사례를 살펴보자. 2008년 11월 10대 소녀 해나는 수술을 하면 목숨을 건질지도 모르는 상황에서 심장 이식 수술을 거부해 영국 언론의 헤드라인을 장식했다.[3] 수술 대신 퇴원을 결정한 해나는 집으로 돌아왔다. 해나는 부모님과 남동생 그리고 두 여동생 곁에서 죽음을 맞이하고 싶어했다.

아동보호소 직원이 전화로 정말로 해나 스스로 내린 결정인지 부모님의 입김이 작용한 결정인지 묻자 해나는 명확하고 단호하게 대답했다. 아동보호소 직원과 면담을 마친 뒤 해나는 기자들에게 말했다. "제 생각을 제대로 말씀드렸어요. 수술을 하지 않기로 결정했어요. 수술은 위험 부담이 너무 크다고 판단했어요. 수술을 받아도 결과가 안 좋을 수 있으니까요.

저는 평범한 열세 살이 아니에요. 전 생각이 깊어요. 제 병에 대해 고심했어요. 열세 살밖에 안 된 제가 죽음을 이해하기란 쉽지 않지만, 무엇이 저에게 최선인지는 알아요."

치료를 계속하는 것에 대한 기대 효용이 치료를 그만두는 것에 대한 기대 효용보다 작다면, 더이상 치료를 받지 않기로 한 결정은 합리적이다. 폰 노이만과 모르겐슈테른의 모델에 따라 해나의 선택을 분석하려면, 먼저 잠재 이익과 잠재 손실을 확인해야 한다. 잠재 이익은 심장 이식이라는 도박을 해서 성공할 경우 해나가 얻을 좋은 결과들이다.[4] 수술에 성공하면 해나는 튼튼한 새 심장을 가질 테고 훨씬 건강하고 즐거운 삶을 살게 될 것이다. 반대로 잠재 손실은 심장 이식이라는 도박을 해서 실패할 경우 해나가 얻을 나쁜 결과들이다. 이 결정은 중요한 수술 절차와 여러 가지 외과 치료를 포함한다. 해나는 큰 수술을 감당해야 하고 그로 인한 통증도 뒤따른다. 이식받은 심장이 제 기능을 못할 수도 있고 이 경우 얼마 지나지 않아 해나는 가족들을 떠나서 병원에서 죽을지도 모른다.

잠재 이익과 손실을 확인한 다음 해나는 그것을 효용 통화로 바꾸기 위해 숫자를 부여해야 했다. 이것은 완전히 주관적인 문제다. 이 수치는 개인의 가치와 선호에 따라 제각각이므로 본인 외에 누구도 이 수치를 결정할 수 없다. 폰 노이만과 모르겐슈테른은 자신의 행복을 가장 잘 평가할 수 있는 사람은 자기 자신이라고 추정한다.

다음으로 해나는 '이길' 확률을 추산해야 한다. 이 경우에는 수술이 성공할 확률이다. 잠재 이익과 잠재 손실, 수술 성공 확률에 수치를 부여한 다음 마지막으로 도박의 기대 효용을 계산해야 한다. 해나의 경우 기대 효용은, 잠재 이익에 수술 성공 확률을 곱한 값과 잠재 손실에 수술 실패 확률을 곱한 뒤 그 값을 더해 계산해야 한다. 기대 효용이 마이너스면, 즉 최종 수치가 0보다 작으면, 수술을 받지 않는 것이 합리적이다.

해나가 실제로 이런 식으로 결정한 것은 아니다. 그러나 이런 방법은 그녀가 내린 중요한 결정을 뒷받침한다. 즉 성공한다는 보장도 없이, 심지어 사랑하는 가족들을 못 보고 병원에서 죽을 수도 있는 상황에서 큰 수술을 감행하느니 집에서 조용히 마지막을 보내는 것이 합리적이고 해나의 가치관에도 어울렸다. 해나는 두 선택지의 여러 비용과 편익을 저울질했을 테고 우리는 대개 위기 상황에서 문제를 구조화하고 여러 기준을 명쾌하게 평가하길 좋아한다.

다행히 해나의 이야기는 행복하게 끝이 난다. 수술을 받지 않기로 결정하고 여섯 달 후, 의사들은 해나가 여섯 달 동안 더 강해져서 전보다 수술이 덜 위험할 거라고 말했다. 해나는 마음을 바꿔 심장 이식 대기자 명단에 이름을 올렸다.[5] "수술을 받지 않기로 했었던 거 알아요. 하지만 누구나 마음을 바꿀 권리가 있잖아요." 며칠 뒤 해나는 런던의 그레이트 오몬드 스트리트 병원에서 6시간 30분에 걸쳐 심장 이식 수술을 받았다. 수술은 대성공이었고 해나는 이식받은 심장 덕분에 앞으로 25년은 더 살 수 있게 되었다.

이라크 침공의 기대 효용

해나의 사례처럼 개인 차원에서만 기대 효용 이론을 사용할 수 있는 것은 아니다. 수백만 명에게 영향을 끼치는 정치적 결정에도 기대 효용 이론을 적용할 수 있다. 2003년에 이라크 침공을 결정한 미국의 상황이 여기에 딱 들어맞는다.

지금이 2002년 초이고 당신이 조지 부시 대통령이라고 가정해보자. 최근 미군은 북부동맹(탈레반 정권에 대항하기 위해 결성된 정치·군사 조직—옮긴이)이 탈레반 정권을 물리치고 아프가니스탄에 새 정부를 세우도록 지원했다. 임시 행정부가 구성되고 하미드 카르자이가 국가 지도자로 취임했다. 토라보라 산악 지대에서 미군과 격전을 벌인 뒤 오사마 빈라덴을 비롯한 수많은 알카에다 조직원들은 파키스탄으로 피신했다. 9·11 테러가 아직도 뇌리에 생생한 미국인들은 전쟁을 지지했다. 야심찬 계획을 실행할 만큼 연방 예산이 남아 있었고 미군은 온힘을 다해 싸울 준비가 되어 있었다.

저널리스트 제임스 팰로스의 지적대로 이 시기 부시 대통령은 한 걸음 물러나서 미국의 전략적 선택에 관해 좀더 폭넓게 생각해야 했다.

토라보라에서 전투가 끝날 무렵 이론상 미 행정부는 실행 가능한 정책에 심각한 문제는 없는지 검토할 시간이 있었다. 지난 1월 유엔 연설 당시 부시 대통령은 이란, 이라크, 북한을 '악의 축'이라 명명했다. 미 행정부는 이 세 국가의 상대적 위협도를 저울질했을 것이다.[6]

위기가 만든 기회였다. 미국은 원한다면 악의 축 가운데 하나를 없앨 수 있는 물리력과 경제력을 충분히 갖추고 있었다. 문제는 셋 중 누구냐였다.[7]

팰로스는, 부시 대통령이 이 문제를 따져보거나 이라크 침공에 수반될 기회 비용과 편익을 논의한 증거가 전혀 없다고 했다. 행정부에서 누군가 이라크 침공의 역효과를 진지하게 고민한 증거는 훗날 '공포 퍼레이드'로 알려지는, 도널드 럼즈펠드가 부시 대통령에게 쓴 2002년 10월 15일자 메모가 유일했다.[8] 럼즈펠드는 메모에서 다른 위협을 간과할 때 닥칠 수 있는 위험을 몇 가지 언급했다.

7. 미국이 이라크에 몰두하는 동안 다른 악당 국가가 이를 이용할 수 있다. 북한, 이라크, 대만 해협의 중국, 그 밖의 세력?

8. 이라크에 몰두하는 동안 미국은 북한과 러시아, 중국, 파키스탄, 인도

등에서 일어날 핵무기 확산이나 술책을 부득이 무시해야 한다고 여길 것이다. 이는 국제사회에서 미국의 영향력을 손상시키려는 용납할 수 없는 행동을 암묵적으로 찬성하고 묵인하는 것으로 보일 수 있다.

9. 오랫동안 이라크에만 몰두하면 남아시아 지역에 부주의해져 미국의 영향력이 줄어들 수 있다. 이것은 핵 무장 국가 간의 갈등으로 이어질 수 있다.

럼즈펠드가 메모에 기록했듯이 "이라크에서 정권이 바뀌지 않을 경우 고려해야 할 모든 잠재적 문제"(강조는 추가했다)와 비슷한 목록에 대해 충분히 생각해 결정해야 했다. 합리적인 정책 결정자라면, 이라크 침공의 장단점을 살피고 기대 효용을 가늠해보아야 했다.

2002년 초 부시 행정부의 관점에서 이라크 침공의 잠재 편익을 살펴보자. 한 가지 확실한 편익은 사담 후세인 정권을 무너뜨릴 것이라는 점이다. 이는 여러 가지 이유에서 중요했는데, 대량 살상 무기의 위협 제거도 그중 하나였다. 사담 후세인 정권에 반대하는 이유는 그 밖에도 많았다. 비행 금지 구역에서 미군 조종사가 공격당한 적도 있고, 유엔 안전보장이사회 결의안도 위반했으며 이라크 국민들을 곤궁에 빠뜨리기도 했다. 이외에도 미국 입장에서는 사담 후세인 정권을 무너뜨림으로 이라크에 장기 군사 기지를 설치할 수도, 이라크 석유 자원에 접근할 수도, 중동 지역이 민주화되는 계기를 마련할 수도 있었다.

이라크 침공의 잠재 편익을 살핀 다음에는 각 편익에 확률과 효용을 배당해야 한다. 물론 이 과정은 추측에 의존해야 하지만, 아무것도 추측하지 않는 것보다는 추측해보는 편이 확실히 낫다. 중동 지역의 민주화 발판 마련이나 미국에 대한 국제사회의 지지 약화처럼 무형적인 요소에 가치를 부여하기란 특히 더 어렵지만 조잡하나마 아예 없는 것보다는 나으니 '미국효용'이라는 가상 화폐로 미국의 국익 증진 효과에 값을 매기기로 하자. 예를 들면 사담 후세인 제거에는 미국효용 10점을 부여하고, 이라크에 장기 군사 기지 설치에는 8점을 부여하는 식으로 말이다. 이라크 침공이 이런 편익으로 이어질 확률을 각각 추정하고 이 확률에 효용을 곱하면 각 잠재 편익에 대한 기대 효용이 나온다. 마지막으로 이라크 침공의 모든 잠재 이익에 대한 총 기대 효용을 알아보려면 기대 효용을 모두 합산해야 한다.(표 3)[9]

그다음에는 이라크 침공의 잠재 비용도 살펴봐야 한다. 이번에도 나중에 알게 된 사실을 배제하고 2002년 초 부시 행정부 관점에서 생각하는 것이 중요하다. 따라서 일어나리라 예상했으나 실제로는 이라크 침공 후 3년 넘게 발발하지 않은 내전의 위험도 포함시켜야 한다. 실제로 일어났지만 침공 전에는 누구도 예상치 못한 조직적인 반란의 위험

표 3 미국 입장에서 본 이라크 침공의 잠재적 비용

편익	미국효용	확률	미국 기대 효용
정권 교체	10	98퍼센트	9.8
군사 기지 설치	8	85퍼센트	6.8
석유 자원 확보	6	70퍼센트	4.2
민주화 전파	10	25퍼센트	2.5
총			23.3

은 포함시켜서는 안 된다. 어떤 결정에 관해서든 잠재 이익과 손실을 모두 고려할 수 있다고 기대해서는 안 된다. 어쨌든 기대 효용 이론은 잠재 이익과 손실에 관한 새로운 정보가 들어올 때마다 정보를 고려해야 한다는 사실을 우리에게 일깨워주는 효과가 있다. 새로운 정보로 인해 비용과 편익의 저울이 어느 한쪽으로 기울면 정책 결정자는 마음을 바꾸어야 한다. 그렇지 않으면 정책 결정자는 결코 손실을 못 줄일 것이다. 처음에 선택한 정책이 옳았음을 증명하고자 실패한 정책에 집착할 테니 말이다.

그 당시 확실히 예측할 수 있었던 비용을 다시 확인해보자. 양측의 잠재적 사상자 수도 포함시켜야 하고, 전쟁의 경제적 비용과 불확실한 상황을 감안한 오차도 함께 고려해야 한다. 더 중요한 것은, 이라크 침공시 확실히 예측 가능한 잠재 비용 중 하나가 미국에 대한 국제사회의 지지 약화라는 것이다. 럼즈펠드도 2002년 10월 15일자 메모에서 이 점을 언급했다.

20. 2차 세계대전 이후 굳건하게 유지해온 미국과 유럽연합 및 유엔 국가들과의 관계가 돌이킬 수 없을 정도로 심각하게 벌어질 수 있다. 미국의 일방주의에 대한 비난 여론이 일면 국제사회에서 미국의 영향력이 줄어들 수 있다.

이라크 침공의 잠재 비용을 검토한 다음에는 잠재 편익을 고려할 때처럼 각 사안에 확률과 효용을 배당해야 한다. 그런 다음에 이라크 침

표 4 미국의 관점에서 본 이라크 침공의 잠재 비용

비용	미국효용	확률	미국 기대 효용
내전	−4	25퍼센트	−1
사상자	−5	80퍼센트	−4
경제적 비용	−35	80퍼센트	−28
국제사회의 지지 약화	−3	25퍼센트	−0.75
총			−33.75

공이 그러한 비용을 발생시킬 확률을 각각 추정해 각각의 비용에 효용값을 곱하면 각 잠재 비용에 대한 기대 효용이 나온다. 마지막으로 기대 효용을 모두 합산하면 이라크 침공의 모든 잠재 비용에 대한 총 기대 효용을 구할 수 있다(표 4).

그다음에는 최종적으로 모든 잠재 편익의 기대 효용과 모든 잠재 비용의 기대 효용을 더한다. 그러면 이라크 침공의 기대 효용을 보여주는 수치가 나온다. 표 3과 4처럼 편익과 확률을 배당했다면, 2002년 초 미국의 관점에서 본 이라크 침공의 총 기대 효용은 −10.45(23.3-33.75)가 된다. 효용값이 마이너스이므로 합리적인 정책 결정자라면, 이라크 침공을 밀어붙이지 않았을 것이다.

그렇다면 부시 대통령의 이라크 침공 결정은 비합리적이었을까? 꼭 그렇지는 않다. 부시 대통령은 나보다 경제적 비용과 사상자 수를 낮게 잡았을 수도, 미국효용으로 비용과 편익을 변환할 때 다른 '환율'을 적용했을 수도, 내가 고려하지 않은 다른 편익들을 고려했을 수도, 확률을 다르게 추정했을 수도 있다. 효용은 주관적이므로 누군가에게는 비합리적으로 보이는 결정이 가치와 선호가 다른 누군가에게는 아주 합리적인 결정일 수 있다. 기대 효용 이론은 '객관적으로 최선의' 행동 방침을 보여줄 것처럼 허세를 부리지 않는다. 의사 결정자가 스스로 세운 가정을 자세히 설명하게 함으로써 정직하고 투명한 추론을 도울 뿐이다. 2002년 초 누군가 이라크 침공의 장단점을 앞서 말한 분석으로 부시 대통령에게 제시했더라면, 그는 비합리적이라는 비난을 각오하고 자신이 왜 동의하지 않는지 다양한 가정과 이유를 설명해야 했을 것이다.[10]

부시 대통령의 관점에서 이라크 침공의 총 기대 효용이 플러스라는 걸 입증할 수 있었어도 이것이 이라크 침공의 합리성을 의미하지는 않는다. 부시 대통령 입장에서는 악의 축으로 명명한 다른 두 국가에 대한 군사 행동도 기대 효용을 따져보아야 하기 때문이다. 2002년 초 부시 행정부가 생각한 대로 이라크 침공의 기대 효용이 플러스인 동시에 이란이나 북한을 공격할 때보다 기대 효용이 더 커야만 이라크 해방 작전이 합리적이라고 볼 수 있다.

2002년 이란과 북한은 미국의 국익에 어떤 위협을 가했을까? 그해 10월 평양을 방문한 미국 대표단은 북한이 핵무기를 개발하고 있다는 사실을 알아냈다. 북한은 이미 8년 전에 폐쇄했어야 했던 핵연료 가공 공장을 12월에 재가동시켰고 곧이어 국제원자력기구에서 나온 감독관들을 내쫓고 핵확산금지조약에서 탈퇴하겠다고 발표했다. 같은 해 8월, 이란의 한 야당은 이란에 비밀 핵시설이 두 군데나 있다고 폭로했다.

미국이 악의 축이라고 명명한 세 국가 중에서 이라크의 핵무기 개발 속도가 가장 더뎠다. 설사 사담 후세인이 휴대용 생물무기 실험실을 갖췄다는 대량 살상 무기 관련 의혹이 사실이라 해도 북한이나 이란보다 이라크가 더 위험하다고 볼 수 없었다.

이후 알게 된 정보를 제외하고 2002년 초 부시 대통령이 인지했을 정보만 고려하더라도 이라크 침공의 기대 효용이 북한이나 이란에 대한 공격의 기대 효용보다 낮다고 평가하는 것이 타당하다. 물론 악의 축인 국가를 상대로 반드시 군사 행동을 개시할 의무도 없었다. 게다가 군사 행동을 취했어야 한다는 걸 인정하더라도 사담 후세인을 무너뜨리는 데 전력을 낭비해서는 안 되었다.

합리적인 테러범

기대 효용이라는 도구는, 미국의 적들도 똑같이 활용할 수 있고, 그들의 다음 행동을 예상하는 데도 유용하게 쓰인다. 예를 들어 당신이 미국 본토 테러를 준비중인 테러 조직의 수장이라고 가정해보자. 고위 고문들이 대형 운동경기장에 탄저균을 퍼뜨리는 방안과 주요 도시에 방사능 폭탄을 터트리는 방안, 스팅어 미사일로 국내선 여객기를 격추시키는 방안이 포함된 다양한 선택지를 준비해왔다. 이중에서 어떤 방안을 선택해야 할까?

합리적인 테러범이라면 각 공격의 기대 효용을 계산해서 선택할 것이다. 우선 각 공격의 잠재 편익, 이를테면 미국인 사상자 발생, 미국 경제에 타격, 미국 시민들의 불안감 증가, 테러 조직에 끌린 새로운 지원자 증가 등 테러 공격으로 발생할 수 있는 긍정적인 상황을 열거해본다. 국제사회 내에서 미국 지지 증가, 테러 조직에 대한 대중의 지지 상실, 조직원 손실 등의 잠재 비용 또한 고려해야 한다. 경제적 비용도 만만치 않다. 그다음에는 앞에서 했던 대로 각 잠재 편익과 비용에 확률과 효용을 배당한다. 예를 들어 테러 조직 수장은, 미국인 사상자 1명당 10점을 부여하고, 미국 경제가 100만 달러의 손실을 입을 때마다 1점을 부여할 수 있다. 그런 다음 각 선택지가 이런 편익으로 이어질 확률을 추산하고 이 확률에 효용을 곱하면 각 테러 공격에 대한 기대 효용이 나온다. 잠재 비용도 같은 방식으로 계산해 편익의 총 기대 효용에서 비용의 총 기대 효용을 뺀다. 그러면 각 선택지의 기대 효용을 나타내는 수치가 나올 것이다.

정책 분석가 헤더 로소프와 인지심리학자 리처드 존은 같은 방법으로 국토안보부에서 테러 조직의 목표물을 예상할 수 있다고 말한다.[11] 현재 사용하고 있는 테러 위험 평가방식은 목표물의 취약성, 테러 조직의 자원, 테러에 성공했을 경우에 뒤따르는 결과에만 초점을 맞춘 나머지 테러 조직의 가치와 신념의 영향력은 무시하는 경향이 있다. 테러범들을 비이성적인 존재로 치부하는 대신 기대 효용의 관점에서 테러 조직 수장의 사고방식을 분석함으로 안보기관은 잠재적 위협을 더 잘 평가하고 자원을 더 효율적으로 배분할 수 있다.

로소프와 존은 이것이 제로섬 게임이 아니라고 지적한다. 테러 조직이 공격을 통해 얻는 편익이 곧 우리의 비용은 아니라는 말이다. 일반적으로 테러범의 목적은 테러 대항이라는 우리의 목적과 직접적인 관련이 없다. 예를 들어 2001년 세계무역센터 테러 때문에 미국 입장에서는 많은 사람이 목숨을 잃고 경제적인 타격을 받는 등 크나큰 손실을 입었다. 하지만 테러범들에게는 궁극적으로 더 많은 사상자와 더 큰 경제적 손실을 불러올 잠재적 목표가 있었다. 쌍둥이 빌딩은 서구 자본주의의 아이콘으로 상징적인 가치가 컸다. 인명 및 경제 문제와는 직접적으로 관련이 없는 다른 목적을 가지고 있었던 테러 조직은 그 목적에 따라 목표물과 공격방식을 정한 것이다.

알카에다 고위 인사들은 9·11 테러의 장단점을 놓고 열띤 토론을 벌였는데 많은 이들은 테러 공격이 역효과를 낼 수 있다고 보았다.[12] 대부분 미국의 보복으로 알카에다가 아프가니스탄에서 확보한 피난처와 훈련소가 줄어들지 않을까 염려했다. 만약 빈라덴이 위험을 감수할 가치가 있다고 생각했다면, 다른 고위 인사들보다 영토적 토대에 가치를 덜 부여했거나, 극적인 테러 작전의 잠재 편익에 가치를 더 부여했기 때문이다. 사실 빈라덴의 관점에서 극단적인 보복은 그 자체로 편익이었다. 빈라덴은 1996년 팔레스타인의 저널리스트 압델 바리 아트완에게 "우리는 미국인들과 무슬림 땅에서 싸웠으면 한다"[13]라고 말했다. 빈라덴은 미국이 아프가니스탄에 군대를 보내도록 도발함으로써 1979년 자신과 무자헤딘 동지들이 아프가니스탄을 침공한 소련군을 물리쳤듯이 사람이 살기 어려운 산악 지대에서 알라신에 대한 신앙심이 없는 미군을 쳐부수고 싶어했다.

빈라덴이 아프가니스탄을 침공하도록 미군을 도발한 것은 이들을 쳐부수고 싶어서이기도 했지만 그것이 가장 중요한 이유는 아니었다.

빈라덴은 엄청난 규모의 미군이 무슬림 땅에 들어왔다는 사실에 전 세계의 이슬람 공동체가 격분하길 바랐고 더 많은 젊은이가 지하드에 가담하길 바랐다. 무엇보다 장기간 소모전을 통해 미국 국방 예산이 팽창되고 결국에는 미국 경제가 파산하길 바랐다. 빈라덴이 정말 아프간 전쟁으로 미국이 파산할 가능성이 크다고 생각했다면, 분명히 자신감이 지나쳤다. 그러나 알카에다 입장에서는 다행스럽게도 미국은 아프가니스탄에 오래 머무르지 않고 훨씬 많은 돈이 소요될 이라크를 침공해 실제로 상당한 재정 적자가 났다. 9·11 테러 계획 당시에는 알카에다 조직원 중 누구도 그것이 이라크 전쟁으로 이어질 거라고 예상하지 못했다. 부시 행정부가 반란을 예상하지 못한 것은 미국의 시각에서 보면 이라크 침공이 야기할 수 있는 최악의 결과를 가져왔다. 하지만 미국의 이라크 침공을 예상 못한 빈라덴의 입장에서 보면 이는 9·11 테러가 야기한 최상의 결과였다.

앞에서 이야기했듯이 의사결정을 할 때 우리가 예상하지 못하는 잠재 수익과 손실은 늘 있게 마련이다. 기대 효용 이론에서 제공되는 분석틀이 이 문제를 해결해주지는 못한다. 그 대신 잠재 수익과 손실에 관한 새로운 정보가 등장할 때마다 그 정보를 감안해야 할 필요성이 있음을 우리에게 일러줄 뿐이다. 우리는 그 당시에 활용할 수 있는 정보를 토대로 의사결정의 질을 판단할 수 있다. 비용편익 방정식을 바꿀 새로운 사실을 알게 되면, 다른 결정을 내리는 것이 현명하다. 영국의 위대한 경제학자 존 케인스는 이런 말을 했다. "사실이 바뀌면 저는 생각을 바꿉니다. 당신이라면 어떻게 하시겠습니까?"

의료 자원 배분

앞에서 강력한 수학적 모델의 위험을 살펴보았던 것처럼 기대 효용 계산은 이익과 손실, 각각의 확률을 따지는 것이나 다름없다. 방정식이 얼마나 훌륭하든 그것이 이익을 안겨주지는 않는다. 방정식에 쓰레기를 집어넣으면 쓰레기가 나오게 마련이다. 이 말은 불행히도 기대 효용 계산이 때로는 문제 있는 방식으로 사용된다는 뜻이다.

영국 국민건강보험NHS이 환자들에게 연명 치료를 제공할지 여부를 결정하는 방식을 예로 들어보자. 국민건강보험 연구진은 다양한 건강 상태에서의 삶의 질을 측정하기 위해서 일반 대중과 인터뷰를 실시했다. 인터뷰는 이런 식으로 진행되었다.[14]

연구원이 지원자들에게 종이를 한 장 건넨다. 그러고는 이렇게 말한다. "우선 신장 투석이 무엇인지 알려주는 이 설명서를 읽어주십시오. 수술을 받지 않는 한 이렇게 여생을 살아야 한다고 상상해보십시오. 수술을 받으면 완치되어 남은 생을 건강하게 살 확률이 있습니다만 수술 도중 사망할 수도 있습니다."

연구원은 가방에서 색깔 있는 원반을 하나 꺼낸다. "자, 저에게 확률 바퀴라는 기계가 있습니다. 이 바퀴는 파란색과 노란색 두 부분으로 나뉘어 있습니다. 당신이 수술을 받기로 하면, 제가 바퀴에 달린 이 바늘을 돌릴 겁니다. 바늘이 파란색에서 멈추면 수술은 성공하고, 노란색에서 멈추면 당신은 수술 도중 사망할 겁니다."

연구원은 파란색과 노란색이 나올 확률이 반반씩 되도록 조정한다. "자, 이제 수술을 받을지 말지 선택하시겠습니까?"

지원자는 잠시 생각한다. "음, 투석을 받는 건 좋아 보이지 않네요. 그래요, 위험을 감수하고 수술을 받겠습니다."

연구원은 바퀴를 다시 조정해서 파란색이 40퍼센트, 노란색이 60퍼센트가 되게 한다. "자, 이제 바늘이 노란색에 멈출 확률이 더 커졌습니다. 노란색이 나올 경우 수술 때문에 죽는 겁니다. 그래도 수술을 받으시겠습니까?"

지원자가 고개를 끄덕인다.

"좋습니다. 이제 바퀴를 다시 조정해서 파란색이 30퍼센트, 노란색이 70퍼센트가 되게 할 겁니다. 그래도 수술을 받으시겠습니까?"

"아니요, 아닙니다. 너무 위험이 크네요. 투석을 받는 게 낫겠어요."

연구원은 관측 일지에 이렇게 적는다. "투석의 효용=0.35."

이런 식의 인터뷰를 통해 연구진은 각기 다른 건강 상태에서 느끼는 삶의 질을 측정했다. 각 건강 상태에는 0(사망)부터 1(완벽한 건강 상태)까지 '질 가중치'라는 수치를 부여했다. 조금 전 언급한 사례에서 신장 투석을 받는 삶의 '질 가중치'는 0.35다.

이 수치가 삶과 죽음을 가르기도 한다. 영국 국립보건임상연구원 NICE에서는 이 수치를 활용해 연명 치료에 국가가 자금을 지원할지 여부를 결정한다. 치료를 받거나 받지 않을 때 느끼는 삶의 질 가중치는 이른바 QALY를 계산하는 데 쓰인다. QALY는 '질 보정 수명quality-adjusted life-year'을 의미한다. 5년 동안 삶의 질을 0.7에서 0.9로 끌어올려줄 수 있는 약은 당신에게 1QALY(0.2×5)를 준다. 약값이 1년에 5천 파운드라면, 1QALY의 비용은 2만 5천 파운드다. 국립보건임상연구원에서는 대개 QALY당 3만 파운드가 넘는 치료에는 자금을 지원하지 말라고 한다.

QALY의 중요성을 감안할 때 이들이 과연 신뢰할 만한 측정방법을 사용하는지 묻지 않을 수 없다. QALY는 다양한 방식으로 측정 가능하지만, 바로 앞에서 설명한 '표준 도박법'으로 알려진 특정방식에 초점을 맞춰보겠다.[15]

표준 도박법의 근본 원리는 흠잡을 데가 없다. 표준 도박법은 폰 노이만과 모르겐슈테른이 개발한 위험 선택 모델에 기반을 두고 있다(도표 17 참조). 이 모델은 한 가지 흥미로운 결과를 제시한다. 우리가 0에서 1까지의 가치로 효용을 측정해 최대 잠재 손실에는 0점을, 최대 잠재 이익에는 1점을 부여한다면 도박을 할지 현상태를 유지할지 결정하지 못할 때의 성공 확률(0에서 1까지의 범위로 측정한)은 현상태의 효용과 정확히 일치한다. 이것을 증명하는 건 조금 복잡하니 일단 이 정도로 이해하고 넘어가자. 요점을 이야기하자면, 이 방정식으로 개개인이 자신의 현재 상태에 부여한 효용을 알아낼 수 있다는 것이다. 그 사람이 도박을 할지 현상태를 유지할지 선택하지 못하는 지점, 이른바 '무차별 지점'을 찾아낼 때까지 성공 확률을 계속 바꾸면 된다.

신장 투석 사례에서 연구원이 한 작업이 바로 이것이다. 인터뷰 대상은 인접한 2개의 질문 사이에서 다른 선택을 했다. 한 번은 성공 확률이 40퍼센트일 때를 다른 한 번은 성공 확률이 30퍼센트일 때를 선택했다. 그 사람의 무차별점은 이 두 수치의 중간으로, 연구원이 투석의 효용을 0.35로 기록한 이유도 이 때문이다. 0(사망)에서 1(완벽한 건강 상태)까지의 값으로 측정할 때 이 사람이 신장 투석을 받는 상태에 부여한 효용이 0.35라는 말이다.

몇몇 컴퓨터 공학자에게 QALY에 대해 이야기하자 그들은 기대 효용 이론이 의료 서비스처럼 생사가 결정되는 현실에서 자주 사용된다는 사실에 무척 놀랐다. 놀라는 것도 무리가 아니다. 건강 상태에 질 가중치를 부여하는 방식은 상당히 우려스럽다.

우선 이 방식은 대부분의 사람이 확률에 대해 직감이 빼어나다고 가정한다. 그러나 이미 살펴보았듯이 일반적으로 그렇지 않다. 개개인의 위험지능을 독립적으로 확인하지 않고, 생사가 걸린 모의 상황에서 그들이 내리는 결정을 보고 실제 상황에서도 그럴 것이라고 가정하는 것은 무리가 있다.

사람들이 여러 가지 건강 상태에 주관적으로 부여한 효용을 측정하기 위해 표준 도박법을 이용하지만 이 방식은 위험 성향의 차이를 감안하지 않기 때문에 문제가 생긴다. 통증 치료를 위해 위험한 수술을 감행하는 것은 현재 고통이 얼마나 삶의 질을 저하시키는지와 수술 도중 죽을 확률뿐 아니라 나의 위험 성향과도 관계된다. 엄밀히 말해서 폰 노이만과 모르겐슈테른은 도박을 할지 현상을 유지할지 결정하지 못할 때 현재 상태의 효용이 내가 위험 중립 유형일 경우의 성공 확률과 같다는 사실만을 보여준다. 그러나 실제로는 그렇지 않은 경우가 많으므로 위험 성향도 검사하지 않고 표준 도박법으로 이끌어낸 효용을 액면 그대로 받아들일 수는 없다.

더욱이 많은 사람들의 선호를 평균낸다는 건 말이 안 된다. 효용은 본래 주관적이다. 자신이 무엇을 선호하는지 가장 잘 아는 사람은 자기 자신이고, 여기에는 '옳은' 답이 없다. 국립보건임상연구원에서는 연명 치료에 대한 국가 자금 지원 여부를 결정하기 위해 QALY방식을 사용하는데 이때 선호가 지극히 추상적인 가공의 '보통 사람'을 기준으로 삼고 있다.

이렇게 QALY를 확인하는 방식으로 사람들이 다양한 질병에 걸렸을 때 어떤 기분이 들지 예측할 수 있다고 가정한다는 점은 좀 우려스럽다. 이런 가정은 대부분의 사람들이 자신의 기분을 제대로 예측 못한다는 사실을 입증하는 많은 증거를 대놓고 무시하는 것이다. 심리학자들은 가까운 장래에 어떤 사건이 일어날 때 어떤 기분일지 예측하는 것을 정서 예측Affective forecasting이라고 한다. 예를 들어 1천만 달러짜리 복권에 당첨된다면 당신은 얼마만큼 행복하고 그 기분은 얼마 동안 이어질까? 몸에 마비가 온다면, 당신은 얼마나 속상할까, 그 기분은 얼마 동안 이어질까?

그런 사건이 일어날 때 기분이 어떨지 예측하는 건 어렵지 않지만 그 기분이 얼마나 이어질까 하는 예측에는 대부분의 사람들이 실패한다.[16] 거의 모든 사람들이 좋거나 나쁜 기분이 오래 이어지리라 과대평가한다. 그러나 여러 연구에 따르면 결혼이나 실직과 같은 평범한 사건이 사람들을 조금 더 행복하게 하거나 불행하게 하는 것은 불과 몇 달이다. 심지어 교통사고로 아이를 잃거나 암 진단을 받거나 강제수용소에 수감되는 것처럼 평범하지 않은 사건조차도 생각보다 훨씬 짧은 기간 영향을 끼친다. 요컨대 대다수 사람들은 대부분의 시간을 행복하게 살아가는 편이고 대부분의 사건은 그리 오래 영향을 끼치지 못한다. 그런데도 대다수가 강력한 사건이 오랫동안 기분에 상당한 영향을 끼친다는 생각을 고수한다. 정서 반응을 예측할 때 이른바 '영속성 편향'에 빠지는 것이다.

영속성 편향의 원인은 여러 가지가 있지만, 무엇보다 우리의 적응능력을 과소평가한다는 공통 성향이 있다. 예를 들어 우리 몸이 마비됐다고 상상할 때 우리는 인간이 안 좋은 일을 얼마나 잘 극복하는지 고려하지 않는다. 복권에 당첨되면 모든 문제가 해결될 것만 생각하지 부유한 삶에 얼마나 빨리 익숙해지는지는 깨닫지 못한다.

2011년 『브리티시 메디컬 저널British Medical Journal』의 한 논문을 통해 인간의 적응력을 보여주는 극적인 사례가 소개됐다.[17] 프랑스와 벨기에서 한 연구진이 감금증후군 환자 65명을 대상으로 삶의 질을 평가하게 했다. 감금증후군은 이름부터 무시무시한 병이다. 이 병은 거의 전신이 마비되어 말을 할 수도 없고 사지를 움직일 수도 없지만 의식은 완전히 깨어 있다. 의식으로 통제할 수 있는 근육은 눈 주변 근육뿐이라 눈동자를 움직이거나 눈을 깜빡여 의사소통을 한다. 저널리스트 장 도미니크 보비의 유명한 회고록 『잠수종과 나비The Diving Bell and the Butterfly』는 바로 이런 방식으로 쓰였다.[18] 그는 왼쪽 눈꺼풀을 깜빡이는 방식으로 원고 전체를 집필했다. 보비가 다음 알파벳을 고르기 위해 눈을 깜빡일 때까지 필사자가 프랑스어에서 자주 사용하는 알파벳(E, S, A, R, I, N, T, U, L 등)을 반복해서 나열했다. 책 한 권을 완성하기 위해 20만 번 정도 눈을 깜빡였고, 이런 방식으로 평균 한 단어를 '받아쓰는' 데 2분 정도 걸렸다.

　보비는 책이 출간되고 사흘 뒤 폐렴으로 사망했지만, 감금증후군 환자라도 적절한 치료를 받으면 수십 년 동안 살 수 있다. 프랑스와 벨기에 연구진의 질문에 모두 답변한 65명 중에서 47명은 행복하다고 18명은 불행하다고 말했다. 병을 앓은 지 오래될수록 행복하다고 느끼는 확률이 높았다. 안락사를 희망한 사람은 전체의 7퍼센트에 불과했다. 연구진은 비교적 최근에 마비가 와서 죽고 싶다고 말하는 환자들도 시간이 지나면 행복하고 의미 있는 삶을 되찾을 가능성이 크다고 결론을 내렸다. 그렇기에 성급한 안락사 결정은 가급적 피해야 하며, 환자가 자신의 상태를 충분히 숙지하고 결정을 내릴 때에도 영속성 편향에 빠지지 않게 조심해야 한다. 감금증후군 환자의 경우에는 극단적인 결정을 내리기 전 환자의 기분이 안정될 때까지 최소 몇 달은 기다려야 한다.

　결함이 있긴 하지만 적어도 표준 도박법의 방법론은 투명성이 보장되기 때문에 이 방법으로 QALY를 계산해서 내린 결정은 공개적으로 분석하고 비판할 수 있다. 많은 사람들이 QALY를 통해 의료 자원 기금을 분배하는 것에 반대할 테지만, 사실 우리가 이렇게 반대할 수 있는 것도 반대 의사를 확실히 드러내게 해주는 표준 도박법의 투명성 덕분이다. 공청회 개최도 이런 투명성 덕분이니 이런 경우조차도 수치를 활용하는 것은 어떤 면에서 도움이 된다.

　기대 효용 이론은 매우 효과적인 사고방식으로 잘만 사용하면 더 나은 결정을 내리는 데 도움이 된다. 그러나 잠재 이익과 손실, 각각의 확률의 가치를 처음에 얼마나 잘 추정하느냐가 결정적이다. 눈에 보이지 않는 것에 수치를 배당하는 데 익숙해지려면 연습이 필요하고 실수를 깨달을 때마다 처음으로 다시 돌아가서 추정치를 수정할 대비를 해야 한다. 이를 끈질기게 계속 하다보면 차츰 기대 효용 이론을 자연스럽게 활용할 수 있게 되고, 그러면 세상이 완전히 다르게 보일 것이다. 기대 효용 이론에 익숙해지면 깜짝 놀랄 정도로 생각이 명료해진다.

확률 이론과 의사결정 이론에서 많은 통찰을 얻었지만, 위험지능의 본질은 특정 주제를 실제로 우리가 얼마나 아는지 가늠하는 데 있다. 마지막 9장에서는 주어진 상황에서 우리에게 주어진 정보의 양과 우리가 가진 지식의 한계를 가장 잘 알아내는 방법을 살펴보려 한다.

9장

당신이 알고 있는 것을
아는 것

알지 못한다고 말하는 사람은 자신이 알지 못하는 것이 무언지
진실로 아는 사람이다.
_플라톤

1894년에 물리학자 앨버트 에이브러햄 마이컬슨은 물리학의 기본 법칙이 이미 다 발견되었다고 자신하면서 앞으로 과학이 할 일은 "이미 얻은 결과에 소수 몇 자리를 더하는" 정도라고 말했다. 물리학자 캘빈 경은 그보다 조금 더 신중했다. 마이컬슨이 과학의 미래를 이야기하고 몇 년 지나지 않아서 캘빈 경도 물리학이 거의 완성됐다고 말했으나 "지평선 위에 두 개의 구름이" 떠 있다고 말했다. 당시의 물리학 원리에서 해명할 수 없었던 두 가지 이례를 가리킨 말이었다. 상당히 선견지명 있는 표현이었다. 캘빈 경이 지적한 두 가지 이례(마이컬슨-몰리 실험과 흑체복사)가 뉴턴 이후 물리학 역사상 가장 큰 혁명이라 할 수 있는 상대성 이론과 양자역학을 유도했으니 말이다. 마이컬슨은 자기가 이해한 문제에만 집중하고, 자기가 모르는 다른 문제와 아직 발견되지 않은 지식의 영역이 있을 가능성을 전혀 고려하지 않아서 자기가 아는 것이 전부라고 과신했다.

우리가 단순한 정보 부족 상태일 수 있다는 점을 간과하고, 실제 지식과의 격차를 인지하지 못할 때의 위험을 2002년 2월 기자회견에서 미국 국방부 장관 도널드 럼즈펠드가 지적했다. 한 기자가 이라크 정부에서 테러 조직에 대량 살상 무기를 공급하고 있을 가능성을 묻자 도널드 럼즈펠드는 이렇게 말했다.

알고 있는 것을 아는 게 있습니다. 우리가 알고 있다는 사실을 인식하고 있다는 말입니다. 모르는 것을 아는 게 있습니다. 즉 우리가 모른다는 것을 지금 우리가 알고 있다는 말입니다. 그러나 모른다는 것을 모르는 것도 있습니다. 우리가 모른다는 것을 우리가 알지 못하기도 한다는 말입니다.[1]

일부 사람들은 언어 오용이라며 이를 비판했고 심지어 '평이한 영어 쓰기 캠페인Plain English Campaign'에서는 매년 가장 어불성설인 발언을 한 유명인에게 상을 주는 '올해의 말실수 상'을 수여하기도 했다. 그러나 이 발언에 심오한 철학적 진리가 담겨 있다고 보는 사람들도 있고 럼즈펠드 본인도 계속적으로 이 발언을 고수하며 이를 반영해 자서전 제목을 지었다.

모르는 것을 모르는 것

모르는 것을 아는 것이란 우리가 아직 가지지 못했지만 알아낼 필요가 있다는 것을 인식하고 있는 정보다. 1894년에 마이컬슨이 과학이 앞으로 발견해야 할 것으로 본 소수 몇 자리처럼 이미 제기된 질문에 대하여 우리가 지금 찾고 있는 답을 의미한다. 그러나 모르는 것을 모르는 것이란, 아직 제기하지도 않은 질문에 대한 답이다. 우리는 이 정보를 가지고 있지 않을 뿐 아니라 이 정보의 필요성조차 깨닫지 못한다. 그래서 이런 정보가 발견되면, 그런 정보가 있는 줄도 몰랐기 때문에 기습적인 충격을 받는다. 마이컬슨에게는 상대성 이론과 양자역학이 그런 정보였다. 그가 경솔한 발언을 하고 불과 수십 년 만에 물리학은 그가 자신 있게 배제했던 혁명적 진보를 거쳐 환골탈태했다.

어떻게 해야 마이컬슨이 한 것과 같은 실수를 피할 수 있을까? 사실 안전을 보장해주는 해결책은 없다. 철학자들이 수세기 동안 다양한 형태로 이 문제를 논의했지만, 이 자리에서 우리가 복잡한 논리학까지 신경 쓸 겨를은 없다. 럼즈펠드의 경고를 마음에 새기고 자신감을 조금 낮추면, 앞에서 살펴본 방법들로 확률을 예측할 수 있다. 정기적인 위험지능 검사도 도움이 되겠지만, 예상치 못한 일은 늘 일어나게 마련이다.

어떤 나라가 은밀히 핵무기를 개발하고 있을 가능성을 추측해보자. 당신은 원래 알던 정보부터 알아볼 것이다. 럼즈펠드가 알고 있는 것을 안다고 칭한 정보다. 예를 들어 당신은 신뢰도는 각기 다르지만 실제로 그 나라가 핵무기를 개발중이라는 다양한 첩보를 입수할 것이다. 당신이 현명하다면, 당신이 알지 못하는 사실에 대해서도 알아볼 것이다.

첩보원에게 입수한 정보가 얼마나 신뢰할 만한지 모를 수 있다. 어쩌면 그가 이중 첩자일지도 모른다. 이것이 '모르는 것을 아는 것'이다. 당신이 안다고 생각하는 것과 실제로 아는 지식의 격차다.

확신의 정도와 확률 예측은, '알고 있는 것을 아는 것'의 숫자 및 중요도와 '모르는 것을 알고 있는 것'의 숫자 및 중요도의 비율에 비례할 것이다. 그러나 이게 전부가 아니다. 럼즈펠드의 충고를 새겨보면 당신이 고려조차 하지 않은 다른 요인이 있을 수 있다. 바로 '모른다는 것을 모르는 것'이다. 따라서 확률에 대한 예측은, 알고 있는 것을 아는 것과 모르는 것을 알고 있는 것의 비율에 비례하는 것이 아니라 모른다는 것을 알지 못하는 것을 포함한 모든 것의 비율에 비례해야 한다.

그렇다 해도 결국에는 모르는 것이 있게 마련이다. 다시 말해서 우리가 고려하지 못한 정보가 얼마나 되는지는 알 수 없다. 그래서 수학 교과서 안에만 존재하는, 이상적인 카지노 세계 밖에서는 신뢰할 만한 예측이 불가능한 것처럼 보인다. 우리가 제기한 질문에 대한 답을 모두 알아낸다 하더라도 적절한 질문을 모두 알아내는 데는 실패할지 모른다. 이런 가능성을 고려하지 않으면, 우리는 지나치게 자신만만해할 것이다. 이 점이 중요하다. 인생은 늘 우리에게 확률을 예측하라고 요구하지만 우리는 대개 완벽한 정보로 확률을 예측하는 호사를 누리지 못한다. 막연히 추측을 해야 할 때가 있지만, 모른다는 것을 알지 못한다는 경고를 떠올려 자신감이 지나치지 않은지 점검한다면 훨씬 더 분별력 있게 추측할 수 있다.

스코틀랜드 작가 이언 뱅크스가 『익세션Excession』이라는 공상과학

소설에서 모른다는 것을 알지 못하는 것의 문제점을 잘 보여주었다.[2] 이 소설은 우주보다 오래된 것 같지만 증명할 길은 없는 흑체 구球(제목의 익세션이다)의 기이한 모습에 관한 이야기다. 구의 형태는 뱅크스가 "문맥을 벗어난 문제"라고 부르는 것으로 구성된다. 이것은 "대대수 문명이 한 번은 부딪쳤던 문제로, 인류 문명은 문장이 마침표를 대하듯이 문제를 대했다". 일반적으로 이런 문제들은 실제로 일어나기 전까지 누구도 상상하지 못한다. 사전에 예측하는 것은 거의 불가능하다.

문맥을 벗어난 문제를 설명할 때 당신이 꽤 크고 비옥한 섬에 사는 부족이라는 예를 자주 든다. 당신은 그 땅을 개간하거나 수레바퀴를 발명하거나 글쓰기 등을 할 것이다. 이웃들은 협력하거나 노예가 되지만 어쨌거나 평화롭게 살고 당신은 인력을 모아 자신을 위한 성전을 세우느라 분주하다. 당신은 절대 권력의 측근으로 조상들이 꿈도 못 꾼 통제력을 갖췄다. 젖은 잔디에서 카누가 부드럽게 미끄러지듯 모든 상황이 잘 굴러간다. 그러던 어느 날 돛 그림자 하나 없이 잔잔하던 바다가 어수선해져 괴상하게 생긴 긴 막대기를 든 사내들이 상륙하더니 당신네 섬을 발견했다고 공표한다. 이제 당신은 황제의 신하다. 황제는 세금이라는 것을 거두길 좋아하고 빛나는 눈을 한 성스러운 이 사람들은 당신의 사제들과 이야기하고 싶어한다.

뱅크스가 문맥을 벗어난 문제로 제시한 이 개념은 나심 탈레브가 말한 '블랙 스완'과 비슷하다.[3] 1697년 네덜란드 탐험가 빌럼 데 블라밍

이 오스트레일리아 서부에서 블랙 스완을 발견하기 전까지만 해도 유럽인들은 블랙 스완을 본 적이 없었기 때문에 블랙 스완은 온갖 예기치 못한 사건의 은유로 사용된다. 그러나 탈레브는 단순히 놀라운 사건을 가리켜 블랙 스완이라 부르지 않는다. 블랙 스완이라 불리는 예상치 못한 사건들은 언제나 엄청난 충격을 동반한다. 탈레브는 인터넷의 발흥부터 2001년 9·11 테러 공격까지 중요한 과학적 발견과 역사적 사건, 예술적 성과를 모두 블랙 스완이라고 말한다.

안톤 바빈스키 증후군은 개인적인 차원에서 모른다는 것을 알지 못하는 대표적인 사례다. 안톤 바빈스키 증후군 환자들은 앞을 못 본다. 눈의 이상 때문이 아니라(눈은 정상이다) 후두엽 손상으로 시력을 담당하는 신경 회로가 망가졌기 때문이다. 정작 본인은 실명했다는 것을 알지 못하고 꽤 자주 단호하게 자기는 볼 수 있다고 말한다. 가구에 부딪히거나 닫힌 문 쪽으로 걸어갈 때면 작은 사고인 양 변명하는데 실제로 그렇게 믿는다.

안톤 바빈스키 증후군은 질병이 있는 것을 알지 못하는 '질병불각증'의 대표 사례. 1999년에 심리학자 저스틴 크루거와 데이비드 더닝은, 질병불각증 같은 기능 부전이 생기면 업무능력이 떨어질 뿐 아니라 본인이 일을 잘 못한다는 사실조차 인식하지 못한다고 지적했다. 주어진 분야에 대한 능력이 부족한 사람들은 잘못된 선택을 할 뿐 아니라 그 선택이 얼마나 잘못됐는지 모르는 이중 부담을 떠안는다. 그래서 안톤 바빈스키 증후군 환자들처럼 자기가 아주 잘하고 있다고 착각한다. 이런 미숙함 때문에 이들은 자기 능력을 실제보다 훨씬 높여서 평균 이

상이라고 평가하면서 근거 없는 우월감에 빠진다. 이런 이중의 불운을 더닝 크루거 효과라고 부른다.[4]

사회성이 없는 사내아이들은 대부분 자기가 사교적 예의가 없다는 걸 모른다. 이들은 또래와 어울리는 데 필요한 사교능력이 없지만 그 사실을 인식조차 못한다. 그래서 사람들과의 관계에서 실수를 하고도 정작 본인은 속 편하게 아무것도 모른다.

더닝과 크루거에 따르면, 이 덫에서 빠져나갈 유일한 방법은 더 능숙해지는 것뿐이다. 역설적으로 들리겠지만 특정 영역에서 유능해지려면 해당 영역의 유능함을 평가하는 데 필요한 기술이 필요하다. 그렇게 그 분야에 더 유능해짐으로써 자신의 결점을 간파하면 무능함에서 벗어나는 데 도움이 된다.

특정 영역에 대해 아는 것이 많아질 때 자신이 아는 지식의 한계도 더 잘 파악하게 되는 법이다. 지식의 범위가 넓어지면, 질문으로 가득차 알지 못하는 것의 경계를 표시하는 표면적表面積도 넓어지고, 모르는 것을 알지 못했던 것들이 모르는 것을 알고 있는 것으로 바뀌어간다. 질문에 대한 답은 여전히 모르지만, 적어도 이제 그 질문에 대해서는 알고 있어서 그 질문을 계속 탐구할 수 있다. 소크라테스가 메노에게 말했듯이 자신의 무지를 아는 것이 지혜의 시작이다. 하지만 실의에 빠진 메노의 모습으로 알 수 있듯이 자신의 한계를 절실히 깨달으면 자신감이 급격히 줄기도 한다. 그렇게 되면 유능하지 않은 사람이 자기보다 유능한 사람보다 능력이 뛰어나다고 생각하는 역설적인 상황이 벌어진다. 크루거와 더닝이 목격한 현상이 바로 이것이다. 자신의 약점을 깨달을수록 더 유능해질 수 있지만 그러다보면 빼어난 사람들이 자신의 능력과 반대되는 실수를 저질렀을 때 자신이 열등하다고 착각해 자신을 과소평가한다. 다윈이 말했듯이 "지식보다 무지에서 자신감이 나올 때가 더 많다". 시인 윌리엄 버틀러 예이츠도 이런 시를 썼다.

가장 선한 자들은 확신을 모두 잃어버린 반면
가장 악한 자들은 온 정열을 쏟아 이를 채운다.[5]

모른다는 것을 아는 것

우리가 아는 지식의 한계를 인식하면 모르는 것을 알지 못하던 것이 모르는 것을 아는 것으로 바뀐다. 우리가 모르는 것은 여전히 많지만, 적어도 이제 우리가 그것을 모른다는 것을 알고 있다. 이것이 내가 연구한 전문 도박사들의 공통점이었다. 그들은 자신의 맹점을 잘 알고 있다.

집필을 위해 조사를 시작할 무렵에는 전문 도박사들을 찾기가 쉽지 않았다. 전문 도박사들은 대부분 세상에 알려지는 것을 꺼렸고 기자에게 자기 이야기를 하려고도 하지 않았다. 몇몇 사람들이 나와 이야기를 나누기로 마음먹은 데에는 크게 두 가지 이유가 있었다. 첫째, 원한다면 익명으로 하겠다고 약속했다. 둘째, 나는 기자가 아니라 학술 연구를 할 뿐이라고 밝혔다.

맨 처음으로 인터뷰한 전문가인 J. P. 맥머너스는 수백만장자로 오늘날 아일랜드에서 거의 신화적인 인물이다. 셀틱 타이거가 죽으면서 '아일랜드인의 행운'도 끝난 것 같지만, 이 클리셰는 여전히 남아 있다. '아일랜드인의 행운'이라는 표현은 유독 기회와 행운이 뒤따르고 도박에 매료된 아일랜드인을 가리키는 말이다.

리머릭 인근에 있는 종마 사육장으로 맥머너스를 만나러 가던 중 지역 경찰관에게 마틴스타운으로 가는 길을 물었다. 경찰관은 말끔히 차려입은 내 모습을 보고는 내가 어딜 가는지 추측했는지 웃으며 물었다. "J. P.를 만나러 가시나요?"

10분 뒤 나는 기품 있는 경주마가 조용히 풀을 뜯는, 햇빛이 내리쬐는 방목장과 면한 사무실에서 맥머너스와 마주앉았다. 현재는 은퇴했지만 첼트넘 장애물 경주에서 세 번이나 우승을 차지했고, 맥머너스가 가장 좋아하는 경주마인 이스타브라크였다.

지금은 400에이커가 넘는 종마 사육장을 소유하고 있지만, 십대였을 때 맥머너스는 여러 농장과 사육장을 일꾼으로 전전했다. 그 시절 그는 토요일 정오에 일이 끝나자마자 마권업자에게 달려가서 일주일 동안 번 얼마 안 되는 돈을 경마에 걸었다. 처음에는 돈을 잃는 경우가 태반이었지만 대다수 도박꾼과 달리 그는 실수를 통해 배웠다. 경마로 부자가 된 뒤 그는 위험지능을 다른 종류의 도박에도 적용했다. 외환시장에 뛰어든 것이다. 현재 그의 개인 자산은 10억 달러 이상이다.

요즘엔 거의 도박을 하지 않지만, 악명 높은 스코틀랜드의 마권업자 프레디 윌리엄스와 맞붙은 일은 전설로 남아 있다. 2006년 3월 16일, 맥머너스는 두 사람이 매우 좋아하는 전장인 첼트넘 페스티벌에서 윌리엄스와 맞붙어 100만 파운드 이상을 땄다.

맥머너스와 이야기하면서 자신의 맹점을 기꺼이 인정하는 태도에 가장 놀랐다. 그는, 상대가 자신의 실수를 어떻게 이용하는지 보려고 일부러 백개먼을 하다가 실수한다고 말했다. 상대방이 게임을 잘하면, 그는 게임을 그만둔다고 했다. 이미 돈을 많이 잃은 게임에는 더이상 돈을 쏟아붓지 않는다고 했다. 다시 말해서 그는 대부분의 도박꾼들이 모르는 것, 즉 언제 배팅을 하지 말아야 할지를 안다.

인터뷰한 다른 전문 도박사들도 많이들 그랬다. 그들은 자신의 장단점을 아주 잘 알고 있었고 냉혹할 정도로 자기 자신에게 정직했다. 많은 이들이 게임에서 얻은 이익과 손실을 정확하고 자세히 기록해두었고 실수에서 배우기 위해 자신의 전략을 자주 복습했다.

아는 것을 모르는 것

럼즈펠드가 기자회견 당시 했던 말은 모르는 것을 알지 못하는 것 즉 우리가 모른다는 것을 우리가 알지 못하는 것에 집중되어 있다. 그러나 슬로베니아의 철학자 슬라보이 지제크가 지적한 대로 럼즈펠드의 발언에는 명시적으로 언급한 것만큼이나 중요한, 아는 것을 모르는 네번째 범주가 암시되어 있다(표 5 참조).[6] 정신분석학에 매료된 슬라보이 지제크는 이 범주를 "공적 가치관의 배경이 되는데도 우리가 모르는 척하는, 부인된 신념과 추정, 가당찮은 관습"이라고 표현했으나, 우리가 종종 아는 지식의 범위를 축소한다는 사실을 인정하고자 프로이드 학파가 주장하는 억압의 개념까지 들먹일 필요는 없다. 아는 것을 모르는 것이란 가지고는 있지만 문제를 풀 때 사용하지 못하는 정보를 가리킨다. 이 정보는 기억에서 이 정보를 끄집어내지 못해서가 아니라 이 정

표 5 **럼즈펠드 행렬**

		나는 관련 정보를 가지고 있는가?	
		그렇다	아니다
이 정보가 문제와 관련된다는 사실을 알고 있는가?	그렇다	아는 것을 아는 것	모르는 것을 아는 것
	아니다	아는 것을 모르는 것	모르는 것을 모르는 것

보가 어떻게 문제를 풀 때 도움이 되는지 모르기 때문에 사용하지 못한다. 다시 말해서 당신은 이 정보와 문제의 관련성을 모른다.

정보를 가지고 있더라도 그 정보가 해결해야 할 문제와 관련된다는 사실을 깨닫지 못하면, 그 정보를 활용할 수 없다. 사실 주어진 문제를 해결하는 데 필요한 여러 정보가 논리 사슬로 복잡하게 얽혀 있으면, 그 관련성을 알아채기가 쉽지 않다. 예컨대 향후 몇 년 안에 화성에서 생명체를 발견할 확률과 인간이 앞으로 은하계를 식민지로 만들지는 전혀 관계없다고 생각할 수 있다. 그러나 스웨덴 철학자 닉 보스트롬은 두 확률을 이어주는 중요한 논리 사슬이 있다고 했다.[7] 그게 무엇일까? 잠시 책을 내려놓고 추측해보자.

이 논리 사슬에서 닉 보스트롬이 알아낸 중요한 연결 고리는 바로 '거대한 필터'다.[8] 외계 생명체가 나타날 수 있을 만큼 많은 행성이 있고 충분히 진화할 시간이 있지만 은하계에는 지능이 뛰어난 외계 생명체가 존재하지 않는 듯하다. 따라서 외계 생명체가 멀리 떨어진 태양계를 탐험 가능한 수준까지 발달하는 것을 막는 어떤 필터가 있다는 결론을 내릴 수밖에 없다. 거대한 필터는 어떤 종이 진화하기 위해서 반드시 극복해야 하는, 하나 이상의 장애물로 이루어진 확률 장벽인 셈이다. 적합한 환경을 갖춘 수십억 개의 행성에서 외계 생명체가 생겨났지만, 거대한 필터로 인해 우리가 관측 가능한 은하계를 식민지로 만들 수준까지는 발전하지 못한 것이다.

거대한 필터는 임계점 통과가 불가능할 정도로 매우 강력해 주사위를 수백만 번 굴려도 결국 꽝이 나오고 그 어떤 외계 생명체도 우주선도 신호도 나오지 않을 정도다. 최소한 우리가 사는 곳에서는 우리 눈에 띄지 않을 것이다.

보스트롬은 뒤이어 중요한 질문을 하나 던진다. 이 거대한 필터는 과연 어디에 있을까? 두 가지 가능성이 있다. 우리 뒤 즉 아득한 과거에 있을 수 있다. 우리 앞 즉 수십 년 또는 수백 년 또는 수천 년 후 어디쯤에 있을 수도 있다. 확실히 후자보다는 전자가 낫다. 과거 어디쯤에 필터가 있다고 치면 우리는 오늘날에 이르기까지 거의 불가능에 가까운 곤경을 이미 극복한 셈이다. 그렇지 않고 거대한 필터가 미래에서 우리를 아직 기다리고 있다면 어떤 종도 피할 수 없는 어떤 사건이 미래에 있는 셈이니 불안할 수밖에 없다.

거대한 필터가 우리 앞에 있다면, 우리는 묵묵히 그것과 마주해야 한다. 지능을 가진 거의 모든 종이 우주를 식민지로 만드는 기술을 익히기 전에 멸종한 것이 사실이라면, 우리가 다른 종보다 운이 좋다고 생각할 이유가 없으니 우리도 멸종할 것으로 예상해야 한다. 거대한 필터가 우리 앞에 있다면, 우리는 은하계를 식민지로 만들 수 있다는 희망을 모두 버려야 하고 우리의 모험이 곧, 적어도 예상보다는 빨리 끝날 것을 인지하고 두려워해야 한다.

그렇다면 이런 것들이 화성에서 생명체를 발견하는 것과 어떻게 관계될까? 우선 태양계의 다른 행성에서 생명체가 독립적으로 진화했다는 것은 생명체 출현이 아주 불가능한 사건은 아님을 의미한다. 이곳 태양계에서 생명체가 독립적으로 두 번이나 출현했다면, 은하계에서는 수백만 번 생명체가 출현했을 것이다. 이것은 거대한 필터가 행성 발생 초기에 생겨났을 가능성이 적고, 우리 앞에서 기다릴 가능성이 더 크다는 뜻이다. 그러므로 이런 발견은 언젠가 인간이 은하계를 식민지로 만들 수 있다는 희망을 산산이 부순다.

2004년 미국 항공우주국NASA의 화성 탐사로봇 오퍼튜니티 로버가 화성에 물이 있었다는 증거를 발견했을 때 사람들은 무척 흥분했다. 화성에 물이 있다면 생명체가 있을 가능성도 있다. 하지만 보스트롬은 우주 탐사선이 아무것도 발견하지 못하길 바란다. 만일 어떤 단세포 생물, 이를테면 박테리아나 조류藻類의 흔적이 발견된다면, 좋지 않은 소식이다. 삼엽충이나 작은 포유류의 뼈처럼 조금 더 진화된 생물의 화석이라도 발견된다면 더 끔찍하다. 과학적으로는 흥미로운 발견일 수 있지만, 인류의 미래를 생각하면 매우 심각한 소식과 다름없다.

대다수는 화성에서 생명체를 발견하는 것과 인류의 미래가 어떻게 관련되는지 모른다. 보스트롬의 추리과정을 통해 중요한 단서가 모두 주어졌지만, 각각의 점을 연결하지 못하는 것이다. 따라서 그 정보들은 아는 것을 모르는 것이 된다. 즉 어떻게 활용해야 하는지를 알면 문제를 푸는 데 도움이 되지만, 반대의 경우에는 자기 앞에 놓인 진주의 가치를 모르는 돼지처럼 무시해버린다.

처음에는 문제와 정보가 확실한 관련성이 없어 보일 수 있으나 위험지능을 가진 사람들은 마음 한구석에 숨어 있는 정보와 해당 문제의 관련성을 잘 간파한다. 우리는 종종 실제로 인지하는 것보다 더 많은 정보를 가지고 있지만 대개 관련없는 정보에 파묻혀 있어 그 정보를 활용하지 못한다. 위험지능은 우리가 처박아둔 정보 감옥에서 관련 사실들을 해방시킨다.

전방위로 아는 지식을 뽑아내고 얼핏 관련없는 듯한 정보를 제대로 알아보고 이를 문제 해결에 동원하는 능력에는 한계가 있다. 우리의 인지 범위에는 항상 한계가 있어서 경제학자 니콜라 겐나이올리와 안드레이 슐라이퍼가 '국지적 사고'라고 부른 편협한 사고를 하기 쉽다.[9] 우리는 미래를 상상할 때 모든 것을 생각하지 못한다. 비교적 쉽게 떠오르는 생각이 있는가 하면 그렇지 않은 생각도 있게 마련이다. 하지만 우리는 식견을 차츰 넓히는 법을 익힐 수 있고 이를 통해 세계적인 수준까지는 아니더라도 지역적인 수준까지는 생각을 확장할 수 있다.

추정의 기술

페르미 문제를 풀어보는 것은 따로 떨어진 정보의 관련성을 찾는 능력을 개발하는 데 도움이 된다. 이탈리아의 물리학자 엔리코 페르미는 시카고 대학에서 자신이 가르치는 학생들에게 시카고에 피아노 조율사가 몇 명이나 있냐는 식의 질문을 던졌다.[10] 물리학 수업 시간에 그런 질문을 받으리라고 예상치 못한 학생들은 어깨만 으쓱할 뿐이었다. 그러나 페르미는 포기하지 않았고 문제를 다양한 하위 문제로 분해해서 학생들이 답에 도달하도록 도왔다. 예를 들어 페르미의 질문은 두 가지 하위 질문으로 분해할 수 있다. 시카고에는 피아노가 몇 대나 있는가? 조율사 한 명당 피아노 몇 대를 관리할 수 있는가? 이 질문을 더 작게 분해할 수도 있다. 피아노 수를 추정하기 위해서는 시카고 인구수와 피아노를 소유한 사람의 비율, 피아노를 소유한 학교와 공연장 등의 수를 추산해야 한다. 대개는 이런 하위 문제에 대한 답을 추정하기가 훨씬 쉽고, 이런 하위 문제에 하나씩 답하다보면 처음 질문의 답에 도달하게 된다. 이렇게 얻은 답은 참값에 상당히 가까운 근사치인 경우가 많다.

이 방법은 아는 것을 모르는 것을 아는 것을 아는 것으로 바꿈으로써 작동한다. 처음에 질문을 받았을 때 당신은 시카고에 피아노 조율사가 몇 명이나 있는지 전혀 모른다고 생각하지만 이 도시에 사는 인구수를 대강 알고 그중 피아노를 가진 사람의 비율을 그럭저럭 추측할 수 있다. 보통 대도시 평균 인구수에 따라 시카고 인구가 100만 명이 넘는다는 것을 알고 있고, 미국 전체 인구가 3억 명 정도니 1억 명보다는 적어야 한다는 것도 알고 있다. 답의 상한선과 하한선을 추정했으니 이제 평균을 내어 답을 짐작할 수 있다. 이 경우 단순한 산술 평균보다 기하 평균을 사용해야 더 나은 값을 구할 수 있는데 이런 식으로 1천만 명이라는 추정치에 도달한다. 실제 시카고 인구는 300만 명이지만, 우리의 추정치는 실제 인구의 열 배 안에 있다. 이것이 우리가 여기에서 구하려는 값이다.

보통 대도시의 인구가 100만 명 정도라는 것을 모른다면, 어느 정도 자신이 생길 때까지 이 문제를 계속 분해할 수 있다. 이런 중간 단계를 거쳐 기존에 알던 지식 중에서 당신이 추측하려 하는 답과 관련이 있을 수 있는 지식을 알아내는 것이 요령이다. 이런 방식으로 질문을 분해하다보면 종종 처음에 생각했던 것보다 더 많은 사실을 안다는 사실을 깨닫는다.

일류 기업에서는 면접 때 입사 지원자의 순간적인 판단력을 시험하기 위해 점차 페르미 문제를 활용하고 있다. 마이크로소프트와 골드만삭스에서는 입사 면접 때 이런 질문을 한다. 중국의 일회용 기저귀 시장은 규모가 얼마나 되는가? 평범한 소 한 마리로 얼마나 긴 핫도그를 만들 수 있는가?[11] 지원자가 사전에 답을 알 가능성이 낮다는 것이 이 질문의 핵심이다. 이런 질문에 답하려면 지원자는 이 질문을 하위 질문으로 분해하고, 그에 대한 답을 추정하기 위해 관련 지식을 끌어내야 한다.

핫도그에 관한 질문을 예로 들어보자. 당신은 이 질문을 다음과 같은 하위 질문으로 분해할 것이다.

1. 소는 인간보다 몇 배나 큰가?
2. 인간의 부피는 얼마나 되는가?

3. 핫도그 두께는 얼마나 되는가?

4. 소 한 마리의 부피와 핫도그 부피를 같게 하려면 핫도그가 얼마나 길어질까?

소의 크기와 인간의 크기를 연결시킨 첫번째 질문은 조금 덜 익숙한 것(소의 크기)에 대해 생각할 수 있도록 조금 더 익숙한 것(인간의 크기)을 끄집어낸다. 소가 인간보다 열 배 정도 크다고 추정한다면, 그다음에는 사람의 크기를 추정해 거기에 10을 곱해야 한다. 보통 사람의 부피가 10만 세제곱센티미터라면, 보통 소의 부피는 약 1세제곱미터일 것이다.

그다음에는 핫도그의 부피를 추정해야 한다. 무리수 파이가 포함되어 있기 때문에 계산기 없이 원통의 부피를 계산하기는 쉽지 않다. 대신 핫도그를 직육면체로 보는 것으로 문제를 단순화시키자. 기초 기하학 공식을 이용해 길이에 두께를 곱하면 직육면체의 부피를 구할 수 있다. 보통 핫도그 두께가 약 2센티미터이니 원래 질문의 답을 구하려면 보통 소의 부피(1세제곱미터)를 2센티미터의 제곱으로 나누면 된다. 계산 결과, 2킬로미터가 나온다. 매우 긴 핫도그다! 물론 소의 모든 부위로 핫도그를 만든다고 가정해 계산한 것이라 조금 혐오스러울 수도 있다.

페르미 문제와 씨름하다보면 얼핏 관련이 없어 보이는 기존 지식을 활용하는 능력을 개발할 수 있다. 그러면 아는 것을 모르는 것, 즉 가지고는 있으나 활용하지 못하는 정보가 줄어들어 예상치 못한 질문을 받았을 때 "도저히 모르겠어요"라고 대답해 성의 없다는 오해를 사지 않을 것이다.

나는 사람들이 이런 식으로 대답하는 게 싫다. 전혀 모르겠다는 말은 사실이 아니기 때문이다. 사람들은 답이 무엇이냐에 대해 대충이라도 어떤 생각을 갖고 있다. 도저히 모르겠다는 말은 그 어떤 생각을 하는 것도 귀찮다는 말이다. 예를 들어 당신에게 영국에 사는 내 여동생이 코로네이션 스트리트에서 살 확률을 추정해보게 한다고 치자.[12] 나는 전혀 모르겠다는 당신의 말을 믿을 수 없다. 설사 정말 모른다 해도 당신은 50퍼센트의 확률이 있다고 추정해야 한다. 확률이 50퍼센트라는 말은 진술이 참인지 거짓인지 전혀 모르겠다는 말과 같으니 말이다. 확률이 50퍼센트라는 말은 그런 뜻이다.

50퍼센트는 너무 높은 확률이라고 생각하려면, 관련되는 어떤 실마리나 정보가 조금이라도 있어야 한다. 어쩌면 당신은 〈코로네이션 스트리트〉라는 영국 드라마에 대해 들어봤을지 모른다. 이 경우에 흔한 지명이라고 추측할 수 있다. 영국에 코로네이션이라는 거리명이 몇 개나 있을까? 아마 1천 개 이상 1만 개 미만일 것이다. 만일 당신이 이 사실을 무시한다면, 즉 이 지명을 쓰는 곳이 한 곳뿐이라고 생각한다면, 내 여동생이 코로네이션 스트리트에 살 확률을 0.03퍼센트라고 추정할 것이다.

사람들이 특정 질문에 "모른다"고 대답하는 이유가 게을러서만은 아니다. 대답을 얼버무리는 또다른 이유가 있다. 예를 들어 이라크 해방 작전 실시 몇 달 전 부시 행정부 고위 각료들은 대충이라도 전쟁 비용을 추정해달라는 요청을 한사코 거절했다. 2003년 2월 27일, 전투 개시까지 3주도 채 남지 않아 불확실성도 많이 줄어든 상황에서 미국 국방부 차관 폴 울포위츠는 하원 예산위원회에 "기본적으로 현장에 도착하기 전까지는 뭐가 필요할지 알 수 없습니다"라고 말했다. 제임스 펠로스의 기록을 보자.

> 전쟁을 앞두고 행정부는 재무 계획에 대해 놀랄 정도로 '절제된 메시지'를 전달했다. 전쟁 비용을 어느 정도 예상하느냐는 질문에, 각료들은 과연 전쟁을 하게 될지를 비롯해 불확실한 것이 너무 많아서 누구도 책임감 있게 비용을 추정할 수 없다고 말했다.[13]

하지만 이런 경우 추정하지 않는 것도 무책임했다. 물론 많은 것이 불확실했지만 타당한 수치를 추측하는 데 활용 가능한 알고 있는 것을 아는 것이 많이 있었다. 예상 병력을 알고 있었고 군인 한 명이 전장에서 하루를 머무는 데 비용이 얼마나 드는지 알고 있었다. 또한 전장에서 병력을 수송하는 데 드는 비용도 알고 있었다. 작전을 실시하는 동안 연료와 탄약이 하루에 얼마나 필요할지도 알고 있었다. 요컨대 누구든 마음만 먹으면 구할 수 있는 정보가 많았다.

실제로 2002년 12월 예일 대학교의 경제학자 윌리엄 노드하우스는 『뉴욕 리뷰 오브 북스The New York Review of Books』에 이라크 전쟁에 들어가는 비용을 치밀하게 추산한 글을 기고했다. 전쟁이 얼마나 오래 이어질지, 전쟁이 세계 경제에 어떤 영향을 미칠지는 여전히 불확실했지만 이런 부분은 최소 비용과 최대 비용의 추정으로 해결했다. 노드하우스는 철저한 조사를 거쳐 10년 동안 미국이 치러야 할 전체 전쟁 비용을 최소 1210억 달러, 최대 1조 6000억 달러로 결론을 내렸다. 이 책을 집필중인 시점(2011년 9월)에서 보면 상당히 근사치에 가깝다.

추측 예찬

학생들에게 바로 답할 수 없는 질문을 던지면 "모르겠어요"라는 반응이 가장 흔하다. 모 아니면 도라는 잘못된 생각이 고개를 든 것이다. 그들의 '모르겠다'는 말은 사실 '답이 확실한지 모르겠다'는 뜻이다. 그러나 확실한 사실만 지식이라고 정의한다면, 누가 무엇을 묻든 "모른다"고 대답해야 할 것이다. 그러면 결국 당신을 둘러싼 세상이 확실한 실재인지 여부도 불확실해진다. 사실 당신은 공상과학영화 〈매트릭스〉의 인물들처럼 컴퓨터 시뮬레이션 안에서 살거나 통 속에 든 뇌일 수도 있다.

학생들에게 경험을 토대로 추측해보라고 자주 이야기하는데, 그럴 때마다 너무나 많은 학생들이 쭈뼛거려 놀라곤 한다. 하지만 조금만 더 생각해보면 그리 특이한 일은 아니다. 이제까지 학생들은 멋대로 추측하지 말아야 하고, 오답을 말해 창피당하지 않는 게 좋다고 배워왔으니 말이다. 사실 우리의 교육 제도는 위험지능 개발에 도움이 안 된다. 똑똑한 학생들이 지나치게 자신만만해도 그냥 놔두고 과한 자신감을 갖도록 부추기기까지 한다. 반면 다른 평범한 학생들에게는 함부로 추측하지 말라며 충고한다.

인식론적으로뿐 아니라 금융 업계에서도 추측을 좋아하지 않는다.

이것은 우연이 아니라 둘 다 추측에 대한 적개심에 뿌리를 두기 때문이다. 헤지펀드 매니저든 대담한 사상가든 추측하는 사람을 싫어하는 이런 풍토는 모두 위험을 회피하려는 성향 탓이다. 추측을 하는 사람은 위험을 좋아하는데, 위험을 기피하는 사람이 위험 자체보다 싫어하는 한 가지가 바로 위험을 좋아하는 사람이다. 위험을 기피하는 사람에게는 위험을 즐기는 사람의 존재 자체가 소심하고 건조한 자신의 기질을 비난하는 것처럼 느껴지기 때문에 그런 사람과 비교당하는 것을 창피해한다. 이들은 위험을 즐기는 사람을 부러워하면서도 차마 그 사실을 인정하지 못하고 도리어 자신을 숨기고 그 사람을 비난한다.

신용경색 이후 헤지펀드(어떤 헤지펀드도 정부로부터의 구제나 공공 자금 지원을 받지 못했다)에 쏟아진 비난은 금융 투기에 대한 오랜 적개심의 표현과 다름없었다. 투기꾼을 사악하다고 보는 문화가 여전히 강력한 힘을 발휘하고 있다. 이런 문화는 반유대주의와 맥을 같이한다. 불과 몇 년 전인 2003년 말레이시아 총리 마하티르 모하마드는 유대인 투기자들의 계략 때문에 말레이시아에 문제가 발생했다고 비난했고 심지어 노벨상 수상자인 경제학자 폴 크루그먼도 이에 동의하는 듯했다.[14]

풍요로운 시기에는 위험을 감수하는 사람들이 환영받지만 상황이 나빠지면 희생양이 된다. 경기가 나쁠 때가 있어야 좋을 때도 있다는 사실을 인정하는 사람은 많지 않다. 호황과 불황이 반복되지 않는 유일한 길은 자유로운 성장이 아니라 침체와 점진적인 쇠퇴뿐이다. 위험을 감수하려는 사람들이 없었다면, 우리는 지금도 아프리카 사바나에서 근근이 살아갈지 모른다. 모험을 하지 않으면 아무것도 얻을 수 없다.

IBM 창업자 토머스 왓슨의 말처럼 "성공하고 싶다면, 실패율을 두 배로 올려라".

금융 투기자들은 시장 경제에서 아주 중요한 역할을 한다. 헤지펀드 매니저 빅터 니더호퍼의 말을 들어보자.

> 공급량이 적어서 소비량을 감당할 수 없을 때 품귀 현상을 빚어 이득을 볼 생각으로 투기자들이 등장한다. 투기자들이 물건을 사들이면 공급 부족 사태가 이어져서 가격이 올라간다. 가격 상승에 자극을 받은 생산자들은 부족한 물량을 메우기 위해서 생산을 늘리거나 수입한다. 반대로 투기자들은 생각했던 수준 이상으로 가격이 오르면 물건을 내다판다. 그러면 가격은 내려가고, 소비와 수출은 장려되어 잉여분을 줄이는데 도움이 된다.[15]

다시 말해서 이윤 추구과정에서 투기자들은 생산자와 소비자 들에게 신호를 보내서 공급량과 수요량에 관한 유용한 정보를 전달한다. 공매空賣는 이렇게 가격예시과정의 속도를 올린다. 그만큼 큰 영향력을 발휘하기 때문에 예측이 틀리면 공매자들은 다른 투기자들보다 훨씬 중한 벌을 받는다.

니더호퍼는 이해를 돕고자 1585년에 스페인군이 앤트워프 시를 포위했던 사건을 언급했다. 도시가 봉쇄되자 인근 지역 농부들은 곡물을 더 많이 재배해서 큰 위험을 무릅쓰고 앤트워프에 밀반입시켰다. 투기자들은 앤트워프에 빵이 부족해지리라 추측하고 재빨리 빵을 사들여서 빵값이 오르게 했고 가격이 오르자 빵집에서는 빵을 더 많이 구웠다.

앤트워프의 정치인들은 탐욕스러운 투기자들이 전쟁을 틈타 이익을 얻는 것을 묵과하지 않았다. 그래서 빵값의 상한선을 아주 낮게 정하고 이를 위반하는 사람은 엄격하게 처벌했다. 결과는 어땠을까? 빵값을 올릴 수 없으니 빵집 주인들은 더이상 밀수업자들에게 비용을 지불할 수 없었고 밀수업자들도 봉쇄망을 뚫고 들어올 이점이 없어 발길을 끊자 곡물이 씨가 말랐다. 결국 앤트워프 시민들은 항복했고 도시는 스페인에 점령되었다.

금융 투기가 경제에서 아주 중요한 역할을 하듯이 지적인 추측도 과학 발전에 중요한 역할을 한다. 대담한 사상가들이 통념에 도전하지 않으면, 지식은 결코 진보하지 못할 것이다. 물론 지나치게 추측을 좋아해 자중해야 할 사람도 있다. 지금까지 자신감 과잉이 얼마나 위험한지에 대해 거듭 강조했다. 우리가 실제로 아는 것보다 더 많이 안다고 생각하는 것은 참으로 위험하다. 그러나 흥미로운 견해가 있으면서도 반대로 행동하는 사람도 있는데, 그런 사람들은 말을 더 많이 해야 한다.

마키아벨리와 운명의 여신

지금까지 위험지능이 개인 생활이나 직장 생활은 물론이고 공공정책 결정과정에서도 매우 중요하다고 언급했다. 그러나 글을 마치기 전에 한 가지 주의 사항을 강조하고 싶다. 제아무리 완벽한 위험지능도 성공을 보장해주지는 않는다. 사실 보장은, 우리가 위험지능 덕분에 눈을 뜬 확률의 세계와 어울리지 않는다. 확률의 세계에는 틀림없거나 불가능한 것이 없다. 다양한 가능성만이 있을 뿐이다. 제아무리 현명한 결정이라도 운이 나쁘면 역효과가 날 수 있다.

악명 높은 정치학 논문 『군주론』에서 니콜로 마키아벨리는 운에 대해 "우리가 하는 일의 절반을 관장할" 뿐이라면서, "격렬하게 넘실대는 강물이라 넘치면 평원을 덮치고 나무와 건물을 쓰러뜨리며 흙을 휩쓸고 가 다른 곳으로 옮겨 놓는다"고 비유한다.[16] "모든 것은 그 앞에서 도망치고 그 기세에 굴복하며 저항의 가능성은 없다." 운명의 여신을 악한 의도를 지닌 힘에 빗댄 마키아벨리의 묘사는, 포르투나를 변덕스럽지만 인자한 여신으로 여기던 그 시대의 관습과 대조된다. 어쨌든 마키아벨리와 동시대를 산 다른 사람들은 우리 의지로 운을 바꿀 수 있다고 이야기한다. 운명의 여신이 인자하다고 여기는 사람들은 우리가 그녀를 유혹해야 한다고 생각한다. 하지만 당시 사람들보다 비관적이었던 마키아벨리는 다른 전략을 추천한다.

나는 신중한 행동보다 과감한 행동이 좋다고 생각한다. 운은 여자라 그녀를 복종시키고 싶으면 때리고 압박하는 것이 필요하기 때문이다. 경험상 그녀는 냉정하게 행동하는 사람보다 과감하게 행동하는 사람에게 이끌릴 때가 많다. 운은 여자처럼 항상 젊은이를 좋아한다. 덜 신중하고 더 난폭한 젊은이들이 더 대담하게 그녀를 부리기 때문이다.

방법은 달라도 결말은 같다. 매력을 풍겨서든 위력을 행사해서든 운을 굴복시키려 애써야 한다.

그러나 이것은 미신에 불과하다. 운은 우리 힘으로 어쩔 수 없는 것이다. 위험지능은 난폭한 강물 속에서 길을 찾을 가능성을 높여줄 뿐 위험을 아예 없애주지는 않는다. 인간은 본디 통제 착각에 빠지기 쉬운 존재다. 과학이 발전해도 통제 착각은 없어지지 않는다. 다만 옷을 바꿔 입을 뿐이다. 고대 로마의 성직자들이 제물로 바친 새의 간을 살펴 앞날을 예측했듯 오늘날 통계학자들은 확률 모델로 가능성을 예측한다.

통계사를 다룬 『우연을 길들이다The Taming of Chance』에서 철학자 이언 해킹은 확률 이론이 발달한 덕분에 사람들에게 가능성을 이해하는 감각이 생겨서 변덕이 줄어들었다고 말한다.[17] 역설적이지만 운명론적 세계관이 쇠퇴하면서 우리 스스로가 인생을 통제할 수 있다는 착각은 오히려 커졌다. 프랭크 푸레디 같은 작가들은 이런 추세가 점점 극으로 치달아 정부가 더 많은 영역에 개입해야 한다는 요구가 빗발친다고 말한다.[18] 삶이 더 안전해져도 위험 요소는 여전히 남아 있다. 불운에 대한 염려는 한쪽을 누르면 한쪽은 납작해지고 다른 한쪽은 빵빵해지는 '물침대 원리'와 같다.

아이러니하게도 위험지능을 높이는 데 도움이 되는 수학적 확률 이론과 통계 자료 때문에 때때로 과학으로 운명의 여신을 끝내 굴복시킬 수 있다는 듯이 지나치게 자신만만해한다. 그러나 2007~2008년 금융위기의 사례처럼 우리가 위험을 관리하려고 만든 전산 모델은 언제고 틀릴 수 있다. 100퍼센트 보장한다고 말하는 사람도 언제든 파산 가능하므로 절대 보장 같은 건 존재하지 않고 보험업자들도 파산할 수 있기 때문에 절대 굳건한 보험 따위는 없다. 이런 상상만으로 겁이 난다면,

당신은 가능성의 기약성旣約性을 수용하는 법을 더 배워야 한다. 영화 〈루키〉에서 클린트 이스트우드가 연기한 닉 풀로브스키라는 인물이 이런 대사를 했다. "무언가 보장받고 싶으면, 토스터를 사라."

운명의 여신과 화해하라. 그를 통제할 수도, 회유할 수도 없다는 사실을 받아들여라. 그녀의 변덕스러움을 인정하라. 운명의 여신이 당신에게 관심이 없다는 사실을 인정하고, 애쓰지 말고 절망하지 마라. 언젠가 데이먼 러니언이 말했듯이 "빠른 경주자들이라고 선착하는 것이 아니며 용사들이라고 전투에 승리하는 것이 아니다. 그래서 내기도 하는 것이다".[19]

부록

위험지능 검사

개인용 예측능력 검사

2010 예측 게임

조사 자료

위험지능 검사

•

www.projectionpoint.com에서 이용할 수 있는 온라인 위험지능 검사를 지면으로 옮겨 소개한다. 인터넷을 사용하지 않거나 온라인 검사가 어떻게 이뤄지는지 궁금해할 독자들을 위해 준비했다.

규칙 설명

다음과 같은 규칙에 따라 50개 문항 각각의 확률을 예측하시오.

- 진술이 참이라고 절대적으로 확신하면, 100퍼센트라고 답하라.

- 진술이 거짓이라고 절대적으로 확신하면, 0퍼센트라고 답하라.

- 진술이 참인지 거짓인지 전혀 모르겠다면, 50퍼센트라고 답하라.

- 진술이 참이라고 생각하지만 절대적 확신이 없으면, 확신도에 따라 60퍼센트, 70퍼센트, 80퍼센트, 90퍼센트라고 답하라.

- 진술이 거짓이라고 생각하지만 절대적 확신이 없으면, 확신도에 따라 40퍼센트, 30퍼센트, 20퍼센트, 10퍼센트라고 답하라.

진술

이어지는 진술들은 2010년 온라인에서 이뤄졌던 위험지능 검사 문항이다. 현재 위험지능 검사는 많은 데이터베이스에서 무작위로 문항을 뽑는 방식으로 바뀌었다.

1. 1에 0이 100개 붙으면 1 구골Googol(10의 100제곱)이다.

2. 아프리카는 가장 큰 대륙이다.

3. 미국에서 알츠하이머병 때문에 치매 증상을 보이는 환자는 전체 치매 환자의 절반 이하다.

4. 가분수는 항상 1보다 작다.

5. 아르메니아는 러시아와 국경을 맞대고 있다.

6. 역대 미국 대통령은 40명이 넘는다.

7. 1994년에 빌 클린턴은 파울라 존스라는 여성에게 성희롱으로 고소당했다.

8. 캔버라는 오스트레일리아의 수도다.

9. 지네딘 지단은 5년 넘게 프랑스 국가대표로 활동했다.

10. 3세기경 기독교는 로마 제국의 공식 종교가 되었다.

11. 매슈 페리 제독은 일본에 문호 개방을 압박해 1870년 가나가와 조약을 체결했다.

12. 엘살바도르는 카리브 해에 해안 지대가 없다.

13. 통풍은 귀족병으로 알려져 있다.

14. 『해리 포터와 불의 잔』은 해리 포터가 호그와트마법학교 3학년 때

의 이야기다.

15. 로런 바콜은 험프리 보가트의 세번째 부인이었다.

16. 2008년 베이징 인구는 2천만 명이 넘었다.

17. 『구약성경』에서 이세벨의 남편은 이스라엘의 왕 아합이었다.

18. 지구 구성물질의 30퍼센트 이상이 철이다.

19. 뒤로 걸으려면 무릎이 적절히 굽혀져야 하는데 소는 이것이 불가능하므로 소를 위로 가게는 하지만 아래로 가게 할 수는 없다.

20. 리먼브라더스는 2008년 9월 파산했다.

21. LL 쿨 J는 '레이디스 러브 쿨 제임스Ladies Love Cool James'의 줄임이다.

22. 남자 체조 선수들은 안마鞍馬를 '피그pig'라고 부른다.

23. 마오쩌둥은 1949년 중화인민공화국 수립을 선언했다.

24. 받침대와 둥근 머리가 있는 현악기는 더블베이스뿐이다.

25. 미국의 10개 주 이상이 의학적인 용도로 마리화나를 허용하고 있다.

26. 1918년부터 1919년까지 전 세계에서 '스페인 독감'으로 사망한 사람이 1차세계대전 때문에 사망한 사람보다 많다.

27. 9·11 테러범들은 대부분 사우디아라비아 출신이다.

28. 정화된 천연가스에서는 불쾌한 냄새가 난다.

29. 모차르트는 1천 곡 이상을 작곡했다.

30. 아랍 국가 중에서 레바논의 기독교인 비율이 가장 높다.

31. 1945년부터 1986년까지 자연 재해로 인한 사망자의 40퍼센트 이

상은 지진 때문에 목숨을 잃었다.

32. 나이지리아 인구의 50퍼센트 이상이 하루 1달러 미만의 돈으로 생활한다.

33. 석순은 밑으로 자라고 종유석은 위로 자란다.

34. 이탈리어 음악 용어 아다지오는 곡을 빠르게 연주하라는 뜻이다.

35. 유프라테스 강은 바그다드를 통해 흐른다.

36. 10만 달러에는 우드로 윌슨이 그려져 있다.

37. 팔레스타인 사람들에게 이슬람 저항운동은 헤즈볼라Hizbollah로 더 잘 알려져 있다.

38. 미국 서부의 초기 철도 공사는 주로 일본인들 때문에 했다.

39. 잉카 제국의 마지막 황제는 몬테수마다.

40. 남성이 가장 많이 걸리는 암은 전립선암이다.

41. 러시아의 대통령은 블라디미르 푸틴이다.

42. 산안드레아스 단층은 태평양판과 북아메리카판 경계에 형성되어 있다.

43. 미국 남북전쟁이 발발한 해와 연방 정부가 처음 지폐를 발행한 해는 같다.

44. 미국 독립선언문은 "We the People of the United States······" 로 시작한다.

45. '로봇'이라는 용어는 미국 공상과학 소설가 아이작 아시모프가 만들었다.

46. 전 세계에서 가장 높은 섬에 있는 산은 마우나케아 산이다.

47. 타지마할은 샤자한 왕이 사랑하는 아내를 기리며 세운 것이다.

48. 세상에는 닭보다 사람이 많다.

49. 남아메리카에는 다이아몬드 산지가 없다.

50. 위키피디아는 1999년에 지미 웨일스와 래리 생어가 시작했다.

채점방법

수동으로 점수를 매기려면 번거롭고 시간도 많이 걸린다. 그래서 가급적이면 온라인에서 검사를 받거나 사이트 내의 위험지능 점수 계산기(http://www.projectionpoint.com/index.php/calculator/rq_calculator) 이용을 권하고 싶다. 인터넷을 사용할 수 없거나 위험지능 점수를 어떻게 계산하는지 좀더 알고 싶은 이들을 위해 채점방법을 소개하겠다.

1. 먼저 0퍼센트라고 답한 진술이 몇 개인지 센 다음 그 진술들 중 실제로 참인 진술이 몇 개인지 세어라(각 진술의 진리값은 뒤에 나온다). 그다음에는 후자를 전자로 나누고, 그 답을 백분율로 표현하라. 예컨대 참일 확률이 0퍼센트라고 답한 진술이 5개이고 그중 실제로 참인 진술이 1개라면, 1을 5로 나눠라. 그러면 0.2(20퍼센트)가 나온다. 0으로는 나눌 수 없으므로 실제로 참인 진술이 전혀 없으면, 그냥 0퍼센트라고 기록하라.

2. 10퍼센트부터 100퍼센트까지 다른 범주들도 모두 똑같은 방식으로 계산하라.

3. 계산한 각각의 결과와 각 범주의 진리값의 차差를 확인하라. 예를 들어, 참일 확률이 0퍼센트라고 답한 진술의 20퍼센트가 실제로 참이라면, 차는 20이다. 참일 확률이 20퍼센트라고 답한 진술의 30퍼센트가 실제로 참이라면, 차는 10이다. 이것이 '잔차殘差'다.

4. 100에서 각 잔차를 빼라.

5. 4단계에서 나온 값에 해당 범주를 사용한 횟수를 곱하라. 예를 들어, 20퍼센트 범주의 잔차가 10이고 당신이 7개의 진술에 20퍼센트라고 답했으면, 90에 7을 곱하라.

6. 5단계에서 나온 결과를 합산하라.

7. 6단계에서 나온 결과를 예측의 총계로 나눠라. 검사 문항에 모두 답했다면, 6단계에서 나온 결과를 문항 개수로 나누는 것과 같다. 이것이 가중평균이다.

8. 7단계에서 나온 결과의 제곱근을 구하라. 그리고 그것을 100으로 나눠라. 그 값이 당신의 위험지능 지수다.[1]

온라인에서 이런 단계를 자동으로 계산해주는 엑셀 스프레드시트도 다운로드가 가능하다. 표6은 위험지능이 상당히 높은 사람의 위험지능 지수를 계산하는 데 사용된 이 스프레드시트의 예다.

'예측'은 0퍼센트, 10퍼센트 등 특정 범주로 답한 횟수다. '참'은 그 범주로 답한 진술들 중 몇 개가 실제로 참인지를 보여준다. '참의 비율' 은 셋째 세로줄(참)을 둘째 세로줄(예측)로 나누고 그 결과를 백분율로 표현한 것이다. '잔차'는 첫째 세로줄(범주)과 넷째 세로줄(참의 비율)의

표 6 위험지능 지수 계산법을 보여주는 스프레드시트

범주	예측	참	참의 비율	잔차(R)	100-R	(100-R)×예측
0	10	1	10	10	90	900
10	10	1	10	0	100	1000
20	10	2	20	0	100	1000
30	10	4	40	10	90	900
40	10	4	40	0	100	1000
50	10	5	50	0	100	1000
60	10	7	70	10	90	900
70	10	7	70	0	100	1000
80	10	6	60	20	80	800
90	10	8	80	10	90	900
100	10	8	80	20	80	800
총계	110					10,200
가중평균						93
위험지능 지수						86

차다. 여섯째 세로줄(100-R)은 100에서 다섯째 세로줄(잔차)를 뺀 값이다. 일곱째 세로줄은 여섯째 세로줄(100-R)에 둘째 세로줄(예측)을 곱한 것이다. 그다음에는 일곱째 세로줄에 있는 모든 수를 합하고, 이 결과를 예측의 총계로 나눈다. 그렇게 해서 얻은 결과의 제곱근을 구하

고 그것을 다시 100으로 나누면 위험지능 지수가 나온다.

브라이어 스코어Brier Score라는 유명한 채점법이 아닌 이 방식을 택한 세 가지 이유가 있다. 첫째, 이 방식이 일반 대중이 이해하기 더 쉽기 때문이다. 둘째, 브라이어 스코어는 눈금 보정, 결단력, 지식 점수가 혼합되어 있는데, 나는 눈금 보정 자료만 필요했다. 마지막으로 브라이어 스코어의 일부 통계 특성이 불만족스러웠다. 예를 들어 브라이어 스코어는 극단적인 예측을 높이 평가해서 강수 확률이 90퍼센트라고 예측할 때보다 100퍼센트라고 예측할 때 더 높은 점수를 부과한다. 브라이어 스코어는 일기예보를 위해 만들어진 방식이고, 일기예보에서는 이런 방식이 적합하다. 날씨 예보에서만큼은 "극단적인 예측이 가장 유용한 예측이다"라는 브라이어의 말이 맞다. 그러나 일반적으로 예측이 극단적일수록 확률 예측은 유용하지 않게 여겨진다. 3장에서 종결 욕구와 관련 문제를 살펴보았듯이 예측이 극단적일수록 유용하다는 브라이어의 말은 위험지능이 낮은 사람들에게나 타당하다. 중간 확률에 더 친숙해지고 의사결정과정에 확률 정보를 이용하는 방법을 알면, 극단에 가까운 확률 예측이 더 유용하다고 여길 수 없다.

다음은 2010년 위험지능을 검사할 때 썼던 50개 문항의 진리값이다. 책을 읽는 시점에 따라 일부 진리값은 변했을 수 있다. 예를 들어 블라디미르 푸틴이 다시 러시아 대통령이 되었을 수도 있다.

1에 0이 100개 붙으면 1 구골이다.	T
아프리카는 가장 큰 대륙이다.	F
미국에서 알츠하이머병 때문에 치매 증상을 보이는 환자는 전체 치매 환자의 절반 이하다.	F
가분수는 항상 1보다 작다.	F
아르메니아는 러시아와 국경을 맞대고 있다.	F
역대 미국 대통령은 40명이 넘는다.	T
1994년에 빌 클린턴은 파울라 존스라는 여성에게 성희롱으로 고소당했다.	T
캔버라는 오스트레일리아의 수도다.	T
지네딘 지단은 5년 넘게 프랑스 국가대표로 활동했다.	T
3세기경 기독교는 로마 제국의 공식 종교가 되었다.	F
매슈 페리 제독은 일본에 문호 개방을 압박해 1870년 가나가와 조약을 체결했다.	F
엘살바도르는 카리브 해에 해안 지대가 없다.	T
통풍은 귀족병으로 알려져 있다.	F
『해리 포터와 불의 잔』은 해리 포터가 호그와트마법학교 3학년 때의 이야기다.	F
로런 바콜은 험프리 보가트의 세번째 부인이었다.	F
2008년 베이징 인구는 2천만 명이 넘었다.	F
『구약성경』에서 이세벨의 남편은 이스라엘의 왕 아합이었다.	T
지구 구성물질의 30퍼센트 이상이 철이다.	T
뒤로 걸으려면 무릎이 적절히 굽혀져야 하는데 소는 이것이 불가능하므로 소를 위로 가게는 하지만 아래로 가게 할 수는 없다.	T

리먼브라더스는 2008년 9월 파산했다.	T
LL 쿨 J는 '레이디스 러브 쿨 제임스'의 줄임이다.	T
남자 체조 선수들은 안마를 '피그'라고 부른다.	T
마오쩌둥은 1949년 중화인민공화국 수립을 선언했다.	T
받침대와 둥근 머리가 있는 현악기는 더블베이스뿐이다.	F
미국의 10개 주 이상이 의학적인 용도로 마리화나를 허용하고 있다.	T
1918년부터 1919년까지 전 세계에서 '스페인 독감'으로 사망한 사람이 1차세계대전 때문에 사망한 사람보다 많다.	T
9·11 테러범들은 대부분 사우디아라비아 출신이다.	T
정화된 천연가스에서는 불쾌한 냄새가 난다.	F
모차르트는 1천 곡 이상을 작곡했다.	F
아랍 국가 중에서 레바논의 기독교인 비율이 가장 높다.	T
1945년부터 1986년까지 자연 재해로 인한 사망자의 40퍼센트 이상은 지진 때문에 목숨을 잃었다.	T
나이지리아 인구의 50퍼센트 이상이 하루 1달러 미만의 돈으로 생활한다.	T
석순은 밑으로 자라고 종유석은 위로 자란다.	F
이탈리어 음악 용어 아다지오는 곡을 빠르게 연주하라는 뜻이다.	F
유프라테스 강은 바그다드를 통해 흐른다.	F
10만 달러에는 우드로 윌슨이 그려져 있다.	T
팔레스타인 사람들에게 이슬람 저항운동은 헤즈볼라로 더 잘 알려져 있다.	F

미국 서부의 초기 철도 공사는 주로 일본인들 때문에 했다.	F
잉카 제국의 마지막 황제는 몬테수마다.	F
남성이 가장 많이 걸리는 암은 전립선암이다.	T
러시아의 대통령은 블라디미르 푸틴이다.	F
산안드레아스 단층은 태평양판과 북아메리카판 경계에 형성되어 있다.	T
미국 남북전쟁이 발발한 해와 연방 정부가 처음 지폐를 발행한 해는 같다.	T
미국 독립선언문은 "We the People of the United States……"로 시작한다.	F
'로봇'이라는 용어는 미국 공상과학 소설가 아이작 아시모프가 만들었다.	F
전 세계에서 가장 높은 섬에 있는 산은 마우나케아 산이다.	T
타지마할은 샤자한 왕이 사랑하는 아내를 기리며 세운 것이다.	T
세상에는 닭보다 사람이 많다.	F
남아메리카에는 다이아몬드 산지가 없다.	F
위키피디아는 1999년에 지미 웨일스와 래리 생어가 시작했다.	F

개인용 **예측능력** 검사

●

독자들이 살면서 겪을 수 있는 사건들을 얼마나 정확히 예측하는지 자신의 능력을 검사할 수 있도록 개인용 예측능력 검사를 소개한다. 이런 검사로 당신은 일상생활에서 위험지능을 측정할 수 있고, 나아가 어떤 편향이 확률을 낮추거나 높이는지 알 수 있다.

먼저 종이에 표를 하나 그려 세로줄 하나에 예측 내용을 적어라. 사생활이나 직장 생활 또는 동네에서 직접 목격 가능한 것이면 무엇이든 상관없지만 내용이 상당히 간결해야 한다. 즉 예측이 맞았는지 틀렸는지 쉽게 판단할 수 있어야 한다. "다음주에 봉급이 인상될 것이다"라는 문장은 예측이 맞았는지 틀렸는지 논란의 여지가 거의 없이 간결하다. "내일은 내게 좋은 하루가 될 것이다" 같은 문장은 간결하지 않다. 해석의 여지가 많기 때문이다. 살다보면 좋은 일도 나쁜 일도 있게 마련이다. "오늘 아침 회색빛 새를 볼 것이다"라는 문장도 애매하다. 누가 봐도 회색인 새와 그렇지 않은 새가 있지만 그 중간에는 경계가 모호한 색깔의 새도 있어 누군가는 회색이라고 하고 누군가는 회색이 아니라고 할 것이다. 예측 내용이 간결하지 않으면, 나중에 예측이 맞았는지 틀렸는지 해석이 분분해진다. 사건에 맞춰 예측에 살을 붙일 수도 한다. 점쟁이들은 이런 방식으로 사람들을 구슬린다. 애매한 말로 미래를 예측하면, 무슨 일이 일어나도 예측이 정확한 것처럼 해석할 수 있다.

철학자들은 '좋은' '회색'과 같은 단어는 개념이 모호하다고 보고, 용어를 아주 정확하게 사용한다.[1] 이것도 저것도 아닌 애매한 경우를 개념이 모호하다고 말한다. '많은' '적은' 같은 단어는 개념이 모호하지만 '10보다 작은' 같은 표현은 숫자를 두 부류로 명확히 나누므로 모호하지 않다. 사실 완벽하게 간결한 예측을 강구하기는 어렵다. 우리가 사용하는 언어가 대체로 모호한데다 예측이 간결할수록 덜 중요하게 여기는 경향이 있기 때문이다. "올해 중국과 인도 사이에 긴장이 고조될 것이다"는 "올해 인도는 2명 이상의 중국 외교관을 추방할 것이다"보다 더 모호한 문장이지만 더 흥미롭다. 흥미로우면서 모호하지도 않은 예측을 만드는 기술이 필요하다.

예측이 견해여서도 안 된다. 모든 사람이 그 예측이 맞았다 또는 틀렸다고 동의하도록 반드시 사실을 언급해야 한다.

예측에 대해 추론도 할 수 있어야 한다. 어떤 내용을 예측하고 그에 대한 확률을 가늠할 때는 어둠 속에서 마구잡이로 찔러보는 것이 아니라 이미 알고 있는 지식이나 쉽게 얻을 수 있는 정보를 바탕으로 추측해야 한다. 위험지능은 전혀 모르는 사안에 대해 예측하는 미스터리한 능력이 아니다. 여기에는 우리가 하는 일에 근거해 우리가 아직 모르는 것에 대해 합리적인 추측을 추론할 수 있도록 심성 모형을 만드는 일이 수반된다. 대개 무의식적으로 이뤄지지만 늘 인내가 필요한 작업이다. 이런 특성을 고루 갖춘 예측 고안 기술은 하루이틀에 얻을 수 없다.

예측에 일종의 만료일을 정하는 것도 중요하다. "비가 올 것이다"라는 예측에는 중요한 특징이 빠져 있다. 언제가 되건 확실히 비는 올 것이기 때문에 "내일 비가 올 것이다"라는 예측이 더 명료하다. 예측을 할 때에는 항상 만료일을 몇 주 안으로 정하라. 그러지 않으면 채점하기까지 오래 기다려야 할 테니 말이다.

첫번째 세로줄에 몇 가지 예측을 적은 다음에는 각각의 예측이 실현될 확률을 가늠해서 두번째 세로줄에 백분율로 표시해야 한다. 채점을 쉽게 하려면 백분율을 10퍼센트 단위로 한정하라. 실현될 확률을 24퍼센트가 아니라 0퍼센트, 10퍼센트, 20퍼센트라는 식으로 적어라.

그다음 향후 몇 주 동안 예측이 맞았는지 틀렸는지를 세번째 세로줄에 체크하라. 모든 예측이 끝나면, 일반 지식 중심으로 위험지능을 측정했던 검사와 똑같은 방식으로 위험지능 지수를 계산할 수 있다. (자세한 내용은 부록 1을 참조하라.)

위험지능 지수를 계산한 다음에는 예측을 좀더 자세히 검토하라. 일어날 가능성이 높다고 생각했지만 일어나지 않았던 사건과 일어날 가능성이 거의 없다고 생각했지만 실제로 일어난 사건을 중점적으로 살펴보라. 어떤 가정이 예측을 어긋나게 만들었는지 알아보겠는가?

표 1 **코리아가 사용한 표**

예측	예측 확률	예측이 맞았나?

2010년 **예측 게임**

●

　2010년 1월, 벤저민 야코부스와 함께 온라인 '예측 게임'을 하나 만들었다. 부록 1에서 설명한 위험지능 검사의 점수와 미래 사건이 일어날 확률을 가늠하는 능력의 상관관계를 알아보기 위해서였다. 구성은 부록 1에서 설명했던 위험지능 검사와 비슷하다. 참가자들은 제시된 수십 개의 진술들이 참일 가능성이 얼마나 되는지 확률로 답하면 된다. 위험지능 검사와 차이가 있다면 진술의 내용이 답이 알려진 일반 지식이 아니라 있을 법한 미래 사건이라는 점이다.

　타당하면서도 시시하지 않은 예측을 제시하고자 『이코노미스트』가 2009년 12월 출간한 보고서 『2010년 세계The World in 2010』를 샅샅이 뒤졌다. 전 세계의 정치 및 경제 발전에 관한 전망이 담긴 이 보고서에 몇 가지를 보태서 문항을 만들었다. 총 55개 문항은 다음과 같다(모든 문항의 예측 시점은 2010년이었다).

미국에 탄소 배출권 거래제가 도입될 것이다.	F
이라크 군인 및 경찰 훈련을 위해 남는 사람을 제외하고 모든 미군 전투 부대가 이라크에서 철수할 것이다.	F
남아 있는 죄수들은 모두 관타나모 미 해군기지로부터 이송될 것이다.	F
에이미 와인하우스가 새 앨범을 발표할 것이다.	F
도쿄에 지진이 발생할 것이다.	F
앤젤리나 졸리와 브래드 피트가 헤어질 것이다.	F
아웅 산 수 치가 가택 연금에서 풀려날 것이다.	T
오스트레일리아가 크리켓 우승컵을 되찾을 것이다.	F
아야톨라 알리 하메네이가 이란 최고 지도자 자리에서 내려올 것이다.	F
EU가 일부 제품에 대한 탄소 라벨 부착을 의무화할 것이다.	F
중국의 GDP 성장률이 8퍼센트 이하가 될 것이다.	F
데이비드 캐머런이 영국 총리가 될 것이다.	T
지우마 호세프가 브라질 대선에서 승리할 것이다.	T
영국이 FIFA 월드컵에서 우승할 것이다.	F
프랑스에서는 새 총리가 취임할 것이다.	F
세계 항공 교통량이 4퍼센트 이상 증가할 것이다.	T
세계 연 평균 기온이 역대 최고치를 기록할 것이다.	*
전 세계의 음악 CD 매출액이 2009년보다 적을 것이다.	T
골리라즈가 새 앨범을 발표할 것이다.	T

그리스가 국가 부채에 대해 채무불이행을 선언할 것이다.	F
영화 〈바스터즈: 거친 녀석들〉이 오스카에서 적어도 1개 이상 수상할 것이다.	T
아일랜드가 외국차관에 대해 채무 불이행을 선언할 것이다.	F
이스라엘이 공개적으로 이란을 공습할 것이다.	F
케빈 러드가 오스트레일리아 총선에 출마해서 승리할 것이다.	F
할리드 셰이크 모하메드가 뉴욕 시에서 재판에 회부될 것이다.	F
100만 명 이상이 돼지 독감H1N1으로 사망할 것이다.	F
노르웨이나 스웨덴 또는 핀란드가 유러비전 노래경연대회에서 우승할 것이다.	F
오사마 빈라덴이 생포되거나 피살당할 것이다.	F
찰스 황태자가 영국 왕위에 오를 것이다.	F
로저 페더러가 윔블던 테니스 대회에서 남자 단식 우승을 차지할 것이다.	F
로만 폴란스키가 미국에 인도될 것이다.	F
러시아가 적어도 하루 동안 우크라이나에 가스 공급을 중단할 것이다.	F
과학자들이 유명인을 복제하는 데 성공했다고 발표할 것이다.	F
과학자들이 힉스 소립자를 발견할 것이다.	F
이탈리아 총리 실비오 베를루스코니의 통치가 막을 내릴 것이다.	F
스페인이 FIFA 월드컵에서 우승할 것이다.	T
테러범들이 미국 영공에서 비행기를 폭파할 것이다.	F
극지방의 만년설이 400만 제곱킬로미터 아래로 줄어들 것이다.	F

민주당이 미국 중간선거에서 하원 다수당을 유지할 것이다.	F
다우 존스 산업평균지수가 적어도 하루 동안 8500에 가까워지거나 그보다 낮아질 것이다.	F
연방준비은행이 미국 이율을 1퍼센트 이하로 유지할 것이다.	T
뉴욕 타임스가 외계인이 지구에 착륙했다고 발표할 것이다.	F
닛산 리프의 전기차가 일본에서 판매를 개시할 것이다.	T
아랍인 중에서 노벨평화상 수상자가 나올 것이다.	F
페이스북 이용자 수가 5억 명을 넘어설 것이다.	T
브렌트 원유 때문에 유가가 배럴당 100달러를 넘을 것이다.	F
설탕값이 10퍼센트 이상 인상될 것이다.	T
이슬람 은행의 자산 총액이 미국달러로 10억 달러를 상회할 것이다.	T
적어도 하나의 신용등급평가원에서 영국의 신용 등급을 하향 조정할 것이다.	F
영국 파운드화의 가치가 하락해 유로화와 같아질 것이다.	F
미국이 밴쿠버 동계올림픽에서 가장 많은 금메달을 딸 것이다.	F
타이거 우즈가 PGA 투어 이벤트 경기에 출전할 것이다.	T
영국 주택 가격이 올해 초보다 1퍼센트 이상 낮은 값으로 마감될 것이다.	F
미국이 예멘에 전투 병력을 파병할 것이다.	F
누군가 마이클 잭슨 살인죄로 기소될 것이다.	T

　* 세계 평균 기온에 관한 문항은 당시에는 확인 가능한 자료가 없어서 2011년 예측 게임 참가자들의 최종 점수를 계산할 때 제외했다.

부록 4

조사 자료

•

2009년 12월, 벤저민 야코부스와 함께 부록 1과 유사한 온라인용 위험지능 검사를 만들고 보도 자료와 언론 인터뷰, 블로그, 인터넷 토론회를 통해 웹사이트를 홍보했다.

우리는 검사를 마친 참가자들에게 연구 참여 의사를 물었다. 거절하는 참가자들에게는 검사 결과를 전해주고 그들의 데이터를 서버에서 삭제했다. 동의하는 참가자들에게는 성별, 국적, 나이, 학력, 직업 등 세부 사항을 명시하게 한 다음 검사 결과를 전달했다. 이 연구의 윤리 문제에 관해서는 코크 대학의 사회연구윤리위원회로부터 승인을 받았다.

검사 결과는 부록 1과 같은 절차에 따라 계산했다.

참가자

2010년 1월 1일부터 2011년 2월 14일까지 총 50070명이 웹사이트를 방문했고, 그중 38888명이 온라인 위험지능 검사를 받고 이를 연구에 활용해도 좋다고 허락했다. 전체 자료를 분석하기 전 다음과 같은 참가자의 자료는 삭제했다.

1. 대답한 문항 수가 45개보다 적은 사람

2. 성별이나 직업을 명시하지 않은 사람

3. 검사팀이나 개발팀의 일원

4. K 지수가 10점보다 작은 사람

K 지수를 계산하기 위해서 우리는 참가자가 각 문항에 10퍼센트, 20퍼센트, 30퍼센트, 40퍼센트, 60퍼센트, 70퍼센트, 80퍼센트, 90퍼센트의 범주를 이용해 확률을 예측할 때마다 1점을 부여했다. 0퍼센트, 50퍼센트, 100퍼센트의 범주로 확률을 예측할 때에는 0점 처리했다. 따라서 50개 문항에서 받을 수 있는 K 지수의 최고치는 50점이다. K 지수는 위험지능 지수가 위험지능 지표로서 얼마나 신뢰할 만한지를 보여준다.

우리는 이런 조정 작업을 통해 총 24594명의 참가자(표본의 63퍼센트)를 걸러내고 남은 14294명의 자료를 분석했다. 표 7과 8은 참가자들의 연령별, 성별, 학력별 구성을 보여준다.

표 7 **연령별 구성**

나이	참가자 수
0~10	674
11~20	1006
21~30	4899
31~40	3720
41~50	2283
51~60	1236
61~70	397
71~80	67
81~90	6
90+	6

표 8 **성별 및 학력별 구성**

학력	남성	여성	총계
초졸 또는 그 이하	108	31	139
중졸·고졸	2163	521	2684
대졸	5486	1475	6961
석사	2335	755	3090
박사	1134	286	1420
총계	11226	3068	14294

우리는 기존의 어떤 위험지능 연구보다 많은 자료를 갖췄다. 이처럼 많은 자료를 모을 수 있었던 것은 지면 검사가 아니라 온라인 검사를 이용했기 때문이다. 이전에 진행된 위험지능 관련 연구들은 인터넷이 개발되기 전에 연구해 대부분 우리보다 훨씬 적은 표본을 활용했다. 위험지능 검사에 대한 관심은 1980년 이후 줄어들기 시작해 그뒤로 크게 나아지지 않았다. 이제는 인터넷 덕분에 위험지능 검사를 수월하게 진행 가능하고 자료도 온라인에서 수집할 수 있어 이 분야에 대한 연구가 부활할 분위기가 무르익은 듯하다.

결과

14294개 전체 표본의 평균 위험지능 지수는 63.58이었다(표준 편차: 13.15). 위험지능 지수의 분포는 도표 18에 정리했다. 표 9는 참가자들의 성별 및 학력별 위험지능 지수를 나타낸다.

도표 18 위험지능 지수 분포

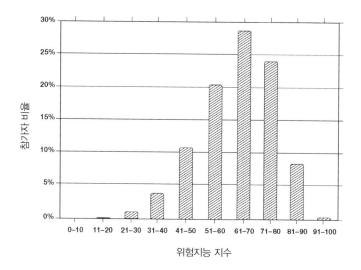

표 9 성별 · 학력별 위험지능 지수

학력	남성		여성	
	평균 위험지능 지수	표준 편차	평균 위험지능 지수	표준 편차
초졸 또는 그 이하	58.52	14.95	56.42	14.58
중졸 · 고졸	61.80	14.00	60.87	14.20
대졸	63.94	12.74	61.60	13.55
석사	64.93	12.46	62.29	13.60
박사	67.41	11.58	65.21	13.38
전체	64.04	12.95	61.93	13.73

2010 예측 게임

2장과 부록 3에서 언급했듯이 2010년 초에 웹사이트에 또하나의 위험지능 검사를 올렸다. 이번에는 알려진 사실에 관한 진술이 아니라 미래 사건에 대한 예측으로 문항을 구성했다. 2010년이 시작되고 처음 몇 달 동안 이미 일반 지식으로 구성된 기존의 위험지능 검사를 받았던 사람들 200명 이상이 각 예측의 확률을 가늠했다. 그후 몇 달 동안 예측이 참 또는 거짓으로 밝혀질 때마다 동료인 벤저민 야코부스가 시스템에 세부 사항을 조절해 입력했다. 연말이 되자 위험지능 지수를 계산하기에 충분한 자료를 얻었다. 계산은 일반 지식으로 구성된 기존 검사와 같은 방식으로 진행했다.

2010년 예측 게임에 참여한 사람은 모두 205명이다. 그중 일부는 10퍼센트부터 40퍼센트, 60퍼센트부터 90퍼센트까지 중간 확률을 무시해서 기존 검사와 이번 검사 중 하나라도 K 지수가 10점 이하인 사람은 걸러냈다. 일반 지식으로 구성된 위험지능 검사에서 99점 이상을 받은 참가자 5명도 걸러냈다. 그들이 답변을 인터넷으로 검색했을지 모른다는 이유에서였다. 이런 조정 작업을 거쳐 총 132명의 참가자가 남았다.

132명의 평균 위험지능 지수는 61이었다. 모든 확률을 50퍼센트라고 답할 경우 받는 점수인 73점보다 훨씬 낮다.

도표 19는 이 참가자들이 일반 지식으로 구성된 위험지능 검사에서 받은 점수와 대조하여 2010년 예측 게임에서 받은 점수를 점으로 표시한 것이다. 회귀 직선의 기울기가 완만하다는 사실은 두 점수 사이에

도표 19 **일반 지식으로 구성된 위험지능 검사의 점수와 대조하여 점으로 표시한 2010년 예측 게임 점수**

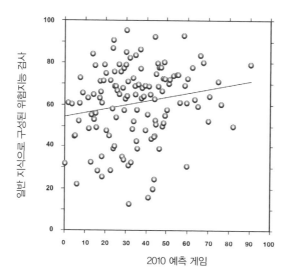

상관관계가 매우 높지는 않음을 보여준다. 회귀 직선은 완벽한 수평이 아닌데 이는 상관관계가 전혀 없지는 않다는 의미다.

"우리는 참가자들이 일반 지식으로 구성된 위험지능 검사와 예측 게임에서 받은 점수 사이의 상관관계를 측정하기 위해 스피어먼의 등위 상관계수를 이용했다. 표 10에 나와 있듯이 연관성이 0.185로 낮지만, 이 수치도 통계상으로는 의미가 있다".

표 10 **2010 예측 게임과 일반 지식으로 구성된 위험지능 검사 점수 간의 연관성**

연관성			게임	검사
스피어먼의 로 게임	상관계수		1,000	.185*
	sigma (2–tailed)			.034
	N		132	132
검사	상관계수		.185*	1,000
	sigma (2–tailed)		.034	
	N		132	132

* 0.05 수준(2-tailed)이면 상관관계가 의미가 있다.

주

●

1장. 왜 위험지능이 중요한가

1 여러 저자가 이 연구를 정리했다. 최근에 나온 책 중에서는 다음 두 책을 참
   고하라. Dan Gardner, *Risk: The Science and Politics of Fear*(London:
   Virgin Books, 2008), Baruch Fischhoff and John Kadvany, *Risk: A
   Very Short Introduction*(Oxford: Oxford University Press, 2011). 좀
   더 전문적인 내용을 찾아보려면 다음 논문을 참고하라. Daniel Kahneman,
   Paul Slovic, and Amos Tversky, *Judgment Under Uncertainty:
   Heuristics and Biases*(Cambridge, England: Cambridge University
   Press, 1982).

2 이 책에서는 사람들이 타당한 수준 이상으로 자신 있어하는 인지 현상을 '자
   신감 과잉' '과도한 자신감'이라는 용어로 표현했다. 자신감 과잉이 자부심을
   의미하지는 않는다. 이에 대해서는 2장에서 자세히 설명하겠다.

3 Monica Robbers, "Blinded by Science: The Social Construction of
   Reality in Forensic Television Shows and Its Effect on Criminal
   Jury Trials", *Criminal Justice Policy Review* 19, no. 1(2008), pp.
   84~102.

4 버나드 나이트의 발언은 다음 자료에 나와 있다. "The 'CSI Effect'", *The
   Economist*, April 22, 2010, http://www.economist.com/node/15949089.

5 Evan Durnal, "Crime Scene Investigation(As Seen on TV)", *Forensic*

Science International 199, no. 1(2010), pp. 1~5.

6 Laura Spinney, "The Fine Print", *Nature* 464(March 18, 2010), pp. 344~346.

7 Iain Mckie and Michael Russell, *Shirley McKie: The Price of Innocence*(Edinburgh: Birlinn, 2007). 이 사건에 관한 정보는 다음 웹사이트에서 확인할 수 있다. www.shirleymckie.com. 데이비드 존스의 기사도 참고했다. David Jones, "Flawed Fingerprint Evidence Led to a Travesty of Justice", *Daily Mail*, April 25, 2007, www.dailymail.co.uk/femail/article-450737/Flawed-fingerprint-evidence-led-travesty-justice.html.

8 Matthew Bandyk, "What Airport Security Costs You", *U.S. News & World Report,* January 11, 2010, http://money.usnews.com/money/business-economy/articles/2010/01/11/what-airport-security-costs-you.

9 "Airport Attack", *The Economist,* October 30, 2010, p. 65.

10 Bruce Schneier, *Beyond Fear: Thinking Sensibly About Security in an Uncertain World*(Berlin: Springer, 2003).

11 Ellen Langer, "The Illusion of Control", *Journal of Personality and Social Psychology* 32, no. 2(1975), pp. 311~328.

12 브루스 슈나이어와 개인적으로 이야기하며 깨달은 내용이다.

13 Bandyk, "What Airport Security Costs You".

14 수치를 너무 낮춰 잡은 것 같다. 폴은 비즈니스 여행객의 한 시간을 50달러로, 일반 여행객의 한 시간을 15달러로 계산했지만 한 시간의 가치가 그보다 훨씬 크다는 증거가 있다. 미국에서 실시한 한 여론조사에 따르면, 여행 시간을 한 시간 단축할 수 있다면 비즈니스 여행객은 70달러를, 일반 여행객은 31달러를 지불할 용의가 있다고 답했다.

15 Garrick Blalock, Vrinda Kadiyali, and Daniel Simon, "Driving Fatalities After 9/11: A Hidden Cost of Terrorism", *Applied Economics* 41, no. 14(2009), pp. 1717~1729.

16 Björn Lomborg, "Scared Silly over Climate Change", *Guardian Online*, June 15, 2009, www.guardian.co.uk/commentisfree/cif-green/2009/jun/15/climate-change-children.

17 Cass Sunstein, "Throwing Precaution to The Wind", *The Boston Globe*, July 13, 2008, www.boston.com/bostonglobe/ideas/articles/2008/07/13/throwing_precaution_to_the_wind/.

18 Cass Sunstein and Richard Zeckhauser, "Overreaction to Fearsome Risks", *Environmental and Resource Economics* 48, no. 3(2011), pp. 435~449.

19 Philip Tetlock, *Expert Political Judgment: How Good Is It? How Can We Know?*(Princeton, N.J.: Princeton University Press, 2005).

20 Aaron Brown, *Red-Blooded Risk: The Secret History of Wall Street* (Hoboken, N.J.: Wiley, 2011).

21 "Silo but Deadly", *The Economist*, December 3, 2009, http://www.economist.com/node/15016132.

22 John Locke, "Of Judgement", in *An Essay Concerning Human Understanding*, book IV, chapter 14(1690).

23 존 키츠는 1817년 12월 21일 일요일에 동생에게 보낸 편지에서 '소극적 수용력'이라는 개념을 처음 제시했다.

24 인터뷰 전문은 다음 책 부록에 실려 있다. Stephen Ceci and Jeffrey Liker, "A Day at the Races: A Study of IQ, Expertise, and Cognitive Complexity", *The Journal of Experimental Psychology: General* 115(1986), pp. 255~266.

25 Howard Gardner, *Frames of Mind: The Theory of Multiple Intelligences*(New York: Basic Books, 1983).

26 Daniel Goleman, *Emotional Intelligence: Why It Can Matter More than IQ*(New York: Bantam Books, 1995).

2장. 위험지능 지수 알아보기

1 확률이 확신도를 표현하는 것이라고 보는 주관주의자와 확률을 객관적인 사건이 일어나는 빈도로 보는 빈도주의자는 확률의 개념을 놓고 격렬한 논쟁을 벌여왔다. 주관주의자는 "동전 하나를 던졌을 때 앞면이 나올 확률이 50퍼센트다"라는 진술을 반신반의하는 상황으로 해석한다. 반면에 빈도주의자는 이를 어떤 이의 믿음과 연결지어 해석하지 않는다. 그보다는 계속해서 동전을 던지면 결국에 절반은 앞면이 나온다고 해석한다. 너무 전문적인 내용이라 간단히 얘기하자면 나는 빈도주의자들의 견해가 근본적으로 결함이 있다고 생각해 주관주의자들의 견해를 따랐다. 주관주의자들의 견해에 따르면, '정확한' 확률 같은 건 없다. 주관주의자들은 이 세상에 객관적 사실이 존재하지 않는다고 본다. 확률은 우리가 주관적으로 확신하는 정도를 수량화하는 방법일 뿐이다. 그러나 나는 주관주의자들이 예측한 확률이라도 그가 확신하는 정도를 정확히 수량화할 때는 확률 예측이 '정확하다'라고 표현할 수 있다고 생각한다. 사실 여기에 위험지능의 핵심이 있다. 이것은 확률을 객관적 사실로 간주하는 빈도주의자들의 견해와는 거리가 멀다. 이 책에서 "확률을 정확히 예측한다"라고 막연히 이야기하는데, 엄밀히는 모순되는 말이다. 예측의 정확성은 객관적 사실에 견주어볼 때에만 측정할 수 있는데, 우리가 채택한 확률의 개념에는 이런 사실이 존재하지 않기 때문이다. 위험지능을 연구하는 전문가들이 정확한 확률 예측이라는 표현보다 '잘 보정된' 확률 예측이라는 표현을 즐겨 사용하는 이유도 이 때문이다. 위험지능의 정확한 정의는 확률 예측을 잘 보정하는 데 있다. 눈금을 보정하는 방법에 대해서는 위

험지능 검사 방법을 설명할 때 살펴볼 것이다.

2   Aristotle, *Nichomachean Ethics*, ed. Roger Crisp(Cambridge, England: Cambridge University Press, 2000).

3   Scott Plous, *The Psychology of Judgment and Decision Making*(New York: McGraw-Hill, 1993), p. 217.

4   David Apgar, *Risk Intelligence: Learning to Manage What We Don't Know*(Cambridge, Mass.: Harvard Business School Press, 2006), p. 67.

5   Erick Krell, "RiskChat: What is Risk Intelligence?", June 21, 2010, http://businessfinancemag.com/article/riskchat-what-risk-intelligence-0621. 다음 자료도 참고하라. Frederick Funston and Stephen Wagner, *Surviving and Thriving in Uncertainty: Creating the Risk Intelligent Enterprise*(New York: Wiley, 2010).

6   엄밀히는 전적으로 확신할 때에만 100퍼센트를 골라야 하는 것이 아니라 95퍼센트 이상 확신할 때 그래야 한다. 각 문항에 대한 답이 10퍼센트 단위로 제시되어 있기 때문에 95퍼센트 이상부터 100퍼센트까지는 100퍼센트를, 85퍼센트 이상부터 95퍼센트 미만까지는 90퍼센트를 골라야 한다.

7   위험지능 검사 점수의 자세한 산출법은 부록 1을 참고하라.

8   앞서 말했듯이 '자신감 과잉'이나 '자신감이 과하다'라는 표현은 자부심이 아니라 인지 현상을 언급할 때 쓰는 표현이다. 단서를 붙였지만, 사실 조금 애매한 구석이 있긴 하다. 돈 무어와 폴 힐리는 연구자들이 자신감 과잉이라는 용어를 저마다 다르게 사용하는 탓에 이 분야에 대한 연구가 지지부진하다고 지적하면서 이 용어를 세 가지로 구분한다. (1)다양한 일을 수행하는 자신의 능력을 과대평가할 때, (2)다른 사람들의 능력과 비교하여 자신의 능력을 과대평가할 때, (3)자신의 신념에 대해 과도하게 확신할 때. 이 책에서 '자신감 과잉'은 항상 세번째 의미로 사용했다. 즉, 누군가가 자신

감이 과하거나 부족하다고 말할 때는 자기 생각이 옳다는 확신이 터무니없이 과하거나 부족하다는 뜻으로 이에 그 사람의 보정 곡선은 전체적으로 편향된다(3장 도표 9 참조). Don Moore and Paul Healy, "The Trouble with Overconfidence", *Psychological Review* 115, no. 2(2008), pp. 502~517.

9 Allan Murphy and Robert Winkler, "Reliability of Subjective Probability Forecasts of Precipitation and Temperature", *Journal of the Royal Statistical Society, Series C(Applied Statistics)* 26, no. 1(1977), pp. 41~47.

10 Jay Christensen-Szalanski and James Bushyhead, "Physicians' Use of Probabilistic Information in a Real Clinical Setting", *Journal of Experimental Psychology: Human Perception and Performance 7*, no. 4(1981), pp. 928~935.

11 Sarah Lichtenstein, Baruch Fischhoff, and Lawrence Phillips, "Calibration of Probabilities: The State of the Art to 1980", in *Judgement Under Uncertainty: Heuristics and Biases*, ed. Daniel Kahneman, Paul Slovic, and Amos Tversky(Cambridge, England: Cambridge University Press, 1982), pp. 306~334, p. 322.

12 Gideon Keren, "Facing Uncertainty in the Game of Bridge: A Calibration Study", *Organizational Behavior and Human Decision Processes* 39(1987), pp. 98~114.

13 이 경험 법칙에도 예외는 있다. 브리지 게임 전문가들은 계약을 달성하지 못할 걸 알면서도 이렇게 해서 잃는 점수가 다른 팀이 최종 계약을 달성함으로써 얻을 점수보다 적기를 바라고 비딩을 할 때가 있다. 물론 이런 행동은 자신감 과잉과는 상당히 다르다. 전문가들은 계약을 달성할 확률이 낮다는 걸 알면서도 그런 비딩을 한다. 그들의 위험지능은 승률 예측에서 분명히 드러난다.

14 나는 부록 1에서 설명한 채점방식으로 브리지 게임 전문가와 아마추어의 위험지능 지수를 계산했다. 그리고 케렌의 논문의 그래프 복사본을 확대하고 자를 이용해 여분을 어림잡았다(도표 5 참조). 그리하여 다음과 같은 수치를 얻었다.

퍼센트	전문가		아마추어	
	예측	잔차	예측	잔차
0%	39	3	37	19
10%	28	4	9	11
20%	29	1	13	9
30%	35	9	13	13
40%	43	1	29	4
50%	53	1	105	5
60%	84	14	48	7
70%	56	14	63	11
80%	53	0	87	10
90%	37	2	71	20
100%	11	0	196	22

15 J. Edward Russo and Paul Schoemaker, "Managing Overconfidence", *Sloan Management Review* 33, no. 2(Winter 1992), pp. 7~17.

16 Douglas Hubbard and Dylan Evans, "Problems with Scoring Methods and Ordinal Scales in Risk Assessment", *IBM Journal of*

Research and Development 54, no. 3(2010), pp. 2:1~2:10.

17 Bent Flyvbjerg, *Procedures for Dealing with Optimism Bias in Transport Planning*(London: British Department for Transport, 2004).

3장. 중간 지대 속으로

1 Sebastien Grenier, Anne-Marie Barrette, and Robert Ladouceur, "Intolerance of Uncertainty and Intolerance of Ambiguity: Similarities and Differences", *Personality and Individual Differences* 39, no. 3(2005), pp. 593~600. 이 개념을 대니얼 엘즈버그가 다음 논문에서 소개한 모호성 회피 성향이라는 훨씬 더 기술적인 개념과 혼동해서는 안 된다. Daniel Ellsberg, "Risk, Ambiguity, and the Savage Axioms", *The Quarterly Journal of Economics* 75, no. 4(1961), pp. 643~669.

2 Else Frenkel-Brunswik, "Tolerance Towards Ambiguity as a Personality Variable", *American Psychologist* 3(1949), p. 268.

3 Stanley Budner, "Intolerance of Ambiguity as a Personality Variable", *Journal of Personality* 30, no. 1(1962), pp. 29~50.

4 Grenier, Barrette and Ladouceur, "Intolerance of Uncertainty and Intolerance of Ambiguity".

5 "Tokyo Stocks Down 0.15 Percent on Nuclear Uncertainty", *AsiaOne News*, March 24, 2011, http://news.asiaone.com/News/Latestpercent2BNews/Business/Story/A1Story20110324-269866.html.

6 "Petrol Prices in NZ Rise amid Global Uncertainty", *TVNZ Online,* March 22, 2011, http://tvnz.co.nz/national-news/petrol-prices-in-nz-rise-amid-global-uncertainty-4078446.

7   G. I., "Of Red Tape and Recessions", *The Economist Free Exchange Blog,* September 6, 2011, www.economist.com/blogs/freeexchange/2011/09/regulation.

8   Donna Webster and Arie Kruglanski, "Individual Differences in Need for Cognitive Closure", *Journal of Personality and Social Psychology* 67, no. 6(1994), pp. 1049~1062.

9   Steven Neuberg, T. Nicole Judice, and Stephen West, "What the Need for Closure Scale Measures and What It Does Not: Toward Differentiating Among Related Epistemic Motives", *Journal of Personality and Social Psychology* 72, no. 6(1997), pp. 1396~1412.

10 Bruce Schneier, "Worst-Case Thinking", Schneier on Security(blog), May 13, 2010, www.schneier.com/blog/archives/2010/05/worst-case_thin.html.

11 Ron Suskind, *The One Percent Doctrine: Deep Inside America's Pursuit of Its Enemies Since 9/11*(New York: Simon&Schuster, 2006).

12 Bruce Schneier, "Worst-Case Thinking", Schneier on Security(blog), May 13, 2010, www.schneier.com/blog/archives/2010/05/worst-case_thin.html.

13 John Kemeny, *Report of the President's Commission on the Accident at Three Mile Island*(Washington, DC, 1979), 12, www.threemileisland.org/downloads/188.pdf.

14 Cass Sunstein and Richard Zeckhauser, "Overreaction to Fearsome Risks", *Environmental and Resource Economics* 48, no. 3(2011), pp. 435~449.

15 Bruce Schneier, "Worst-Case Thinking Makes Us Nuts, Not

Safe", CNN Website, May 12, 2010, http://edition.cnn.com/2010/OPINION/05/12/schneier.worst.case.thinking/.

16 Bruce Schneier, "Announcing: Movie-Plot Threat Contest", Schneier on Security(blog), April 1, 2006, www.schneier.com/blog/archives/2006/04/announcing_movi.html.

17 Bruce Schneier, "Terrorists Don't Do Movie Plots", Wired.com, September 8, 2005, www.wired.com/politics/security/commentary/securitymatters/2005/09/68789.

18 Frank Furedi, *Paranoid Parenting: Why Ignoring the Experts May Be Best for Your Child*(Chicago: Chicago Review Press, 2002).

19 Barton Schmitt, "Fever Phobia: Misconceptions of Parents About Fever", *American Journal of Diseases of Children* 134(1980), pp. 176~181.

20 Michael Crocetti, Nooshi Moghbeli, and Janet Serwint, "Fever Phobia Revisited: Have Parental Misconceptions About Fever Changed in 20 Years?", *Pediatrics* 107, no. 6(2001), pp. 1241~1246.

21 Associated Press, "Will Autism Fraud Report Be a Vaccine Booster?", *The Washington Times*, January 6, 2011, www.washingtontimes.com/news/2011/jan/6/will-autism-fraud-report-be-a-vaccine-booster/.

22 Thierry Meyssan, *9/11: The Big Lie*(Chatou: Editions Carnot, 2003), and Michael Meacher, "This War On Terrorism Is Bogus", *The Guardian,* September 6, 2003, www.guardian.co.uk/politics/2003/sep/06/september11.iraq.

23 이 이론은 19세기 후반 유대인 지도자들이 세계 정복에 대해 논의했다고 주장하는 『시온 장로 의정서*The Protocols of the Elders of Zion*』로 대중화되었다. 1921년 타임스는 이 책을 위서라고 폭로했고 그후 1897년과 1903년 사이에

유대인을 깎아내리기 위해 러시아에서 처음 출간된 듯하다는 조사 결과가 나왔다. 하지만 여전히 많은 지식인들이 이 말도 안 되는 이야기를 믿고 있다. 일례로 이 책은 여전히 아랍권에서 많이 읽히는 책 중 하나고, 수많은 아랍 정권에서 이 내용이 진짜라고 이야기한다.

24 인터뷰 전문은 온라인에서 볼 수 있다. http://news.bbc.co.uk/today/hi/today/newsid_9309000/9309320.stm.

25 오코너의 판단은 Victor v. Nebraska, 114 S. Ct., 1239(1994)에 나온다. Katie Evans, David Osthus, and Ryan Spurrier, "Distributions of Interest for Quantifying Reasonable Doubt and Their Applications"(research paper, Valparaiso University, 2006), www.valpo.edu/mcs/pdf/ReasonableDoubtFinal.pdf에서 인용했다.

26 Dylan Evans, "Secular Fundamentalism", *Debating Humanism,* ed. Dolan Cummings(Exeter, England: Societas Imprint Academic, 2006), pp. 12~21. 다음 자료도 참고하라. Dylan Evans, "The 21st Century Atheist", *The Guardian,* May 2, 2005.

27 Richard Dawkins, *The God Delusion*(London: Bantam Press, 2006), p. 73.

28 정확한 기준점에 대해서는 이견이 있을 수 있다. 이름을 밝히고 싶어하지 않은 내 친구 중 하나는 자기는 5퍼센트에서 95퍼센트까지는 '안전한' 신자(정말로 어길 마음이 없는 한 대개 대부분의 계명을 지키는)로 간주한다고 말했다. 그러나 '안전한'과 같이 애매한 표현을 쓰는 것은 바람직하지 않다. 애매한 말 대신 단순하게 신이 존재할 확률이 얼마나 된다고 생각하는지 이야기하는 편이 훨씬 낫다.

29 Jack Smart, "Atheism and Agnosticism", *Stanford Encyclopedia of Philosophy,* 2004, http://plato.stanford.edu/entries/atheism-agnosticism/.

30 2011년 1월 21일 『이코노미스트』 블로그에 내 연구가 소개되자 올라온 의견이다. www.economist.com/blogs/theworldin2011/2011/01/ predictions_and_risk_intelligence.

4장. 머릿속 요령들

1 Tali Sharot, *The Optimism Bias: A Tour of the Irrationally Positive Brain*(New York: Pantheon Books, 2011).

2 Amos Tversky and Daniel Kahneman, "Availability: A Heuristic for Judging Frequency and Probability", *Cognitive Psychology* 5, no. 2(1973), pp. 207~232.

3 Alasdair Forsyth, "Distorted? A Quantitative Exploration of Drug Fatality Reports in the Popular Press", *The International Journal of Drug Policy* 12, no. 5(2001), pp. 435~453.

4 David Nutt, "Equasy: An Overlooked Addiction with Implications for the Current Debate on Drug Harms", *Journal of Psychopharmacology* 23, no. 1(2009), pp. 3~5.

5 Derek Koehler, "Explanation, Imagination, and Confidence in Judgment", *Psychological Bulletin* 110, no. 3(1991), pp. 499~519.

6 John Carroll, "The Effect of Imagining an Event on Expectations for the Event: An Interpretation in Terms of the Availability Heuristic", *Journal of Experimental Social Psychology* 14, no. 1(1978), pp. 88~96.

7 Maryanne Garry, Charles Manning, and Elizabeth Loftus, "Imagination Inflation: Imagining a Childhood Event Inflates Confidence That It Occurred", *Psychonomic Bulletin and Review 3*, no. 2(1996), pp. 208~214.

8   이는 반복 효과 때문일 것이다. 주장하는 사실을 두 번 묻는 것만으로도 사람들은 더 확신하는 듯하다. Hal Arkes, Catherine Hackett, and Larry Boehm, "The Generality of the Relation Between Familiarity and Judged Validity", *Journal of Behavioral Decision Making* 2, no. 2(1989), pp. 81~94.

9   "Rethinking Cybersecurity", *C4ISR Journal,* May 12, 2011, www. c4isrjournal.com/story.php?F=6185369.

10 David Armor and Shelley Taylor, "When Predictions Fail: The Dilemma of Unrealistic Optimism", in *Heuristics and Biases: The Psychology of Intuitive Judgment*, ed. Thomas Gilovich, Dale Griffin, and Daniel Kahneman(Cambridge, England: Cambridge University Press, 2002), pp. 334~347.

11 Lauren Alloy and Lyn Abramson, "Judgment Of Contingency In Depressed And Nondepressed Students: Sadder But Wiser?", *Journal of Experimental Psychology: General* 108, no. 4(1979), pp. 441~485.

12 Neil Weinstein, "Unrealistic Optimism About Future Life Events", *Journal of Personality and Social Psychology* 39, no. 5(1980), pp. 806~820.

13 David Dunning and Amber Story, "Depression, Realism, and the Overconfidence Effect: Are the Sadder Wiser When Predicting Future Actions and Events?", *Journal of Personality and Social Psychology* 61, no. 4(1991), pp. 521~532.

14 Robert Sloan, *Don't Blame the Shorts: Why Short Sellers Are Always Blamed for Market Crashes and How History Is Repeating Itself*(New York: McGraw-Hill, 2009).

15 HM Treasury, *The Green Book: Appraisal and Evaluation in Central Government*(London: Stationery Office, 2003), www.hm-treasury. gov.uk/d/green_book_complete.pdf, p. 85.

16 Bent Flyvbjerg·Cowi, *Procedures for Dealing with Optimism Bias in Transport Planning: Guidance Document*(London: British Department for Transport, 2004).

17 시즌 2, 2화.

18 다음 웹사이트를 비롯해 다양한 사이트에서 이를 볼 수 있다. http:// downingstreetmemo.com/memos.html.

19 "Iraq's Weapons of Mass Destruction: The Assessment of the British Government"(London: Stationery Office, 2002), www.fco. gov.uk/resources/en/pdf/pdf3/fco_iraqdossier.

20 Anthony Glees and Philip Davies, *Spinning the Spies: Intelligence, Open Government and the Hutton Inquiry*(London: Social Affairs Unit, 2004), pp. 11~13.

21 이 표현을 널리 퍼뜨린 BBC의 앤드루 질리건 기자에게 감사한다. 질리건은 영국 정부가 이라크의 대량 살상 무기에 관한 정보가 거짓이라는 것을 알고도 정보를 과장했다고 주장했다. 그러나 일련의 조사를 거친 허턴 경은 질리건의 주장에 의문을 제기한다. 앤서니 글리스와 필립 데이비스는 질리건이 정치인들에게 큰 잘못을 저질렀다고 논평했다. "이야기가 원하는 방향으로 흘러가게 하려고 조작하고 사족을 달고 정확성을 희생시켰다." 다음을 참고하라. Glees and Davies, *Spinning the Spies,* 9. 그의 레이더에 포착된 기자는 질리건뿐만이 아니다. 많은 기자들이 거의 알지 못하는 결정과 사건에 대해 강하게 확신해 기사를 썼다. 얄궂게도 일부 미국 기자들은 이라크 침공 계획이 과신과 오만의 산물이라고 맹비난했다.

22 Douglas Murray, *Neoconservatism: Why We Need It*(New York:

Encounter Books, 2006), p. 131.

23 Martin Chulov and Helen Pidd, "Defector Who Triggered War on Iraq Admits: 'I Lied About WMD'", *The Guardian*, February 16, 2011.

24 파월은 훗날 정보원이 신뢰할 수 없는 인물이라는 사실을 자신에게 알려주지 않은 사람들을 비난했다. 2005년에 파월은 ABC 뉴스의 바버라 월터스에게 이렇게 말했다. "당시 정보국 안에 정보원들 중에 신뢰할 수 없는 인물이 있다는 것을 알고도 말하지 않은 사람들이 있었습니다. 저는 그 사실에 충격을 받았습니다." (Steven Weisman, "Powell Calls His UN Speech a Lasting Blot on His Record", *The New York Times*, September 9, 2005.) 이는 솔직하지 못한 얘기다. 파월은 정말 정보국 하급 관리들이 CIA 국장보다 정보력이 뛰어나고, 정보의 신빙성에 의심이 가면 국무부 장관에게 직접 이야기할 거라고 기대했을까? 정보국 관리들은 자나비가 말한 정보의 신빙성이 떨어진다는 경고를 여러 번 들었고, 아마 파월에게도 이 사실이 전달되었다고 생각했을 것이다. 누군가 고의로 파월에게 경고를 전달하지 않았을 가능성은 거의 없다. 도널드 럼즈펠드가 나중에 말한 대로 "누구도 파월을 속이거나 호도하지 않았고, 사담 후세인이 가지고 있다는 대량 살상 무기에 대해 그에게 거짓말한 사람도 없다. 대통령은 거짓말을 하지 않았다. 부통령도 거짓말을 하지 않았다. 테닛도 거짓말을 하지 않았다. 라이스도 거짓말을 하지 않았다. 의회도 거짓말을 하지 않았다. 나도 거짓말을 하지 않았다. 우리가 틀렸다는 사실은 생각하는 것만큼 그렇게 드라마틱한 사건이 아니다." [*Known and Unknown: A Memoir* (New York: Sentinel, 2011), p. 449.] 반전 시위자들조차 첩보가 거짓일 가능성을 고려하지 못했으니 이 사건은 파월의 실수라기보다는 과도한 자신감이 빚어낸 실수로 봐야 한다. 영국 시민운동가 타리끄 알리는 영국 총리를 '블레어의 얼굴을 한 거짓말쟁이'라고 부르며 시위자들을 자극했는데 이번 장에서 다른 이의 마

음을 읽을 수 있다는 착각에 빠진 그의 이야기를 다룰 것이다.

25 Dale Griffin and Amos Tversky, "The Weighing of Evidence and the Determinants of Confidence", *Cognitive Psychology* 24(1992), pp. 411~435.

26 Carl Hovland and Walter Weiss, "The Influence of Source Credibility on Communication Effectiveness", *Public Opinion Quarterly* 15, no. 4(Winter 1951~1952), pp. 635~650.

27 Book 1 of *Novum Organum*. 다음 책도 참고하라. Francis Bacon, *Selected Philosophical Works,* ed. with an introduction by Rose-Mary Sargent(Indianapolis: Hackett, 1999), p. 97.

28 Peter Wason, "On the Failure to Eliminate Hypotheses in a Conceptual Task", *Quarterly Journal of Experimental Psychology* 12, no. 3(1960), pp. 129~140.

29 Asher koriat, Sarah Lichtenstein, and Baruch Fischhoff, "Reasons for Confidence", *Journal of Experimental Psychology: Human Learning and Memory* 6, no. 2(1980), pp. 107~118.

30 Eli Pariser, *The Filter Bubble: What the Internet Is Hiding from You*(London: Penguin, 2011).

31 Baruch Fischhoff and Ruth Beyth, "I knew It Would Happen: Remembered Probabilities of Once-Future Things", *Organizational Behavior and Human Performance* 13, no. 1(1975), pp. 1~16.

32 Gavin Cassar and Justin Craig, "An Investigation of Hindsight Bias in Nascent Venture Activity", *Journal of Business Venturing* 24, no. 2(2009), pp. 149~164.

33 Baruch Fischhoff, "An Early History of Hindsight Research", *Social Cognition* 25, no. 1(2007), pp. 10~13.

34 Kathryn Schulz, *Being Wrong: Adventures in the Margin of Error*(London: Portobello Books, 2010), pp. 19~20.

35 Dina Temple-Raston, "Spotting Lies: Listen, Don't Look", National Public Radio, August 14, 2009, www.npr.org/templates/story/story.php?storyId=111809280.

36 David Simon, *Homicide: A Year on the Killing Streets*(Boston: Houghton Mifflin, 1991), p. 219.

37 Bella DePaulo, Kelly Charlton, Harris Cooper, James Lindsay, and Laura Muhlenbruck, "The Accuracy-Confidence Correlation in the Detection of Deception", *Personality and Social Psychology Review* 1, no. 4(1997), pp. 346~357.

38 Bella DePaulo and Roger Pfeifer, "On-the-Job Experience and Skill at Detecting Deception", *Journal of Applied Social Psychology* 16, no. 3(1986), pp. 249~267.

39 Mark Frank, Melissa Menasco, and Maureen O'Sullivan, "Human Behavior and Deception Detection", in *Wiley Handbook of Science and Technology for Homeland Security,* ed. John Voeller(Hoboken, N.J.: Wiley, 2008).

40 Saul Kassin and Christina Fong, "'I'm Innocent!': Effects of Training on Judgments of Truth and Deception in the Interrogation Room", *Law and Human Behavior* 23, no. 5(1999), pp. 499~515.

41 존 리드 앤드 어소시에이츠(John E. Reid and Associates)에서는 9단계 리드 테크닉에 관한 훈련 프로그램과 세미나, 비디오테이프를 제공한다. 40번 주에서 언급한 연구 논문에서 사울 카신과 크리스티나 퐁은 리드 심문 기법 매뉴얼 3판을 인용했다. Fred Inbau, John Reid, and Joseph Buckley, *Criminal Interrogation and Confessions,* 3rd ed.(Baltimore,

Md.: Williams and Wilkins, 1986).

42 Geoff Thomas, Garth Fletcher, and Craig Lange, "On-Line Empathic Accuracy in Marital Interaction", *Journal of Personality and Social Psychology* 72, no. 4(1997), pp. 839~850.

43 William Swann, David Silvera, and Carrie Proske, "On 'Knowing Your Partner': Dangerous Illusions in the Age of AIDS?", *Personal Relationships* 2(1995), pp. 173~186.

44 Stephen King, "A Good Marriage", in *Full Dark, No Stars*(London: Hodder&Stoughton, 2010), pp. 259~336.

45 Thomas Gilovich, Kenneth Savitsky, and Victoria Medvec, "The Illusion of Transparency: Biased Assessments of Others' Ability to Read One's Emotional States", *Journal of Personality and Social Psychology* 75, no. 2(1998), pp. 332~346.

46 Fyodor Dostoevsky, *Crime and Punishment*, 1866, trans. Constance Garnett, Project Gutenberg ebook, www.gutenberg. org/files/2554/2554-h/2554-h.htm.

47 Gilovich, Savitsky, and Medvec, "The illusion of Transparency".

5장. 군중의 광기

1 James Fearon, "Rationalist Explanations for War", *International Organization* 49, no. 3(1995), pp. 379~414.

2 Dominic Johnson, *Overconfidence and War: The Havoc and Glory of Positive Illusions*(Cambridge, Mass., and London: Harvard University Press, 2004). Dominic Johnson and James Fowler, "The Evolution of Overconfidence", *Nature* 477, no. 7364(2011), pp. 317~320.

3 Nassim Nicholas Taleb, *The Black Swan: The Impact of the Highly Improbable*(London: Allen Lane, 2007), p. 126.

4 William Swann and Peter Rentfrow, "Blirtatiousness: Cognitive, Behavioral, and Physiological Consequences of Rapid Responding", *Journal of Personality and Social Psychology* 81, no. 6(2001), pp. 1160~1175.

5 Robin Gerrow, "Utterly Blirtatious! Your Verbal Reactions can Affect Personal Relationships and Health", September 2003, www.utexas.edu/features/archive/2003/blirt.html.

6 Charles MacKay, *Memoirs of Extraordinary Popular Delusions and the Madness of Crowds*(London: Richard Bentley, 1841).

7 Peter Garber, "Famous First Bubbles", *Journal of Economic Perspectives* 4, no. 2(Spring, 1990), pp. 35~54, and Mike Dash, *Tulipomania: The Story of the World's Most Coveted Flower & the Extraordinary Passions It Aroused*(London: Victor Gollancz, 1999).

8 James Surowiecki, *The Wisdom of Crowds: Why the Many Are Smarter Than the Few*(London: Little, Brown, 2004).

9 Michael Lewis, *The Big Short: Inside the Doomsday Machine*(New York: Norton, 2010).

10 Tobias Moskowitz and Jon Wertheim, *Scorecasting: The Hidden Influences Behind How Sports Are Played and Games Are Won*(New York: Crown Archetype, 2011), pp. 46~50.

11 John Maynard Keynes, *The General Theory of Employment, Interest and Money*(Basingstoke, England: Palgrave Macmillan, 1936), p. 158.

12 Raphael Sagarin, Candace Alcorta, Scott Atran, Daniel Blumstein,

Gregory Dietl, Michael Hochberg, Dominic Johnson, Simon Levin, Elizabeth Madin, Joshua Madin, Elizabeth Prescott, Richard Sosis, Terence Taylor, John Tooby, and Geerat Vermeij, "Decentralize, Adapt and Cooperate", *Nature* 465(May 20, 2010), pp. 292~293.

13 Wibecke Brun and Karl Teigen, "Verbal Probabilities: Ambiguous, Context-Dependent, or Both?", *Organizational Behavior and Human Decision Processes* 41, no. 3(1998), pp. 390~404.

14 Ido Erev and Brent Cohen, "Verbal Versus Numerical Probabilities: Efficiency, Biases, and the Preference Paradox", *Organizational Behavior and Human Decision Processes* 45, no. 1(1990), pp. 1~18.

15 David Budescu, Stephen Broomell, and Han-Hui Por, "Improving Communication of Uncertainty in the Reports of the Intergovernmental Panel on Climate Change", *Psychological Science* 20, no. 3(2009), pp. 299~308.

16 Scott Barclay, Rex Brown, Cameron Peterson, Lawrence Phillips and Judith Selvidge, *Handbook for Decision Analysis: Technical Report Tr-77-6-30 (DARPA)*(McLean, VA: Decisions and Designs, 1977), p. 66.

17 Sherman Kent, "Words of Estimative Probability", in Donald P. Steury, ed., *Sherman Kent and the Board of National Estimates: Collected Essays*(Washington, DC: CIA Center for the Study of Intelligence, 1994), pp. 151~166.

18 Richards Heuer, *Psychology of Intelligence Analysis*(Washington, DC: CIA Center for the Study of Intelligence, 1999), p. 154.

19 나는 신용등급평가원이라는 표현을 사용하지만, 정확히 말하자면 미국 증권 거래위원회의 공인을 받은 신용등급평가원이다.

20 Michael Lewis, *The Big Short: Inside the Doomsday Machine*(Norton: New York, 2010), p. 51, fn.

21 이 표는 다음 문헌에서 발췌했다. Donald MacKenzie, "The Credit Crisis as a Problem in the Sociology of Knowledge"(unpublished manuscript). 매켄지는 이 표에 실린 자료를 다음 두 논문에서 얻었다. Mark Adelson, "Bond Rating Confusion"(New York: Nomura Securities, 2006). 이 논문은 다음 사이트에서 볼 수 있다. www.securitization.net/pdf/Nomura/ Nomura_Bond_Rating_Confusion_Update.pdf. 다른 논문은 Erkan Erturk and Thoma Gillis, "Structured Finance Rating Transition and Default Update as of July 24, 2009"(New York: Standard & Poor's, 2009)로 다음 사이트에서 볼 수 있다. www2.standardandpoors.com.

22 Rita Simon and Linda Mahon, "Quantifying Burdens of Proof: A View from the Bench, the Jury, and the Classroom", *Law and Society Review* 5, no. 3(1971), pp. 319~330.

23 위와 같은 책.

24 Rita Simon, "Judges' Translations of Burdens of Proof into Statements of Probability", *Trial Lawyers Guide*(1969), pp. 103~114.

25 Rita Simon, "'Beyond a Reasonable Doubt'—An Experimental Attempt at Quantification", *Journal of Applied Behavioral Science* 6(1970), pp. 203~209.

6장. 숫자로 생각하기

1 Lorenz Krüger, Lorraine Daston, Michael Heidelberger, Gerd Gigerenzer, and Mary S. Morgan, eds., *The Probabilistic Revolution*, vols. 1 and 2(Cambridge, Mass.: MIT Press, 1987).

2 Ian Ayres, *Super Crunchers: Why Thinking-by-Numbers Is the New Way to Be Smart*(New York: Bantam, 2007).

3 Ruth Bolton and Randall Chapman, "Searching for Positive Returns at the Track: A Multinomial Logit Model for Handicapping Horse Races", *Management Science* 32, no. 8(1986), pp. 1040~1060.

4 "Untangling the Social Web", *The Economist*, September 2, 2010, http://www.economist.com/node/16910031.

5 "Data Birth", *The Economist*, November 18, 2010, http://www.economist.com/node/17519706.

6 Richard Paul Kitching, Michael Thrusfield, and Nick Taylor, "Use and Abuse of Mathematical Models: An Illustration from the 2001 Foot and Mouth Disease Epidemic in the United Kingdom", *Revue Scientifique et Technique* 25, no. 1(2006), pp. 293~311.

7 2001년 4월 21일 일곱시 채널 4 뉴스에서 방송한 리처드 폴 키칭의 인터뷰. 녹취본은 온라인에서 볼 수 있다. www.sovereignty.org.uk/features/footnmouth/pkinter.html.

8 Karl Teigen and Gideon Keren, "Waiting for the Bus: When Base-Rates Refuse to Be Neglected", *Cognition* 103(2007), pp. 337~357.

9 더 많은 확률 퍼즐을 살펴보려면 다음 책을 참고하라. Frederick Mosteller, *Fifty Challenging Problems in Probability: With Solutions*(Mineola, NY: Dover, 1988), pp. 127~281.

10 Nassim Nicholas Taleb, *The Black Swan: The Impact of the Highly Improbable*(London: Allen Lane, 2007), pp. 127~128.

11 Ronald de Sousa, "Epistemic Feelings", in *Epistemology and Emotions*, ed. Georg Brun, Ulvi Doguoglu, and Dominique Kuenzle(Aldershot, England: Ashgate Publishing, 2008), pp.

185~204.

12 Michael Gruneberg and Joseph Monks, "Feeling of Knowing and Cued Recall", *Acta Psychologica* 38, no. 4(1974), pp. 257~265, Robert Burton, *On Being Certain: Believing You Are Right Even When You're Not*(New York: St. Martin's Press, 2008).

13 Asher Koriat, Sarah Lichtenstein, and Baruch Fischhoff, "Reasons for Confidence", *Journal of Experimental Psychology: Human Learning and Memory* 6, no. 2(1980), pp. 107~118. 다음 책에도 같은 요지가 실려 있다. Gideon Keren, "Facing Uncertainty in the Game of Bridge: A Calibration Study", *Organizational Behavior and Human Decision Processes* 39(1987), pp. 98~114.

14 Paul Hoffman, *The Man Who Loved Only Numbers: The Story of Paul Erdös and the Search for Mathematical Truth*(New York: Hyperion, 1999).

15 David Boyle, *The Tyranny of Numbers: Why Counting Can't Make Us Happy*(London: HarperCollins, 2141), xix.

16 Lois Gibbs, *Love Canal: The Story Continues*(New York: New Society Publishers, 1998).

17 Angela Fagerlin, Brian Zikmund-Fisher, Peter Ubel, Aleksandra Jankovic, Holly Derry, and Dylan Smith, "Measuring Numeracy Without a Math Test: Development of the Subjective Numeracy Scale(SNS)", *Medical Decision Making* 27, no. 5(2007), pp. 672~680.

18 Samantha Parsons and John Bynner, *Does Numeracy Matter More?*(London: National Research and Development Centre for Adult Literacy and Numeracy, Institute of Education, University of London, 2006), www.nrdc.org.uk/publications_details.asp?ID=16#.

7장. 확률 가늠하기

1 Peter Webster, Jun Jian, Thomas Hopson, Carlos Hoyos, Paula Agudelo, Hai-Ru Chang, Judith Curry, Robert Grossman, Timothy Palmer, and A. R. Subbiah, "Extended-Range Probabilistic Forecasts of Ganges and Brahmaputra Floods in Bangladesh", *Bulletin of the American Meteorological Society* 91, no. 11(2010), pp. 1493~1514.

2 Gerd Gigerenzer, Ralph Hertwig, Eva van den Broek, Barbara Fasolo, and Konstantinos V. Katsikopoulos, "A 30% Chance of Rain Tomorrow: How Does the Public Understand Probabilistic Weather Forecasts?", *Risk Analysis* 25, no. 3(2005), pp. 623~629.

3 Giacomo Casanova, *Histoire de ma vie,* ed. Francis Lacassin(Paris: Robert Laffont, 1993), Vol. 4, chaps. 4~11.

4 William Poundstone, *Fortune's Formula: The Untold Story of the Scientific Betting System That Beat the Casinos and Wall Street*(New York: Hill & Wang, 2005).

5 개인적인 대화였다.

6 Peter Walley, *Statistical Reasoning with Imprecise Probabilities*(London: Chapman and Hall, 1991).

7 부정확한 확률에 대한 비판은 모두 주관주의자의 논리에 입각한 것이다. 앞에 나온 2장 1번 미주를 참고하라.

8 Nathan Dieckmann, Robert Mauro, and Paul Slovic, "The Effects of Presenting Imprecise Probabilities in Intelligence Forecasts", *Risk Analysis* 30, no. 6(2010), pp. 987~1001.

9 예측 확률에 있어서 승산이 없는 말에 대한 선호가 어떤 편견과도 얽히지 않는다는 다른 의견도 있다. 그러나 에릭 스노버그와 저스틴 울퍼스는

이런 경향이 확률 예측과 관련된 편향이 맞다는 확실한 증거를 제시한다. Snowberg and Wolfers, "Explaining the Favourite-Long Shot Bias: Is It Risk-Love or Misperceptions?", *Journal of Political Economy* 118, no. 4(2010), pp. 723~746.

10 Richard Griffith, "Odds Adjustments by American Horse-race Bettors", *American Journal of Psychology* 62(1949), pp. 290~294.

11 Lori Robinson and Reid Hastie, "Revision of Beliefs When a Hypothesis Is Eliminated from Consideration", *Journal of Experimental Psychology: Human Perception and Performance* 11, no. 4(1985), pp. 443~456.

12 예를 들어 6장에서 인용한 '버스 문제'를 푸는 과정에서 사람들은 기저율은 과대평가하고 사례 정보는 무시하곤 했다.

13 Thomas Griffiths and Joshua Tenenbaum, "Optimal Predictions in Everyday Cognition", *Psychological Science* 17, no. 9(2006), pp. 767~773.

14 Daniel Kahneman and Amos Tversky, "Intuitive Prediction: Biases and Corrective Procedures", *TIMS Studies in the Management Sciences* 12(1979), pp. 313~327.

8장. 도박을 하는 방법과 이기는 법

1 John von Neumann and Oskar Morgenstern, *Theory of Games and Economic Behavior*(Princeton, N.J.: Princeton University Press, 1944).

2 눈치 빠른 독자들은 내가 '기대치'와 '기대 효용'을 같은 의미로 쓴다는 사실을 알아챘을 것이다. 굳이 둘의 차이를 밝히지 않은 이유는 논지에서 한참 벗어나는 주제라서 일반 독자들이 흥미를 잃기 쉽다고 판단했기 때문이다.

3 Patrick Barkham, "Hannah's Choice", *The Guardian,* November 12, 2008, www.guardian.co.uk/society/2008/nov/12/health-child-protection.

4 데이트 신청의 기대 효용을 계산했던 앞의 사례에서 우리는 잠재 편익과 잠재 손실을 하나씩만 고려했다. 해나의 선택은 다중 기준을 고려해야 하기 때문에 분석과정이 조금 더 복잡하다. 다중의사결정기법(MCDA)으로 알려진 전 분야에 대한 연구는 하나 이상의 목표를 고려할 때 발생하는 복잡한 문제들을 처리하기 위해 개발되었다. 여러 가지 기준이 충돌하는 주된 문제가 있어 절충이 필요하다. 가장 저렴한 자동차는 가장 안락한 자동차도 가장 안전한 자동차도 아닐 수 있다. Ralph Keeney and Howard Raiffa, *Decisions with Multiple Objectives: Preferences and Value Tradeoffs*(New York: Wiley, 1976; reprinted, Cambridge: Cambridge University Press, 1993).

5 Matthew Weaver, "Right-to-Die Teenager Hannah Jones Changes Mind About Heart Transplant", *The Guardian,* July 21, 2009, www.guardian.co.uk/uk/2009/jul/21/hannah-jones-heart-transplant. 다음 책도 참고하라. Kirsty Jones and Hannah Jones, *Hannah's Choice*(London: HarperTrue, 2010).

6 James Fallows, *Blind into Baghdad: America's War in Iraq*(New York: Vintage, 2006), p. 128.

7 나는 미국이 악의 축 중 하나에 군사 행동을 취하기로 이미 결정했고, 따라서 이 결정은 셋 중에서 하나를 선택하는 것이라고 상정했다. 어디든 반드시 공격을 해야 했던 것은 아니므로 셋 중 어디에도 군사 행동을 취하지 않는 네번째 대안도 생각할 수 있다. 이라크를 나중에 공격하거나 다른 집단에게 결정권을 일임하거나 제한된 군사 행동을 개시하거나 세 나라를 차례로 쳐들어가는 등의 선택지를 고려함으로 대안을 좀더 늘릴 수도 있다. 의사결정

분석가들이 맨 먼저 할 일은 가장 적절한 방식으로 선택지를 구성하는 것이다.

8 Donald Rumsfeld, "Iraq: An Illustrative List of Potential Problems to Be Considered and Addressed", declassified memo, October 15, 2002, http://library.rumsfeld.com/doclib/sp/310/Re%20Parade%20of%20Horribles%2010-15-2002.pdf.

9 모든 비용과 편익을 굳이 더할 필요는 없지만, 더하면 수학 문제가 확실히 간단해진다. 그러나 문제를 이렇게 간단화하다보면 다양한 목표 간의 잠재적 상호작용을 무시해야 한다. 예를 들어 이라크 침공이 미국과 주변 국가들의 관계에 도움보다 해가 된다면, 이라크 석유 자원에의 접근과 이라크에 군사 기지 설치의 가치가 훨씬 크다. 에런 브라운은 시나리오를 자세히 판별하고 각 시나리오에 전체 확률과 효용을 배당하면 좀더 현실적으로 비용과 편익을 분석할 수 있다고 이야기한다. 예컨대 최상의 시나리오는 최소한의 인명 피해와 경제적 비용으로 침공에 성공해서 이라크가 미군을 환영하며, 신속하게 번성하고 민주적이고 자유로운 사회를 건설하고, 확실한 미국의 동맹국 겸 이슬람 세계에 긍정적인 변화를 몰고 오는 국가가 되는 것이다. 최악의 시나리오는 엄청난 비용을 들이고 엄청난 사상자를 내고 침공이 완전히 실패해서 충격을 받은 이라크가 사담 후세인이 이끄는 세력과 오사마 빈 라덴이 이끄는 세력을 비롯해 여러 폭력 집단으로 분열되고, 군사적으로는 물론이고 갖가지 추문과 잔혹 행위가 폭로되어 미국은 치욕을 당하고 많은 미군이 포로로 잡히는 것이다. 이런 식으로 최상과 최악 사이의 다양한 시나리오도 열거할 수 있다. 이런 식으로 접근하면 결과를 선형 눈금에 표시할 수 있고(아마 하나 이상 잴 수 있다) 무언가를 배제할 가능성은 줄어들 것이다. 본문에서 설명한 가산법을 쓸 때는 이라크가 미국에 대규모 테러 공격을 감행할 구체적인 확률을 포함시키는 것을 잊을 수도 있다. 그러나 시나리오 접근법에서는 이것도 실패한 침공의 악영향에 모두 포함된다. 시나리오 접

근법의 또다른 장점은 극단적인 확률까지 고려하게 한다는 점이다. 가산법을 쓸 때 긍정적인 효과도 있을 수 있지만, 감당하기 어려울 정도로 나쁜 결과가 나올 확률도 상당하다.

10 표3과 표4에서 이라크 침공의 잠재 비용과 편익에 대한 효용을 배당할 때 나는 다음과 같이 가정했다. 미국인 사상자 수는 2천 명에서 3천 명 사이일 것이다. 이라크인 사상자 수는 2만 명에서 3만 명 사이일 것이다. 전쟁 비용은 1210억 달러에서 1조 6000억 달러 사이일 것이다. 미군 1명 당 목숨의 통계적 가치는 1천만 달러이고 미국의 입장에서 볼 때 이라크 군인 1명 당 목숨의 통계적 가치는 100만 달러다. 범위 안에서 점 추정치를 얻기 위해서 상한선과 하한선의 기하 평균을 계산하고 80퍼센트의 확률을 부여했다. 2002년 초 당시 활용할 수 있었던 정보를 토대로 이런 추정치를 얻었고 가능한 한 사후 과잉 확신 편향에 빠지지 않으려고 노력했다. 그리고 1 미국효용 대 100억 달러의 '환율'로 추정치를 미국효용으로 바꾸었다. 사람의 목숨에 값을 매기는 것이 비정해보일지 모르지만, 그렇게 해야 일관성을 유지할 수 있다. 낙태를 고려할 때는 한 생명이 무한한 가치가 있다고 했다가 사형을 고려할 때는 한 사람의 목숨이 10달러의 가치밖에 없다고 말하는 것은 비합리적이다.

11 Heather Rossoff and Richard John, "Decision Analysis by Proxy for the Rational Terrorist", *Proceedings of the 21st International Joint Conference on Artificial Intelligence*(IJCAI-09), Workshop on Quantitative Risk Analysis for Security Applications(QRASA), Pasadena, Calif., July 11-17, 2009.

12 Jason Burke, *The 9/11 Wars*(London: Allen Lane, 2011), p. 151.

13 Abdel Bari Atwan, *The Secret History of Al Qaeda*(Berkeley: University of California Press, 2006), p. 179.

14 이 예는 다음 책에 기초했다. Michael Drummond, Mark Sculpher,

George Torrance, Bernie O'Brien, and Greg Stoddart, *Methods for the Economic Evaluation of Health Care Programmes,* 3rd ed.(Oxford, England: Oxford University Press, 2005), p. 205.

15 QALY를 측정하는 방법에는 평정척도법과 시간교환법(TTO) 등이 있다. 국립보건임상연구원에서 사용하는 QALY 측정법은 서유럽 연구자들의 협력단체인 유로콜(EuroQoL) 그룹이 영국인 약 3천 명을 대상으로 실시한 여론 조사에 주로 기초한다. 유로콜은 당시 여론 조사를 할 때 표준 도박법보다는 시간교환법을 사용했다. 건강 효용 지수 같은 다른 체계는 표준 도박법으로 측정한 선호를 채점하는 공식에 바탕을 두고 있다.

16 Daniel Gilbert, Elizabeth Pinel, Timothy Wilson, Stephen Blumberg, and Thalia Wheatley, "Immune Neglect: A Source of Durability Bias in Affective Forecasting", *Journal of Personality and Social Psychology* 75, no. 3(1998), pp. 617~638.

17 Marie-Aurelie Bruno, Jan Bernheim, Didier Ledoux, Frederic Pellas, Athena Demertzi, and Steven Laureys, "A Survey on Self-Assessed Well-Being in a Cohort of Chronic Locked-in Syndrome Patients: Happy Majority, Miserable Minority," *BMJ Open*(2011), doi:10.1136/bmjopen-2010-000039.

18 Jean-Dominique Bauby, *The Diving Bell and the Butterfly: A Memoir of Life in Death,* trans. Jeremy Leggatt(New York: knopf, 1997).

9장. 당신이 알고 있는 것을 아는 것

1 Donald Rumsfeld, *Known and Unknown: A Memoir*(New York: Sentinel, 2011), xiii.

2 Iain M. Banks, *Excession*(New York: Spectra, 1998).

3 Nassim Nicholas Taleb, *The Black Swan: The Impact of the Highly

Improbable(London: Allen Lane, 2007).

4 Justin Kruger and David Dunning, "Unskilled and Unaware of It: How Difficulties in Recognizing One's Own Incompetence Lead to Inflated Self-Assessments", *Journal of Personality and Social Psychology* 77, no. 6(1999), pp. 1121~1134.

5 William Butler Yeats, "The Second Coming"(1919), www.potw.org/archive/potw351.html.

6 Slavoj Žižek, "What Rumsfeld Doesn't Know That He Knows About Abu Ghraib", *In These Times*, May 21, 2004, www.inthesetimes.com/article/747/.

7 Nick Bostrom, "In the Great Silence There is Great Hope", commissioned for BBC Radio 3, *The Essay*, 2007, www.nickbostrom.com/papers/fermi.pdf.

8 Nick Bostrom, "Where Are They?", *Technology Review*, May-June 2008, www.technologyreview.com/Infotech/20569/. 거대한 필터라는 개념은 1996년 미국인 경제학자 로빈 핸슨이 페르미 역설에 대한 해결책으로 처음 제시했다. 1950년에 물리학자 엔리코 페르미는 지능이 있는 외계인에 대해 논의하다가 "그들은 어디에 있을까?" 하고 물었다. 그런 다음 추정치를 이용해 그들이 오래전에 여러 번 지구를 방문했다고 결론을 내렸다. 핸슨은 관측 가능한 우주에서 외계 문명을 발견하지 못했다는 것은 페르미의 추론이 잘못되었다는 의미라고 주장했다. 다시 말해 지능이 있는 생명체가 발생하는 곳은 많은데 실제로 지능이 있는 종이 발견되는 곳은 적은(현재는 인간뿐이다) 이유는 거대한 필터가 있기 때문이라는 말이다.

9 Nicola Gennaioli and Andrei Shleifer, "What Comes to Mind", *The Quarterly Journal of Economics* 125, no. 4(2010), pp. 1399~1433.

10 다음 책을 참고하라. Lawrence Weinstein and John Adam,

Guesstimation: Solving the World's Problems on the Back of a Cocktail Napkin(Princeton, N.J., and Oxford, England: Princeton University Press, 2008), pp. 7~9. 저자들은 연습 삼아 풀어볼 만한 페르미 문제를 여럿 수록해 독자가 답을 찾도록 안내해준다.

11 이 예는 위와 같은 책 73~74쪽에서 인용했다.

12 이 예는 내 친구 닉 윌슨에게 힌트를 얻었다. 윌슨은 내가 이번 장에서 논의한 예측 문제를 갈고닦도록 도와주었다.

13 James Fallows, *Blind into Baghdad: America's War in Iraq*(New York: Vintage, 2006), pp. 64~65.

14 Paul Krugman, "Listening to Mahathir", *New York Times,* October 21, 2003, www.nytimes.com/2003/10/21/opinion/listening-to-mahathir.html.

15 Victor Niederhoffer, "The Speculator as Hero", *Wall Street Journal*, February 10, 1989, www.dailyspeculations.com/vic/spec_as_hero.html.

16 Niccolò Machiavelli, *The Prince*, trans. W. K. Marriott and ed. Randy Dillon(Plano, Tex.: Veroglyphic Publishing, 2009), p. 78.

17 Ian Hacking, *The Taming of Chance*(Cambridge, England: Cambridge University Press, 1990).

18 Frank Furedi, *Paranoid Parenting: Why Ignoring the Experts May Be Best for Your Child*(Chicago: Chicago Review Press, 2002).

19 Damon Runyon, *More Than Somewhat*(London: Constable, 1937). 전도서 9장 11절을 인용한 글귀다. "내가 다시 해 아래에서 보니 빠른 경주자들이라고 선착하는 것이 아니며 용사들이라고 전쟁에 승리하는 것이 아니며 지혜로운 자들이라고 음식물을 얻는 것도 아니며 명철한 자들이라고 재물을 얻는 것도 아니며 지식인들이라고 은총을 입는 것이 아니니 이는 시기

와 기회는 그들 모두에게 임함이니라."

부록 1 : 위험지능 검사

1 마지막 단계는 위험지능 등급의 상단까지 팔을 뻗고 하단까지 집약하는 효
   과가 있다. 이 단계는 아주 유용한데, 최젓값은 거의 사용하지 않는데다 최
   고점까지 팔을 뻗음으로써 위험지능이 이미 높은 사람들의 위험지능 지수가
   조금만 올라가도 알아보기 쉽기 때문이다.

2 Glenn Brier, "Verification of Forecasts Expressed in Terms of
   Probability", *Monthly Weather Review* 78, no. 1(1950), pp. 1~3.

부록 2 : 개인용 예측능력 검사

1 Kees van Deemter, *Not Exactly: In Praise of Vagueness*(Oxford,
   England: Oxford University Press, 2010).

옮긴이 이은진

전북대학교 정치외교학과를 졸업하고 경희대학교 평화복지대학원에서 국제 및 공공정책학을 전공했다. 미국 워싱턴 D. C.에 있는 비정부기구 APPA(Action for Peace by Prayer and Aid) 인턴으로 일하며, 워싱턴 D. C. 시정부 아시아태평양 담당관실에서 번역 업무를 담당했다.

옮긴 책으로 『슈퍼 브랜드의 불편한 진실』『위 제너레이션』『섹스, 폭탄 그리고 햄버거』『행복의 힘』『나는 결심하지만 뇌는 비웃는다』『아이아스 딜레마』『반기문과의 대화』 등이 있다.

RQ 위험인지능력

초판인쇄 2013년 10월 30일
초판발행 2013년 11월 6일

지은이 딜런 에번스 | 옮긴이 이은진 | 펴낸이 강병선

책임편집 임혜지 | 편집 윤은주 | 모니터링 이희연
디자인 김마리 이주영 | 저작권 한문숙 박혜연 김지영
마케팅 우영희 이미진 나해진 김은지 | 온라인마케팅 김희숙 김상만 이원주 한수진
제작 강신은 김애진 김동욱 임현식 | 제작처 한영문화사

펴낸곳 (주)문학동네
출판등록 1993년 10월 22일 제406-2003-000045호
주소 413-120 경기도 파주시 회동길 210
전자우편 editor@munhak.com | 대표전화 031)955-8888 | 팩스 031)955-8855
문의전화 031)955-2660(마케팅), 031)955-2672(편집)
문학동네카페 http://cafe.naver.com/mhdn | 트위터@munhakdongne

ISBN 978-89-546-2277-6 03300

www.munhak.com